金子晴勇

Kaneko Haruo

筑摩選書

ヨーロッパ思想史

理性と信仰のダイナミズム

ヨーロッパ思想史　理性と信仰のダイナミズム　目次

ヨーロッパ思想史

理性と信仰のダイナミズム

はじめに

ヨーロッパ思想はその独自な思想内容とその性格から判断すると、ギリシア的な理性とキリスト教的な霊性の総合として結実したといえるであろう。

一般的に言って理性の研究対象は精神的価値と言われる真・善・美であるが、霊性の対象は宗教的な聖なる価値であると考えられている。理性と霊性との対比は、少し前までは「理性と信仰」という表現でもって示されていたが、これから少しずつヨーロッパ思想史を解明することによって判明するように、歴史的に思想形成の軌跡を考察すると、「理性と霊性」という表現のほうが「理性と信仰」という事態をいっそう厳密に表現しているように思われる。というのも、「信仰」には「信仰の対象」と「信仰の作用」という二つの側面があって、今日ではその後者、つまり信仰の作用が「霊性」でもって表現されるようになったからである。

これからの考察で次第に明らかになってくる霊性とは、一般的には「宗教心」とも「信仰」とも言い換えることができるが、これは人間の心の深みに見いだされる認識の作用であって、聖なる価値を体現している聖なるものに触れうることから起こってくる、精神の作用であると見なすことができる。この宗教的な霊性が哲学的な理性と統合されながら展開しているところに、やがて明瞭になってくるように、ヨーロッパ思想の最大の特質が認められる。その際、理性だけの合理主義ではない、霊性によって導かれ、統制された理性の働きが絶えず求められてきた。イギリスのヴィクトリア朝の詩人テニスンは『イン・メモリアム』の中でこの統合や総合の理想的な姿を次のように歌っている（以下、引用訳文には筆者が適宜改変したものもある）。

知性に光をあらしめよ、いよいよあかるく、
心には敬虔の念を宿らせよ、いよいよ深く。
知性と霊性とが諧調を奏でて、昔の通りに、
そして一層響きも大きく和音をならすために。（入江直祐訳、岩波文庫、一九三四年、一三頁）

わたしたちの目標はここに「知性と霊性」（mind and soul）として訳されている二つの心の作用連関がヨーロッパ思想史のなかでどのように展開し、独自な思想を生み出したかを探求することである。

だが、それに先だってヨーロッパ文化の源泉となったギリシアにおける知性の働きとヘブライズムの霊性の特質について考察しなければならない。そこで本書ではまずはヨーロッパ精神の源流として、この両者について考察することにしたい。

ところで、わたしたち日本は世界全体から地理的に見ると「極東」と呼ばれているように、ヨーロッパはわたしたちにとって「極西」に位置している。この地域の思想と文化は一六世紀以来日本にも伝わってきたし、明治維新の前後からは怒濤のごとく押し寄せてきて、今日の日本文化

に多大なる影響を与えており、わたしたちに馴染み深いものとなっている。

このヨーロッパは独自な文化を形成してきており、わたしたちは戦国時代までに培われてきた日本文化の基礎に立ってヨーロッパ文化を受容してきた。この二つの文化は、明治以来接触する以前にも、その歴史を顧みると共通する点が多い。たとえば封建制度の成熟、騎士道と武士道、荘園制度、宗教改革などが起こっている。したがって、キリスト教の布教とともに入ってきた政治的支配の意図に対しては国を守るため、鎖国政策をもって対抗せざるを得なかった。そして幕末以来、開国とともにヨーロッパ文化を受容したときには両文化の出会いは、そこから独自の日本文化が新たに形成されることが期待されてはいたのであるが、和魂洋才の関係によって起こった。

そうは言っても生活習慣では相当の開きと相違があったことも事実である。ラフカディオ・ハーンの『日本の面影』には西欧からの驚きの経験が記されているが、わたしたちの側からの驚きもそれに劣らなかった。

たとえば女性をエスコートするレディ・ファーストの習慣である。この習慣は中世ヨーロッパの見返りを求めない騎士道の愛から始まった。その頃の貴族社会では、家督相続できる長男以外はとても悲惨で、地位も財産も領土も与えられなかったため、貧乏でお嫁さんをもらうこともできなかった。そこで生まれたのが、長男の妻、つまり王妃への忠誠心であった。そこにはプラトニックで見返りを求めない愛という特質が認められる。「レディ・ファースト」という生活習慣はこの騎士道の愛の形式が今日まで残ったもので、ここにヨーロッパ文化の特色が明らかに示されている。

文化を学ぶことのテーマはさまざまで、身近なところでは食、服装、産業、教育などが挙げられる。「レディ・ファースト」もヨーロッパ文化のひとつであり、ヨーロッパ的な「愛」の歴史のあらわれである。しかし、その背景には人間観や世界観となって時代を風靡している思想が存在していることを忘れてはならない。人間の愛の姿は時代や国が変わろうと基本的には同じであるとしても、それが根本的には思想によって微妙な変化を見せるからである。

もう一つ重要な例を挙げてみよう。「良心」という言葉は、東洋では孟子が使い、江戸時代の日本では学者レベルには入っていたが、当時、一般には浸透していなかった。それは明治時代にヨーロッパから入ってきて一般に使われるようになった。ロンドンに滞在経験がありヨーロッパの文化を学んでいた夏目漱石が、小説『こころ』のなかでこの言葉を使っている。別に、日本人にそれまで「良心」がなかったというつもりはないが、「良心」とオーバーラップし、日本文化の型といわれる「恥」の概念との比較で読むと『こころ』は非常に面白い作品である。ところが、漱石と同時代の島崎藤村は『新生』という赤裸々な自己告白の作品のなかで「良心」ではなく、「真心」という言葉を使っている。これは、藤村がフランス文化の影響を受けているからである。フランス語では、英語の良心「conscience」にあたる言葉は「意識」という意味なので、そこから「真実な意識」としての「真心」という言葉に置き換えた。同じ概念が、言葉としてこれだけの変化を見せるという一例である。

ところがこの「良心」という言葉は、宗教改革者マルティン・ルターがキリスト教的な人間を表明する「霊」が一般には十分に理解されていないので、それを補うために使ったもので「神の前における自己意識」を意味するようになった。これは人間の心の深部に宿る働きであって「信仰」と同じ働きを一般には意味する。この「霊」の「作用」は通常「霊性」と呼ばれる。こうしてヨーロッパ思想は、ギリシアの「理性」とキリスト教の「霊性」との総合と解体の歴史であると規定することができる。

これまでわたしたちはヨーロッパ思想を近代化や合理化の典型として賛美し、模倣してきた。しかし、近代化や合理化の起こした弊害が大きいのも確かで、現在、手放しでヨーロッパを賛美する人はいない。ところが中世からの歴史の流れを追ってみると、近代化や合理化はヨーロッパ文化のほんの一側面であって、ギリシア文明の「知性」とキリスト教の「霊性＝信仰」の融合したヨーロッパ文化は、独自の発展を遂げてきたことが判明する。

他国の思想と文化を学ぶことは、特定の思想や文化を絶対視することではなく、「人間の生活の仕方」の成り立ちを相対的に考察することによって、わたしたち自身の「生き方」まで考え直すことであるといえよう。その際、霊性が理性と一緒に働いて総合した思想を形成してきた点に注目したい。その総合を創造した主体はたとえば古代ではアウグスティヌス、中世ではトマス・アクィナス、近代ではエラスムス、またヘーゲルであり、こうした思想を形成する創造主体がどのように新しい思想を創造していったかを追求してみたい。こうしてわたしたちは、このようにして形成された思想を解体し、批判した思想家の重要性をも同時に解明することができるであろう。

I　古代

第1章
ギリシア思想の特質

神話に現われた「霊」

ギリシア哲学の開祖タレス（前六二四頃～前五四六頃）はエジプトに旅行し、そこで学んだのが僧侶によって創始されていた占星術や土地の測量術であったが、彼はそこから天文学と幾何学を科学的に生み出していった。僧侶の天啓による「神話」から理性的な「知識」への転換が彼によって行なわれ、哲学が誕生した。タレスの有名な命題「万物の始原は水である」をとって考えてみても、そこには「万物」という普遍的思考と「始原」という「究極原因」を求める哲学的探求の精神が見いだされるが、「水」という個別的で、しかも古代のバビロン神話では「神々」（ティアマトとアプスー）を指し示す神話的な表現を見てもわかるように、彼が依然として神話の世界に生きていることが暗示される。この点は「世界は神々に満ちている」という彼の言葉によっても明らかである。

さらに時代が下って哲学の普及した啓蒙時代に入っても事情は同じであって、哲学は神話から生まれてきた。プラトン（前四二七～前三四七）の哲学には多くの神話が用いられており、神話の時代から哲学の時代への移行過程にあることが知られる。その際、わたしたちが考察しようとする「霊」も問題として採用された理由が挙げられた。

その一例をあげると愛の神エロースは「偉大なるダイモーン」として理解され、天上の全知者なる神と地上の無知なる人間との間を仲介する神霊であると説かれた。このダイモーンはソクラテス（前四六九頃〜前三九九）に語りかけ、彼の良心に警告を発して、人間としての歩むべき道を天啓のように彼に指し示す。彼と同時代の悲劇作家ソフォクレスの代表作『オイディプス王』を読むと、このダイモーンが幸福の絶頂にあった王を不幸のどん底に突き落としている有様が見事に描かれている。たとえば、合唱隊（コロス）はオイディプスが自己の悲劇的な運命を呪い、その両眼を抉りぬいて舞台に登場したとき、次のように歌った。

おお、おそろしや、見るにも堪えぬ苦難のお姿！
わが目はかつてこれほどまでむごたらしい
観物《みもの》を知らぬ。いたましや、どんな狂気があなたを襲ったのか。
どんな悪意のダイモーンが
めくるめくかなたの高みより跳びかかり
幸《さち》うすきあなたの運命《さだめ》を苛《さいな》んだのか。（藤沢令夫訳、岩波文庫、一九六七年、九八頁）

この作品に典型的に物語られているように、ギリシア人は秩序ある世界（コスモス）の背後に混沌たるカオスが渦巻いていることを知っていた。そこでは「運命の女神たち」（モイライ）や「復讐の女神たち」（エリーニュエス）または「破滅の女神」（アテー）が人間に襲いかかろうとする。アイスキュロスのオレステイア三部作にはこのダイモーンたちが人間の力を超えた恐るべき姿で描かれている。だが、このダイモーンたちもアテナ女神のとりなしによって宥《なだ》められ、平和の世界が誕生したと物語られる。このような理性を超えた神的超自然力の支配こそ神話が物語っている世界であり、ギリシア神話はそれを壮大な叙事詩によって歌っている。

エリアーデによると神話は聖なるものがさまざまな仕方で、また時にドラマティックに世界に突入してくる有様を描いている。彼は言う。「神話は聖なるものが世界へ侵入する、さまざまな、そしてしばしば劇的なありさまを述べている」（エリアーデ『永遠回帰の神話』堀一郎訳、未来社、一九六三年参照）。また「世界が現に創立され今日あるようになったのはこの聖なるものの突然の介入によるのである」と。聖なるものは世界を超越したものとして人間の存在に迫ってくる力である。神話はこの出来事を宇宙創成の物語として語っているが、宇宙創成の出来事をその因果関係に基づいて説明しているのではない。そうではなく、人間とその世界は合理的には説明できない力によって創られ、支えられていることが神話によって告知されている。この力としての聖なるものに触れて人は初めて始原の創造的な力による新生を経験し、自己の根源的被造性の自覚とともに、聖なるものの支配秩序に服すべきことを知るのである。ここに宗教的意識の出発点が見られる。

ギリシア宗教の諸段階

一般に広く流布している考えではあるが、ホメロスが描いた神話的なオリュンポスの一二神をギリシア宗教の出発点とすることは間違っている。それ以前に原始的な呪術の段階があって、そこには宗教以前の特質が認められる。こうした諸段階を通ってギリシア宗教は発展してきた。ここではギルバート・マレーの学説を代表的な学説として参照してみよう（ギルバート・マレー『ギリシア宗教発展の五段階』藤田健治訳、岩波文庫、一六〜一九頁）。

第一段階はゼウス以前の「原始的無知の時代」である。これは文化人類学者が未開社会のなかで世界の至る所に平行現象を見いだしている時期で、プロイスによって「原蒙昧」（Urdummheit）と呼ばれている時期である。そこには古代社会では人は絶え間のない死の不安に曝され、野獣・洪水・疫病・飢饉・他民族の侵略に脅かされていた。そこから呪術による禁忌や贖罪、さらには祈禱や犠牲（人身御供《ひとみごくう》）などの行事の必然性が理解される。

第二段階は「オリュンポス的、あるいは古典的段階」と呼ばれる。それは原始的な曖昧模糊としたものが新しい秩序によって治められる段階であり、オリュンポスの支配は一種の宗教改革である。「これは芸術や詩文に君臨したローマの想像力を支配し、中世の時期のうえにさえロマンティックな支配圏を広げた偉大なオリュンポス神の時代である」。これはホメロスとヘシオドスによって語られた神話の世界であり、英雄の時代ではあっても、実際はギリシア人の想像力による創作であって、その神のペルソナは空の面（マスク）にすぎず、人となることがないため個人性をもたず、山の頂に自身の国を造って、エイドス（イデア、形姿）以上のものではない。これに続く時代がイオニアの哲学である。

第三段階はプラトンから新約時代に至る「ヘレニズムの時期」である。「これはなおその創造的な生活力に満ちていたギリシア精神がこれまで信じてきた世界の二重の失敗、つまりオリュンポス的宗教の公然の破産と都市国家の崩壊とに対してその最初の応答をなした時期である」。

第四段階はヘレニズム後期の大衆的な運動の時期である。ヘレニズム世界の挫折と人間的な希望の喪失によって「自己自身の霊魂へ、人格的な神聖さの追求へ、情緒や神秘や天啓へ、罪も汚れもなく永遠に同一である彼岸の夢想の国のためにこの不完全な世界を無視することへ」と向かわせた時期である。新プラトン主義の哲学者プロティノス（二〇五～二七〇）がこれに属する。ここまでの四段階は真に意義ある宗教思想の形成期であった。

第五段階はユリアヌスによるキリスト教に対する最後の精神的抗議をした時期である。それは歴史的には影響が少なかったが、ロマンティックで興味深い時期である。

哲学の誕生

こうした宗教の発展に対して哲学は、たとえ方法的に対立していても、精神史的には宗教から現に移行してきており、タレスに見られるように紀元前六世紀頃、合理的探求という新しい精神が伝統的な宗教に対して確立されてきた。しかし、この精神の出現は宗教との全面的な断絶を意味しなかった。哲学は神・魂・運命・法といった観念を宗教から受け継いでおり、宗教が詩的かつ神話的なシンボルで表現したことを、抽象的な言語でもって実体・原因・物質などについて語った。すでに神話の非合理的な直観の中で内在していたことが、哲学の概念的な思考によって明瞭な定義と明白な表現へともたらされた。

したがってギリシアでは人間の最初期の情緒的反応が神話の象徴を生み、信仰の対象を創りだしたが、他方合理的な分析および新しい思考は、神話的表象を概念にまで整序し、それによって体系的な学説を紡ぎだした。ここには宗教から哲学への移行が明瞭である。

とはいえギリシア哲学の歴史では合理性が科学性と結びつき、タレスの自然哲学から二〇〇年後のデモクリトス（前四六〇頃〜前三七〇頃）の原子論に至ると、科学的精神が曖昧さを追放し、精神世界の他の価値や意義を捨てて、神々は姿を消し、魂は物質的な粒子となり、生命は自然から締め出されてしまう。これが東ギリシアのイオニア学派がもたらした結果であった。それに対し西ギリシア学派ではピュタゴラス主義の影響によって神的なものの本性と人間の魂の運命についての確信に基づいて自然哲学も確立された。パルメニデス（前五二〇頃〜前四五〇頃）、エンペドクレス（前四九〇頃〜前四三〇頃）、プラトンの三人は同様に合理的に思考しながらも、神と魂に最大の関心を寄せている。そこには宗教的な概念が、哲学のなかに保存されて存続している。

しかし、ギリシア思想では神話から存在論へと移行していった。こうしたミュートスからロゴスへの道は、とりわけタレスやプラトンで典型的に提示された。

ソクラテスの愛知活動とプラトン哲学

ソフォクレスに続く時代にソクラテスが登場し、悲劇作家たちが描いた悲劇を対話による言論の道によって克服することが目指された。この対話活動とともに哲学は新しい段階に入り、自然哲学から人間哲学への大いなる転換が生じた。

ソクラテスは最初ギリシアの伝統的な自然研究から出発したが、自然の事物の本性についての諸学説が立証できない思弁にすぎず、真に知られうるものは人間自身とその生き方についての知識であることを知り、人間学的な方向転換を実行した。

ここでは彼による「魂の発見」を「哲学」への最初の言及によって明らかにしておきたい。『ソクラテスの弁明』で彼は同胞アテナイ人に次のように呼びかけている。

わたしは、アテナイ人諸君よ、君たちに対して切実な愛情をいだいている。しかし、君たちに服すよりは、むしろ神に服するだろう。すなわちわたしの息のつづく限り、わたしにそれができる限り、決して知を愛し求めることを止《や》めないであろう。……世にもすぐれた人よ、君はアテナイという、知力においても、武力においても、最も評判の高い、偉大な国都の人でありながら、ただ金銭を、できるだけ多く自分のものにしたいというようなことにだけ気をつかっていて、恥ずかしくはないのか。評判や地位のことは気にしても、思慮や真実のことは気にかけず、精神をできるだけすぐれたものにするということにも、気をつかわず、心配もしていないというのは。(『ソークラテースの弁明・クリトーン・パイドーン』田中美知太郎・池田美恵訳、新潮文庫、一九六八年、三九頁)

ソクラテスによる愛知活動は、精神もしくは魂とその所有物とを区別し、金銭・評判・地位といった世俗的・偶然的なものに振り回されず、魂自身を気づかい配慮することであった。この配慮の内容は「精神をできるだけすぐれたものにする」ことであり、すぐれた精神の卓越性が「徳」（アレテー）と呼ばれた。

さらにプラトンはソクラテスが体現していた倫理的善としての徳を理論的に探究した。人間に関してもその全体的な本質を理論的に明らかにし、倫理的価値である善の本質を「イデア」（idea観られた姿＝本質、概念）としてまず理論的に把握し、この永遠の理想もしくは模範にしたがって現実を改善すべきことが説かれた。それゆえ、わたしたちは想起によってイデアを認識し、この認識にしたがって行為すべきであると力説された。こうして行為は認識に従うことになり、自己の創意によって現実に関わり積極的に創造していく代わりに、本質を直観的に認識する傾向が支配的になり、観照的な受動性にとどまり、対話の実践的行為から後退していった。

同様のことはプラトンの人間学にも妥当している。イタリアに旅行したとき彼はピュタゴラス学派と接触し、オルペウス教の教義である魂の先在説の影響を受けている。その説によると、魂は肉体に結合する以前には天上界にいてイデアを観照していたが、肉体に落ちるやイデアを忘却してしまった。そこで、できる限り肉体を離れ、魂だけになってイデアを想起し、不滅の生に立ち返らねばならないと説かれた。

こうした思想から当然生まれてくるのがソーマ（肉体）＝セーマ（墓）学説であって、人間学としては最悪の思想である。プラトンの著作『ティマイオス』では天上界から魂がどのようにして堕ち、肉体に宿るようになったかが詳述される。そこでは肉体をもっている人間は、魂の本来の在り方から転落した自己疎外の状態にあるとみなされた。当時の知識人の代表であるプロタゴラス（前四九〇頃～前四二〇頃）は人間を身体と魂の統一と考え、心身が内的必然性をもって結びついていると考えていた。ところがプラトンは人間の本質は魂であると考え、魂と身体との結合が問題視され、身体が軽視された。こうして人間は内的人間と外的人間とに分裂し、この人間学的分裂がイデア界と感覚界との形而上学的分裂として説かれた。

心身の人間学的二分法

こうして人間についての二元論が表明されることになり、それがキリスト教中世を経て近代に至るまでヨーロッパの全体を支配するようになった。それはデカルト（一五九六～一六五〇）の「思惟と延長」、カント（一七二四～一八〇四）の「感性と理性」の二元論にもつながっている。ところが、驚くべきことにはソクラテスの弟子のプラトンはこのような人間学の創始者であるのみならず、その思考の本質においては、実に人間学をも放棄していると言わねばならない。というのも魂についての問いは人間全体についての問いではなくなっており、人間の本性から出発していても、もっぱら魂の救済論、心理学、倫理学が説かれたからである。つまり魂と身体とはもはや結びつかず、オルペイウスの教説にしたがって魂は天上界から堕ちて身体なる牢獄に宿ったと解し、身体からできるだけ早く解放され、純粋な精神生活をあこがれる。こうして人間としてあることは魂の堕落以前と以後との二つの天上的あり方の中間の過渡的段階にすぎないことになり、人間存在は魂の自己疎外にほかならないことになる。

このようにして理性はイデアに向かい、欲望は物質に傾くので魂の部分の間の戦闘がつねに生じる。そこで全力を傾けて、低い部分が高い部分によって取り替えられねばならない。つまり「魂の全面的転換」をなさなければならない。有名な洞窟の比喩がこのことをよく明示している。

このような傾向はプラトンの『饗宴』の中でも語られ、目に見える「形」ある美（肉体美・行動美・学問美・美学）、つまり「美しいもの」から探求を開始し、形あるものの「上」にある美の本体、つまり美のイデアにまで達しようと試みられる。その際、「美しいもの」と「美のイデア」との関連は「存在しているもの」と「存在」との関連に等しい。このような美のイデアの直観は、美しいものを探求していく途上において「突如として」生じる形而上学的体験となっている。この体験について彼は次のように叙述している。

愛の修業にのぞんで、いま語られたところまで導かれてきた人は、さまざまの美しいものを、順序を守り、しかるべき仕方で見ながら、愛の道程もいまや終わりに近づいた頃、突如として、彼は、げにも驚嘆すべき性質の美を、まざまざと目にするでありましょう。ソクラテスよ、その美こそは、……まず永遠に存在し、生成、消滅、増大減少をまぬがれたものなのです。次に、ある面では美しく、他の面では醜い、というようなものでもない。むしろ、その美は、それ自身が、それ自身において、それ自身だけで、一なる姿をとってつねに存在しているのです。これに対し、他の美しいものは一切、その彼方にある美にあずかっているのです。（プラトン『饗宴』森進一訳、新潮文庫、一九八四年、一〇〇頁）

ここに描かれている美のイデアは形而上学的実在であり、永遠不変にして時空を超越し、純粋に自体的存在である。美の探求を導いていたものは実はこの美のイデアであり、形而上学的体験はこの美、つまり絶対美によって捉えられ満たされているところに成立し、この体験の突如性は美の探求の途上に生じている。

アリストテレスの哲学体系

アリストテレス（前三八四～前三二二）は師プラトンのイデア論を批判し、現実の生成するプロセスのなかにイデアが形成されている点を力説した。師の内面的で理想主義的な傾向に対し、彼は経験的事実の研究を重んじる現実主義的性格の持ち主であった。このような資質の相違のみならず、二人を隔てる時代の急激な変化にも注目すべきであって、高い理想をかかげるよりも、目前に迫ったポリスの崩壊の現実を直視するように彼は強いられていたのである。

古代ギリシア哲学を体系的に完成させたアリストテレスは、『形而上学』第一巻においてタレス以来の「始原」探求の歴史をたどり、それらを総合的に検討し、有名な四原因説を確立した。彼の説く四つの原因、つまり形相因（**causa formalis**）、質料因（**causa materialis**）、運動因（**causa efficiens**）、目的因（**causa finalis**）は次のように説明される。

原因というのにも四通りの意味がある。すなわち、我々の主張では、そのうちの一つは、物事の実体であり、なにであるか〔本質〕である。けだし、そのものがなにのゆえにそうあるかは結局それの〔なにであるかを言い表す〕説明方式の帰せられ、そしてそのなにのゆえと問い求められている当のなにには究極においてはそれの原因であり原理であるからである。つぎにいま一つは、ものの質料であり基体である。そして第三は物事の運動がそれから始まるその始まり〔始動因としての原因〕であり、そして、第四は第三のとは反対の端にある原因で、物事が〈それのためにであるそれ〉すなわち〈善〉である。というのは善は物事の生成や運動のすべてが目ざすところの終わり（テロス）〔すなわち目的〕だからである。（アリストテレス『形而上学』上、出隆訳、岩波文庫、一九六六年、三一頁）

この四原因説は今日でも役立つすぐれたものであり、そのなかで目的因は彼自身の考えとして提案されたものである。わかりやすく家の例で説明してみると、形相因は家の設計図であり、質料因は建築の素材、運動因は大工の仕事、目的因は完成した家である。ところでアリストテレスはあらゆる個別科学の領域に通暁し、哲学者であって同時に科学者でもあった。そのことは彼の著作を見ると一目瞭然である。そこには論理学、自然学、気象学、心理学（デ・アニマ）、動物史、天体学、形而上学、倫理学、政治学、家政学、弁論術、詩学にわたる一大体系が形成されている。これら諸科学は彼によれば諸々の哲学であり、形而上学にあたる存在論は、「第一哲学」として、存在者の実体を研究する。これに対して諸哲学は存在者に付帯している諸属性を研究の対象とする。たとえば数量の属性をとらえるのは数学であり、空間を幾何学が、時間を物理（自然）学が、生命を生物学が考察する。

有名な存在論の主張

タレスが万物の始原を問うて以来、存在の原因探求として展開してきたギリシア自然哲学にも存在論の端緒は認められるが、これについて学問的に、かつ、体系的に最初に考察したのは、アリストテレスであった。彼によるとそれは「存在しているものの存在」についての学問的考察である。「存在しているもの」（存在者）とは人間の意識の対象として面前に現われているものの全体であり、その現象と出来事のすべてにおいてそれ自体として存在するものを言う。また「存在しているものの存在」とはこのような存在者がどのような仕方で在るのかという、その在り様（様態）を言う。彼は『形而上学』で次のように存在論を一つの学問として規定している。

存在を存在として研究し、またこれに自体的に属するものどもをも研究する、一つの学がある。この学はいわゆる部分的（特殊的）諸学のうちのいずれの一つとも同じものではない。というのは、他の諸学のいずれの一つも、存在を存在として一般的に考察はしないで、ただそれのある部分を抽出し、これについてこれに付帯する属性を研究しているだけだからである、たとえば数学的諸学がそうである。……それゆえに我々もまた、存在としての存在の第

一の原因をとらえねばならない。（アリストテレス、前掲訳書、一一二頁）

ここでいう諸学つまり諸科学が存在の一部分をとらえて研究し、たとえば数学が存在の数量関係を、幾何学が平面・立体・図形の関係を研究し、存在の付帯的属性を問題にしているのに対し、存在論は存在を一般的に考察し、その自体的＝本質的属性を問題にし、存在自体に含まれている実体を把握しようとする。このような実体を捉えようとする学問に対してアリストテレスは特定の名前を与えていない。それは「知恵」「第一哲学」「神学」とも呼ばれる。

ところで、存在について一般的に考察した論文に『形而上学』という名称が付けられているのは、アリストテレスの著作を編集したロドスのアンドロニコス（前七〇頃）が「メタ・タ・フュジカ」つまり「自然学のつぎに来るもの」とそれを命名したことによる。自然学が存在の特殊な側面を捉え、その原因や法則を研究するのに対し、形而上学は自然現象として「形」をとって現われているものよりもいっそう「上」位の原因や根拠を考察する。したがって、形ある現象がいっそう深い内的な根拠から生じている点を解明し、「第一原因」や「万物の始原」に「根拠の根拠」までも探求しようとする。

このようなアリストテレスの学説の中にギリシア思想の特質がよく示されている。それは理性によって知識を解明していく態度にもっともよくその特質が示される。これこそ使徒パウロ（？〜後六四頃？）が「ギリシア人は知恵を探し求める」（Ｉコリント一・二二）という基本姿勢なのである。

第2章
ヘブライズムの思想的特質

ヨーロッパ思想史の第二の源泉はヘブライズムであり、旧約聖書にその思想的な特色を求めることができる。ここではその主要な思想的特徴を指摘するに止めたい。

旧約聖書の思想

旧約聖書とは古い契約（約束）を述べた文書という意味である。イスラエルの宗教史では「契約」が重要な思想であって、旧約とは「古い契約」を、新約とは「新しい契約」を意味し、前者はモーセがシナイ山で締結したためシナイ契約と言われ（出エジプト記二四・一～一八参照）、またシケムで更新された（ヨシュア記二四・一～二八参照）。この契約が、パウロによって「古い契約」と呼ばれ（Ⅱコリント三・一四）、後者の「新しい契約」はエレミヤ記（三一・一～三一）に記され、旧約聖書のなかから契約の刷新への待望が語られる。このように古い契約のことを新約聖書が、新しい契約のことを旧約聖書がそれぞれ述べており、二つの契約が相互に深い関連をもっていることが知られる。

したがって聖書の歴史は契約の歴史なのである。契約の最大のものはモーセ時代のもので、神ヤハウェとイスラエルの民との間でとり交わされたが、それはイスラエルの一二部族が連合して契約共同体、つまり民族を結成したものであると考えられる。当時は動物を裂いて、その血で約束を交わしたため「血の契約」とも呼ばれた。この契約行為は古くは族長時代のヤコブの契約とアブラハムの契約、さらに遡るとノアの契約にまで、そして最後に人祖アダムの契約にまで遡ることができる。

ところが預言者たちの時代になると契約によってできた共同体である国家が滅亡の危機に見舞われ、ついにイスラエルが他国に征服されると、再度この契約が新しく交わされなければならなくなる。ここに「新しい契約」の必然性があり、預言者たち、とくにエレミヤはこれを預言した。キリスト教徒たちはイエス(前四頃?~後三〇頃)のもとでその預言は実現したというのであるが、ユダヤ人たちの多くはそれを認めなかった。

旧約聖書はこの預言者たちの思想にしたがって編集されたものであり、古代の宗教思想の最高峰の一つを造りあげたといえよう。

創造思想

旧約聖書の冒頭には天地創造の物語が記されている。創世記第一章から二章四節までの記事は学問上「祭司資料」と呼ばれる。それに続く第二章の終わりまでの記事は「ヤハウェ資料」と称されており、最古の資料である。祭司資料というのはイスラエルの滅亡のときバビロンに連れていかれた祭司たちが当地の文化に触れ、自分たちの文化的伝統を保存するために古い記録に加えられたものである。なかでも異教のバビロン神話に対決して、彼らは天地の主なる神による世界創造を説いた。

初めに、神は天地を創造された。地は混沌であって、闇が深淵の面にあり、神の霊が水の面を動いていた。神は言われた。「光あれ」。こうして光があった。神は光を見て、良しとされた。神は光と闇とを分け、光を昼と呼び、闇を夜と呼ばれた。夕べがあり、朝があった。第一日である。……神は言われた。「天の大空には光る物があって、昼と夜を分け、季節のしるし、日や年のしるしとなれ。天の大空に光る物があって、地を照らせ」。そのようになった。神は二つの大きな光る物と星を造り、大きな方に昼を治めさせ、小さい方に夜を治めさせられた。神はそれらを天の大空に置いて、地を照らさせ、昼と夜を治めさせ、光と闇を分けさせられた。神はこれを見て、良しとされた。夕べがあり、朝があった。第四の日である。（創世記一・一〜一九）

この創造物語には創造以前に混沌状態が置かれている。「神の霊が水の面を動いていた」とあって、バビロン神話で始原の神であった「水」の上に、それよりも高処にあって力において勝る神が「霊」をもって支配している有様が述べられている。ここでの「霊」（ルーアッハ）は「息」を意味する。神の息によって人は生きるものとされたとも語られている（同二・七）。これに対し「水」と「地」は神ではなく、いまだ形を与えられていない混沌とした「素材」にすぎない。

この素材に神の息が吹き込まれると、それらは生命をもつ被造物となって生まれてくる。

次に「光あれ」と神のことばが発せられる。それ以前は闇に閉ざされていたのであるから、神のことばは闇を駆逐する光として臨んでいる。この光は四日目に造られる太陽と月の光から区別される。バビロン神話では主神マルドゥクは太陽神であり、月や星もこの星辰宗教では神々として崇められていた。これに対し聖書宗教では人格神による天地創造が告げられ、太陽は大きい光る物、月は小さい光る物、つまり被造物であると宣言された。したがって最初に「光あれ」と言われた場合の光は、物理的な光ではなく、神の霊が闇を駆逐する命の光となって世界に現われている。この光を受けることによって被造物は根源的に神への方向性を内に宿すようになる。

天地創造の物語のなかには人間の創造についての記事もある。「われわれにかたどり、われわれに似せて、人を造ろう」、また「神はご自分にかたどって人を創造された。神にかたどって創造された。男と女に創造された」(同一・二七)とある。前のテキストは一人称複数形で、後のテキストは三人称単数形で述べられる。前者の「われわれ」というのは「われ」の強意的表現といえよう。次に「かたどって」という表現は人が神と同じ形に造られたということを意味しない。神人同形説は、「神の像を造ってはならない」という十戒に反するゆえに、考えられない。「かたどって」「似せて」と言うのは、あるものに絶えず向かって関わっていると、おのずからそのものの影響を受けてそれに相応しい存在に変えられることを意味するといえよう。

このような神と人との関係は、人を「男と女に創造された」ということによっても具体的に示される。なぜなら、男と女とは性質をまったく異にしているにもかかわらず、交わりを通して協力し合い、一致して生きるように定められているからである。男と女とが異質であるのに互いに他に向かい合って存在しているように、神と人とも対向し合っている。神から人に「命の息（霊）」が吹き込まれると、人は生きるものとなったのであるから、人もまた絶えず神に立ち向かって、その意志にしたがって自己を形成すべき使命をもっている。

だがアダムは罪の結果重い労働に服し、エバは子を生む苦しみを科せられる。こうした罪の結果を「原罪」という。今日でも罪はひとりひとりの責任で犯される。しかし、犯された罪の影響は子供に、社会に、世界に広がっていく。

契約思想

宗教による部族連合はギリシアのみならず、イスラエル民族の成立でも認められる。モーセによるシナイ契約の記事は歴史以前の伝承にすぎないとしても、ヨシュアによるシケムの契約は、シナイ契約の更新という形式をとっているが、歴史性は高いといえよう。それは、古代エジプトの支配から逃れて、被支配部族が「宗教連合」（誓約共同体 Amphiktyonie, Eidgenossenschaft）によって防衛組織を造り上げたことを意味する。その際、イスラエルでも、古代社会と同様に、家族から氏族、氏族から部族へ拡大したが、エジプトから逃れてきた氏族とイスラエルの地に残留していた農民の土地所有者であった氏族とが契約を交わして民族を結成した。

このように古代オリエントの二大強国に挟まれた弱小民族の存立は、ギリシア民族よりもはるかに厳しいものであった。その民族の大部分が小家畜飼育者からなり、経済力と軍事力において劣っていた。このような民族の統合は、最も強力な神によってのみ辛うじて達成されることができた。ここからヤハウェという唯一神の選択と、神と民との契約という事態のもつすぐれた意味が理解される。唯一神への信仰はイスラエルの民族の枠を超える全世界を支配する神にまで高まり、契約は地上の部族間の取り決めをはるかに超えて神と人との永遠の関係にまで高揚した。このような優れた発展はイスラエルの国家的危機と苦難の時代に登場した預言者たちの活動によっている。部族間に交わされたこの「契約」という社会的行為の思想的深化のうちに、わたしたちは旧約から新約への発展を捉えることができる。

たとえば預言者アモスは、契約を「神の選び」とみなし、神に選ばれた者はそれだけ神の正義を実行すべき責任をもっていると説いた(アモス三・二、五・二四)。また預言者ホセアは自己の深刻な恋愛体験から、契約を結婚の契《ちぎ》りとして理解し、神はその「慈しみの愛」(ヘッセド)によって神に背き去ったイスラエルと再び契約の関係を結ぶようになると、説いた(ホセア二・二一、三・五、四・一〜二)。さらにイザヤは聖なる神への絶対的な信頼と信仰に立って、神権政治の理念から中立政策を力説する(イザヤ七・四、二八・一六、三〇・一五)。これらの預言者は「神の言葉を預かった者」として神の側に立って、民とその指導者達を糾弾した。

ところが国家の滅亡を体験した預言者エレミヤは、神の側に立って王や民に対し扇動的に語ったデマゴーグであっただけではなく、同時に民の側に立って苦しみ、神に民を執り成す「祭司」の役割をも担っていた。人々はエレミヤの苦難を見て「真に神に選ばれた義人が同胞に代わって苦しむことによって人々は救われるという、宗教上の一大真理を知った」(江原萬里『宗教と国家』岩波書店、一九三二年）といえよう。こうして契約は再度建て直され、神と人との関係が心の内面における交わりとして理解され、「新しい契約」と言われる（エレミヤ三一・三一〜三三）。

バビロン捕囚以後の預言者はメシア（救世主）の到来を待望し、とくに第二イザヤ（イザヤ書四〇〜五五章を書いた無名の著者、イザヤから約二〇〇年後にバビロンで預言活動に入る）になると、「主の僕の歌」を書いて「苦難の僕」としてメシアを予言するようになった。当時政治的メシアとしてペルシャ王クロスにメシアの期待が寄せられたが、クロスがバビロン入城のときに政策上マルドゥクの神殿に詣でるに及んで、第二イザヤは失望し、政治的栄光のメシアから転じて苦難の僕としてのメシアを説くようになった。

キリスト教の成立

契約の神は何よりも人間に約束し、かつ、信仰を求める人格的な神である。契約の内実はイスラエルの神ヤハウェと民イスラエルとの間に交わされた誓約に他ならない。人格的な神とは人間に向かって「汝」といって語りかけ、人間を人格にまで育成する。「わたしは汝の名を呼んだ。汝はわたしのものである」（イザヤ四三・一）。イスラエルの宗教は、結局、神に対するわたしたちの関係のすべてをこのように語り、かつ、聞くことで捉えている。こうした人格的な関係は聖者イエスのもとで完全に実現し、これが神の子の出現とその救済として説かれるに至った。

イエスの教え

新しい契約の実現をもたらしたイエスの契約思想はその「神の国」思想に端的に示される。彼の最初の説教は「時は満ちた、神の国は近づいた。悔い改めて福音を信ぜよ」（マルコ一・一四～一五）という内容であった。ここには次の四つの言葉に注目したい。

①「時」（カイロス）によって神の救済史とイエス個人の成長が合致し、歴史と個人の合一した世界史的時間の到来が語られる。

②「神の国」という言葉の中で「神」は超越者を、「国」は支配を意味する。この神の天的な支配に服することにこそ人間存在の意義が求められる。

③しかしそのためには「悔い改め」という生活の全面的方向転換が求められる。この転換によって人間中心の生き方から神中心の生き方に向かうことが求められた。そこに人間としての救いが実現する。

この神の国の内実は何か。それはイエスの父なる神との関係および隣人との関係に顕著に現われる。彼は神に対し絶えず「父」と呼び掛ける。そこには他者に対する親しい人格的関係が示唆される。人格という言葉は当時はなく、「父・子」でもって「人格的な関係」が表明される。このような父子関係は当時のローマ世界にあっては父権の絶対性から理解されていた。それに対しこの絶対性を前提しとながらも同時にその関係の中にある「親愛」をイエスは示唆する。つまりイエスの福音は、彼が全信頼を寄せている神に対し、「父よ」（アッバ）と呼び掛けうる親しい人格的な関係に人々を招き入れることを内容としている。この点についてヨハネ福音書一七・二一に記されているイエスの祈りを参照されたい。この基本姿勢は倫理にも現われる。そこで終わりに彼の「山上の説教」を取り上げてみよう。この説教の特徴は新旧の戒めを対比させる「しかし」に見いだされる。

一つの例としてアガペー（神の愛）の戒めを考えてみよう。

あなたがたも聞いているとおり、「隣人を愛し、敵を憎め」と命じられている。しかし、わたしは言っておく。敵を愛し、自分を迫害する者のために祈りなさい。あなたがたの天の父の子となるためである。父は悪人にも善人にも太陽を昇らせ、正しい者にも正しくない者にも雨を降らせてくださるからである。自分を愛してくれる人を愛したところで、あなたがたにどんな報いがあろうか。徴税人でも同じことをしているではないか。……だから、あなたがたの天の父が完全であられるように、あなたがたも完全な者となりなさい。（マタイ五・四三〜四八）

問題の「しかし」はモーセ律法とイエスの教えの転換点を指し示す。この転換は内面性や心への転向であるが、愛憎にもとづく自然本性的な愛を超えているアガペーを示唆する。この敵を愛する倫理は、ニーチェ（一八四四〜一九〇〇）が説いたように、敵に復讐できない無力で奴隷的なルサンチマン（怨恨）から生じているのであろうか。キリスト教道徳は奴隷道徳であろうか。

むしろ、神から与えられた愛と赦しの絶大な価値のゆえに、敵をも愛する者とされているのではなかろうか。したがってイエスの愛の教えにはユダヤ教を原則的に超出するものがある。これをよく示しているのは「わたしがあなたがたを愛したように、あなたがたも互いに愛し合いなさい」（ヨハネ一三・三四）という愛の戒めである。こうした愛の体現者イエスとの交わりのゆえに、人は敵をも愛する者にまで変えられる。これによって人格の基礎が与えられる。そこには事物よりも人格が尊厳をもっているだけでなく、人間関係を生かす力をもっており、「間―人格的な」(interpersonal) 人格理解が認められる。

同じく使徒パウロもキリストの福音によって人間が律法の支配から解放され、「子たる身分」つまり「神の子供たち」となることが授けられていることを力説している。この子たる身分は神に「父よ」（アッバ）と呼びかけうる親しい間柄に置かれていることを言う（ガラテヤ四・六）。この子たる身分の授与は世界への関わり方を変え、世界からの逃避でも無関心でもなく、奴隷的な関わりから相続人としての関係に移され、神と世界とに関わる人間の自己理解の全面的変化を起こした。

パウロの根本思想

パウロはキリストをもって「律法の終わり」と規定し、「キリストは、すべて信じる者に義を得させるために、律法の終わりとなられた」（ローマ一〇・四）と言う。キリストのもとで律法の時代が終わり、新しい福音の時代が到来しており、キリストこそ律法と福音とによって支配される二つの時代が、入れ替わる転換点であると彼は理解した。したがって今や、契約に始まり律法を通って福音へ進展する聖書宗教の発展の最終段階にさしかかっていると彼はみなし、このことを人間の成長によって人間学的に反省して、次のように語る。

つまり、こういうことです。相続人は、未成年である間は、全財産の所有者であっても僕《しもべ》と何ら変わるところがなく、父親が定めた期日までは、後見人や管理人の監督の下にいます。同様にわたしたちも、未成年であったときは、世を支配する諸霊に奴隷として仕えていました。しかし、時が満ちると、神はその御子《みこ》を女から、しかも律法の下に生まれた者としてお遣わしになりました。それは、律法の支配下にある者を贖《あがな》い出して、わたしたちを神の子となさるためでした。（ガラテヤ四・一〜五）

ここでは子供から大人への成長によって新しい人間の生き方が示される。ユダヤ教でも古代ローマ社会でも一定の教育期間がもうけられており、成人した相続人でも、子供のときは下僕と等しく管理人の下にあった。「世を支配する霊」（ストイケイア）とはアリストテレスでは世界の構成要素を意味するが、ここでは律法の「初歩的教え」、つまり初歩的教育段階としての「律法」を指す。ところで御子キリストの出現は律法の支配から人間を解放し、「子たる身分」を授けたと説かれる。この子たる身分は神に「アッバ、父よ」と呼びかけうるような親しい間柄関係に立つことを意味する（同四・六）。

この身分は律法への隷従からの解放を内容としているため、「二度と奴隷のくびきにつながってはならない」（同五・一）と命じられ、神の子とされた者は、その身分にふさわしく生きるように要請される。というのもこの身分の授与によって世界に対する関わりが終息したのではなく、世界への関わり方が、奴隷から相続人のそれへと全面的に転換したからである。だからキリスト教信仰は世界に対し無関心・敵意・隠遁に終わってしまうように誤解されてはならない。変化したのは子供から成人して相続人たる息子となった人間自身であって、この人間の世界への態度の変化とともに世界もまた新生するに至る。

このような観点に立ってパウロはキリスト教の教えを主として律法と福音との関連によって述べ、人が神の前に義とされるのは律法の遵守によって得られる功績によるのではなく、キリストに対する信仰によることを説いた。

ヨハネの教え

ヨハネ福音書は新約聖書の中でも成立年代が遅いものであるが、それだけヘレニズム文化との関わりも深まっており、キリスト教思想史の発展の方向を定めた重要な思想を含んでいる。ここではとくにロゴスの思想と真理の概念だけを問題にしてみよう。この福音書の冒頭には有名な「ロゴス讃歌」が述べられ、キリストによる救済の出来事が宇宙論的スケールでもって展開する。

初めに言《ことば》があった。言は神と共にあった。言は神であった。……この言の内に命があった。

命は人間を照らす光であった。……言は肉体となって、わたしたちの間に宿られた。わたしたちはその栄光を見た。それは父の独り子としての栄光であって、恵みと真理とに満ちていた。（ヨハネ一・一～四、一四）

このロゴス讃歌はイエスの出現を「言は肉体となった」という命題で表現する。言（ロゴス）とはここでは「神の力」を意味し、これによって世界は創造された。「肉」とは現世に生きている人間をいう。したがってロゴスと肉体との形而上学的対立を考慮しなくとも、この命題は神の創造的な力と歴史上生存した被造物の一人とを同一視する。このことは一般的には理解しがたい逆説であるが、「神ともにいます」（インマヌエル）の預言と告知とが歴史のなかに実現したことを表明する。そこには神の栄光を目のあたりに啓示したキリストに見られる言い表しがたい神の賜物が高揚した讃美として歌われ、御子の誕生物語にかかわる型やぶりの叙述となっている。

そこでロゴスは三様の仕方で語られる。（a）「初めに言があった」とあるように、それは創造以前の永遠性によって神的存在である。（b）「すべてのものはこれによって創られた」とあるように、ロゴスは創造の言葉として活動しており、万物はキリストの支配に服している。（c）「この言に命があった」とあるように、それは人を生かす生命の光であった。こうしてロゴスは神的存在、創造活動、生命の光という三重の力をもつものであり、神の力としてギリシア人が考えたような単なる自然の運動の源でも、単なる言論活動でもない、霊的生命として把握されている。しかし、ヨハネ福音書はその後の叙述ではこの概念をとくに重要なものとして用いていない。

次に「真理」（アレテイア）概念に注目してみたい。イエスが啓示した神の栄光は「めぐみ」と「まこと」である。「まこと」とは真理をいう。ところでヨハネ福音書は真理をギリシア人のように理論的認識の対象としないで、もっぱら実践的なもの、特定の時間と空間に結びついた出来事、ある人格に関わらせている。たとえば「真理を行っている者は光に来る」（同三・二一）「わたしは真理である」（同一四・六）と語られる。したがって真理とはある対象に対し距離をおいて冷静に考察することによって到達するものではなく、何らかの行為や歴史のうちに行なわれたもの、それがわたしにかかわってきて「出会う」もの、一言で表わせば、「出会いとしての真理」（ブルンナー）として語られる。

ギリシア語を自由に駆使するヨハネ福音書の著者は、このような真理のギリシア的観念、つまり隠されているものを明らかにする「非隠蔽性」を受け入れながら、これを変化させている。だから真理は隠された神秘でありながら、ギリシア思想のように理性的に観照されるというよりは、キリストという歴史上の人物のうちに実現し、彼に付くか反逆するかの決断を迫るものとして捉えた。こうしてギリシア思想では真理の反対が「憶見」（憶測的見解、思いなし）であるのに対し、キリスト教では「悪魔」であり「偽り」であると考えられた（ヨハネ八・四四参照）。

使徒後教父の思想

ヨハネ福音書は一世紀の終わり頃に書かれたものであるが、これが正典に入れられているのに、同じ時代の多くの手紙や文書は外典としてとどめられた。しかし、これらの使徒後教父たちの思想には当時のヘレニズム文化の影響が色濃く跡を残しており、パウロ思想の影響力よりも全体として優勢であった。もちろんパウロが「あなたがたは、使徒たちや預言者たちという土台の上に建てられたものであって、キリスト・イエスご自身が隅のかしら石である」（エフェソ二・二〇）と述べているように、教会の基礎は不動のものとして表明されてはいるが、教会の外のユダヤ教の伝統やヘレニズム文化の流入は避けがたかったので、この二者に対してとられたパウロの対決の姿勢が貫かれたわけではなかった。この点を二、三の例により明らかにしてみよう。

①ローマの長老クレメンスの第一書簡

それは九五〜九九年頃の作と推定されており、時代の変化を明らかに伝えている。当時コリント教会に内紛が起こり、長老の多くが退いたため、教会の秩序が乱れていた。この書簡はこの教会の秩序を回復するためにローマ教会が配慮し、若い人たちに服従するようになることを諭している。神は秩序の神である。もちろんアブラハムとその他の先祖が栄光を与えられたのは「彼ら自身の行為、あるいは彼らの行なった義しい行為によらず、神のみこころによる」から、わたしたちも信仰によって義とされる。だがそれにもかかわらず、行為によって義となるため、善行をなすように説かれた。つまり神の意志を行なう者が義とされるのであるから、信仰は本質的には神への服従である。こうしてこの手紙にはパウロの信仰による義の教えにユダヤ教的色彩が加わり、しかも秩序を重んじるストア主義の理性道徳というヘレニズム文化も加味された「三色刷りの手紙」となった。したがってそれは新約聖書からカトリック教会に至る発展の古典的記録となった。

②シリアのアンテオケの司教イグナティオスの手紙

次に重要なのはこの手紙であって、イグナティオス（三五頃～一〇七？）はトラヤヌス帝の治世（一一〇～一一五）に殉教すべく護送されたのであるが、その途次に受けた来訪者への礼状としてこの手紙を残した。そこに表明された思想は、ヨハネ福音書と同じ傾向であり、「永遠の昔から父とともにあった神の子」が人間となって現われたのがイエスであり、イエスによって死は滅ぼされ、永遠の生命がもたらされた。そのわざは受難と復活によって完成し、肉体のまま甦りたもうたことが説かれた。彼はまた殉教に際し、キリストとの一体のうちに自分がキリストのパンとして野獣に食べられることを望んでいる。しかし、このような聖餐をもって身体性を克服する「不死の薬」と彼はみなし、これによって死の毒は消滅すると説いた。わたしたちはこういう考えの前提には不死なる霊と可滅的な物質との二元論というギリシア思想の影響があることを見過すわけにはいかない。

原始キリスト教の時代はイエスの直接的印象が使徒たちから信徒たちに伝えられ、信仰の感動のうちにキリスト教の宣教が広汎にゆき渡った力に満ちあふれた時代であった。しかし、使徒後教父の時代に入ると信仰の感動的生活に代わってヘレニズム文化の合理主義と道徳主義が支配する傾向となり、聖書以外の精神が教会に流入しはじめる。二世紀に入るとこの傾向はいっそう強まってくる。

第3章
教父思想の特質

二世紀の中葉からキリスト教とヘレニズム文化との交流がいっそう進展していって、やがて両者の対決が不可避的になるまでに至った。この交流は使徒後教父にみられるように次第に深まりを増し、教会の主流を形成するようになっていった。こうした潮流を教会史家アドルフ・ハルナックは「福音のギリシア化」と呼んだ。もちろん、この運動や傾向によって福音の本質が覆われてしまっているので、キリスト教にとっては不幸な出来事であるといわねばならない。しかし、ギリシア的な合理的精神によって素朴な福音信仰が反省されているのであるから、パウル・ティリッヒが主張しているような「聖書宗教の基礎に立つ存在問題の採用」という積極的評価をこれに適用することができる（P.Tillich, *Biblische Religion und Die Frage nach dem Sein*, 1956参照）。この運動に対するハルナックとティリッヒの解釈と評価は異なっていても、ギリシア古典文化との交流がキリスト教に新しい進展をもたらしている事実は明らかである。

二世紀の後半にはキリスト教をヘレニズム時代の宗教思想であったグノーシス（霊智）によって解釈したグノーシス主義が勢力をえてきている。サトゥルニノス、カルポクラテス（二世紀頃）、バシレイデス（八五頃～一四五頃）、ヴァレンティノス（二世紀頃）、およびマルキオン（八五～一六〇）が勢力をもつに至った。これらのキリスト教グノーシス主義という異端分派との対決というかたちでキリスト教は新しい思想上の展開を見るのであるが、これに加えてローマ帝国によるキリスト教の迫害が一段と強化されるようになった。この弾圧に対抗してキリスト教の真理を弁護し、道徳生活における健全性を弁明し、かつ異端を論駁する護教家が多数登場してきた。彼らは学問上「弁証家」（アポロゲーテン）と呼ばれている。二世紀にはアリステイデス（二世紀初め）、ユスティノス（一〇〇～一六五頃）、タティアノス（一二〇～一八〇頃）、アテナゴラス（一三三頃～一九〇）、テオフィロス（一七〇頃）が、三世紀にはテルトゥリアヌス（一六〇頃～二二〇頃）、エイレナイオス（一三〇頃～二〇二）、クレメンス（一五〇頃～二一一頃）、オリゲネス（一八五頃～二五四頃）が、四世紀にはアタナシオス（二九五頃～三七三）とアンブロシウス（三四〇？～三九七）などが、そして五世紀にはアウグスティヌス（三五四～四三〇）が、それぞれ代表的弁証家として活躍した。

ここではまず二世紀のユスティノスをその典型として考えてみたい。

ユスティノスとプラトン主義

ユスティノス（一〇〇～一六五頃）はパレスチナに生まれ、ギリシア哲学とくにプラトンの影響を受け、イデアの神秘的直観に至ろうとしたが、啓示による方法があることを知ってキリスト教に入信し、後にローマでキリスト教を講義した。しかしマルクス・アウレリウス皇帝の治下、迫害を受けて殉教した。彼は一生の間「哲学の衣」を脱ぎ捨てなかったように、キリスト教を

「安全で有益な哲学」として説いた。キリストは神のロゴスを完全に実現し、人間化された真理であるとみなし、プラトンも同じロゴスにしたがい、不完全ではあるが真理を語ったと説いた。そこから、プラトン哲学はキリスト教に至る準備段階であることになり、ロゴスを完全に実現しているキリスト教を迫害することの誤りを指摘した。

こうしたキリスト教の弁証論はギリシア哲学によってキリスト教を基礎づけ、キリスト教をヘレニズム化するものである。彼によって「キリスト」はもはやユダヤ的な「メシア」に代わって「ロゴス」として捉えられた。その結果、世界を知性界と感性界とに二分し、知性界の原理たるロゴスが感性界に「受肉する」ということが説かれるようになった。「メシア」には民族をその苦難から救済するという「連帯」の意味が含まれていた。それゆえ、ヨハネ福音書の冒頭で用いられている「言」(ロゴス)が「神の力」を意味し、非哲学的な意味で考えられていたのに対し、プラトン主義者がキリスト教に回心することによって、天上界のロゴスの受肉としてイエスが説かれるようになった。

有名な教義史家ハルナックは『キリスト教の本質』のなかでこの点を次のように説く。

ロゴスをキリストと同一視したことは、ギリシア哲学と使徒の遺産とを融合する決定的な点となり、ギリシアの思想家たちを使徒の信仰に連れてきた。わたしたちの多くの者にとってこの同一視は受け入れがたい。なぜなら〔ギリシア〕世界と倫理についての思考はわたしたちを実在するロゴスに導かないからである。この〔思考〕形式は当時の人々の興味を吸収し、福音の単純さから人々の心を分離させ、福音をさらに著しく宗教哲学に変えたのである。
（『基督教の本質』山谷省吾訳、岩波文庫、二〇四頁）

しかし、弁証家たちの哲学は、グノーシス主義とは相違して、まずキリスト教の基本信条を信じた上でそれを哲学的に弁明したのであるから、やがて異端の論駁への道を開くとともに、キリスト教信仰の存在論的解明を試みたものであるともいえよう。

オリゲネスの学説

二世紀の終わりごろにアレクサンドリアには教理問答学校があって当時の学芸の一大中心地となっていた。この学校はキリスト教の最初の組織的な学園である。そこにはクレメンス（一五〇頃～二一一頃）やオリゲネス（一八五頃～二五四頃）が活躍した。

オリゲネスは新プラトン主義の開祖アンモニオス・サッカス（一七五頃～二四二頃）の教えを受け、豊かなギリシア哲学の教養をもってキリスト教の教養を哲学的に解明した功績は高く評価されなければならない。

オリゲネスはその主著『諸原理について』の中で神・世界・人間について多くの意見を参照しながら聖書を解釈し、信仰の思索を展開した。また、マルキオンのグノーシス的な見解、つまり新約聖書におけるイエスの父なる神と旧約聖書の創造神とを区別する見解、プラトン主義的な哲学説、聖書の擬人的表現の字義通りの理解などに対する批判を展開した。彼の学説の要点を次にあげてみる。

(1)彼は神の非物質性を論証しようとし、「神は霊である」と語る福音書の意味を探求した。そして「すべての知的存在、すなわち非物質的存在の中で、最もすぐれ、最も名状しがたく、最も測りがたく卓越している者こそ神である」とみなす。神はまた「純一な知的存在、モナス〔一〕であり、いわばヘナス〔単一性〕であり、精神であり、あらゆる知的存在即ち精神の始原であるところの源泉である」（『諸原理について』小高毅訳、創文社、五六頁）と規定する。

(2)その学友プロティノス（二〇五?〜二七〇）が神なる一者からの世界の流出を考えたのに対し、彼は神の世界創造を説き、始原における創造は理性的被造物、つまり精神（ヌース）の創造であって、精神は自発性をもち自由意志によって神に近づくことも離反することもできるとした。また物体的世界は堕落した精神の修練の場として造られたが、神から生まれた知恵は将来の被造物の可能態と形態のすべてを秩序として所有しており、この知恵の内なる神秘と秘密とを開示する働きがロゴス〔言〕と呼ばれる。このロゴスは人間を罪と死の力から解放するため救い主となられた。こうして神のロゴスである神の知恵が「道」となられた。それゆえ神はこのロゴスにおいて被造世界に関与するため、ロゴスは被造物ではないが、神に従属する。元来それは神と同質（ホモウシオス）であるが、世界への媒介性のゆえに神に対して従位に立っている。

(3)人間の創造されたときの本性について次のようにいわれる。「人間は最初に創造されたときに、像としての身分を与えられたが、似姿という完全さは世の完成のときまで保留されている。

つまり人間は〔神の似姿を〕自己の精励なる熱意をもって、神を模倣することで獲得すべきである。すなわち像としての身分を与えられたことで初めから完全になることの可能性が人間に与えられているが、人間は終わりの時になって初めて、わざを遂行することによって、完全な似姿を自ら仕上げるべきである」（前掲訳書、二六七～二七八頁）と。ところが自由意志によって自己の使命から堕落したため、人間は天使とサタンとの中間に位置している。だからキリストに学んで、完全なロゴスの認識に進み、死すべき身体も「霊的身体」となり、天に昇りゆくことによって「永遠の福音」は完成する。

オリゲネスの霊性

オリゲネスは聖書の詳解、とくに『雅歌注解』の中で霊の観想についての考察を進めており、キリストの受肉による来臨によって、これに呼応する魂が神への上昇をもたらし、神の直視への過程において霊性の働きを説くにいたった。それは霊的な経験であって、しばしば神秘的な用語で表現された。そこで語られたのは霊感と照明とによる「突然の覚醒」である。彼は聖書の寓意的解釈をとおしてその「霊的・神学的」意味を捉えようとした（ラウス『キリスト教神秘思想の源流』水落健治訳、教文館、一〇頁参照）。

まず、注意を惹くのは見えないものに対する純粋な霊的な憧憬であり、それは内なる人の霊的な愛から生まれる。この内なる人は外なる人が五官をもっているように五つの霊的感覚をもつと言われる。現代カトリックの神学者カール・ラーナーは、霊的五感の説がオリゲネスに始まることを論じ、霊的五感の説に対する聖書的根拠を、箴言二章五節の「あなたは……神を感覚することができるようになる」という箇所と、ヘブル人への手紙五章一四節の「善悪を見わける感覚を実際に働かせて訓練された成人」に言及した箇所とに見出し、この善悪の識別が身体的感覚によっては不可能であると言う（ラウス前掲訳書、一二二頁参照）。これは霊的感受性（「第六感」ないし内的感覚）を意味する。

この霊的感覚を覚醒するために魂の眼に光をもたらすのは御言であって、恩恵によって霊的感覚の中に御言が注ぎこまれると、覚醒され、それに応じて身体的感覚が弱まる。この霊的感覚は、本来精神（ヌース）に属し、その堕落形態である魂（プシュケー）には属さない。それは霊的な感応作用であって、次のような視覚・嗅覚・触覚として述べられる。

そしてまた、善悪を見分ける感覚を持っている訓練された人々について述べている使徒パウロの言葉に沿って考えてみれば、恐らく、魂のもつ一つ一つの感覚のために、キリストはそれらの感覚に対応するものとなられるでしょう。このためでしょう、事実、キリストは真の光と呼ばれます。魂の目が、照らされる光を必要としているからです。キリストはみことばとも呼ばれます。耳が聞くべき言葉を必要としているからです。また、キリストは生命のパンとも呼ばれます。魂の味覚が味わうパンを必要としているからです。ですから、同じ様に、ここでキリストは香油とかナルドと呼ばれています。魂の嗅覚がロゴスの芳しい香りを必要としているからです。またこのためでしょう、キリストを触れ得る、手でさわることができるとかロゴスは肉体となったと述べられています。内なる魂の手が生命のロゴスに触れることができるためです。とはいえ、これらはすべて同じ一つの神のロゴスです。神のロゴスは、祈りの情によって摂取され、魂の感覚のどれか一つでも、ご自分の恵みを受けずに取り残されることのないようにされたのです。（オリゲネス『雅歌注解・講話』、小高毅訳、創文社、一九八二年、一四七～一四八頁）

このようにオリゲネスは魂の上昇過程を最高段階にまで導いたが、そのときには愛と並んで神の憐れみが強調された。これは魂が自分の力ではそこに到達できないからである。神の直視はプラトンが『饗宴』のなかで説いたように、この上昇過程のさなかに「突如として」現われるが、オリゲネスはプラトンの説を修正して御言の受肉という神の憐れみによって初めて可能となることを強調した。したがって神は受肉によって人間が御言と出会うように導いている。この出会いは人格的な出会いであって、プラトンのイデアの直観とは本質的に異質であり、そこには人格的に変容された霊性の作用が認められる。

このようなオリゲネスの優れた学説も当時はその正統性について疑問視され、魂の先在説・キリストの父への従属説・万物の救い・身体観などが異端とみなされた。しかし、彼が霊性の作用を見いだし、霊・魂・身体というキリスト教の人間学的三分法を確立した功績は高く評価されなければならない。後にこの説はエラスムス（一四六六～一五三六）によって発見されるようになる。

オリゲネスの系統に属する思想家には教会史の父であるカエサリアの司教エウセビオス（二六

三頃～三三九)、カッパドキアの三大神学者、カッパドキアのバシレイオス(三三〇頃～三七九頃)、ナジアンゾスの司教グレゴリオス(三二九頃～三八九)、バシリウスの弟でニュッサの司教グレゴリオス(三三一頃～三九六)が輩出して、次に述べるアタナシオスの信仰をオリゲネスの学問の下に実らせようとしたものと評価される。

ニカイア公会議とアタナシオス

さて、神を父・子・聖霊の三位一体として説くことは人間との交わりを拓いたキリスト教の神の観念にとって決定的に重要な信仰経験に属している。新約聖書の中にはすでに萌芽として三位一体の考えが至る所に見られるが、明白な教説とはなっていない。元来ユダヤ教は厳格な一神論であり、異教は多神教であった。キリスト教はユダヤ教から一神教を受け継いできたのであるから、神の他にキリストを神とすることは多神教に転落するように考えられた。そこで一神教の伝統に立ってキリストを神とみなさない異端が多く現われてきた。こうした異端思想との対決からキリスト教の最大の教義である三位一体が確立されたのである。この異端にはグノーシスの異端、キリスト仮現説、モナルキア主義(養子説とサベリウス主義)その他があった。その中でも最大の異端はアレイオス(三三六年没)主義であり。このアレクサンドリアの司教は、三世紀の最大の弁証家オリゲネスの説いたキリストの父への「従属説」をさらに徹底させて、キリストを神と同一視することを否定した。この一派による異端と分離の運動は当時の最大の係争となり、これを解決すべくコンスタンティヌス大帝(二七〇年代前半～三三七)によってニカイアの公会議(三二た。

五年）が開催され、三百人の司教が召集された。この会議によって「ニカイア信条」が定められた。

アタナシオスは二九五年頃生まれ、少年時代に最後の迫害を経験してはいたが、青年の頃には新しいローマ帝国内の教会組織の中に固く組み込まれ定着していた。この教会は彼にとって所与の事実であり、終生これに忠誠を尽くした。彼はこれまでのギリシア教父と異なり、キリスト教哲学の学問的雰囲気に馴染んでいなかった最初の思想家である。つまり、彼は教会人であって、学校ではなく、アレクサンドリアの教会行政の職務によって訓練された。この地には大規模な能率的な付属機関をもってエジプトと北アフリア一帯を管轄下に置いていた。教会政治に早くから彼は通暁し、助祭になり、司教の神学上の助言者となって、ニカイア公会議に同行した。アレイオス論争はすでにエジプト周辺をこえて拡大しており東方の全体に衝撃を与えていた。彼は論争に参加することによってすでに巨大な勢力となっていた反対派の勝利に打撃を与え、以後五四年にわたって常に変わらない確信と柔軟さとをもってさまざまな表現と手段とに訴えて、本質問題には揺らぐことのない態度をもって対処し、時に成功してもそれに甘んじることなく、また失敗しても決して挫けなかった。

アレイオスが恩赦を与えられて、教会に復帰することを赦されたとしても、アタナシオスはアレイオスを再び受け入れることはできなかった。「真理に逆らって異端を発案し、公会議によってアナテマ（破門）を科せられた」人を受け入れることは原則的にありえないという立場を固守した（アタナシオス『アポロギア』二・五九・五）。教会で重要なことは、この世界での目論みではなく、永遠なる問題である人類の救済である。世界も理性も人類を救済できなかった。そのために「ご自身からロゴスであったロゴス」であるキリストが受肉しなければならなかった。彼はわたしたちの肉体を取ることによって、わたしたちの性質を神の永遠の生命と結びつけた。こうして受肉は救いの決定的な出来事となった（アタナシオス『異邦人に対する教え』四〇）。彼は「最高の学識と勤勉の人、オリゲネス」をよく知っており、独りよがりの解釈上の濫用者であるアレイオスから守ろうとした（アタナシオス『ニカイヤ教令論』二七・一）。

東方教会の成立

東西両教会が対立するようになったのは、コンスタンティヌスが首都を東方のコンスタンティノポリスに移し、テオドシウス一世の死後の三九五年に帝国が東西に分けられたこと、また四七六年に西ローマ帝国がゲルマン人の傭兵隊長オドアケルによって滅亡したことも影響している。さらに七二五年に聖画像礼拝をレオ三世（七五〇?～八一六、教皇在位七九五～八一六）が禁止して以来、これをめぐり一〇〇年にわたって論争が行なわれ、東方教会が聖画像崇拝を認めたのに、西方教会はこれに激しく抗議し、分裂が深まっていった。なお九世紀の中葉に教皇ニコラウス一世（八二〇頃～八六七、教皇在位八五八～八六七）がコンスタンティノポリスの総主教フォティオス（八二〇～八九七）の就任に干渉したため、両者間の対立は激化し、一一世紀に東方の総主教アクリダのレオ（?～一〇五六）と教皇レオ九世（一〇〇二～一〇五四、教皇在位一〇四九～一〇五四）との争いは相互に破門を宣言するに至り、最後的分裂となった。なお東方教会の中心は一四五三年コンスタンティノポリスの陥落後にはロシア教会に移った。

そこで東方教会の思想的な特質は何であったか問題にしてみたい。それは「テオーシス」(神化)の観点から考察することができる。すでに述べたように古代におけるキリスト教の教義は公会議(ニカイア・コンスタンティノポリスとカルケドン)によって決定され、このことが最終的に確定されたのは六八〇年のコンスタンティノポリス第六回公会議であった。このような論争を経過して東方教会は「正統的教会」と今日までも呼ばれるものとなった。

ところで原始キリスト教の成立以来、古代地中海世界の東半分はギリシア語、西半分はラテン語の文化圏に大きく二分され、二世紀から七世紀にかけて活躍した教父たちは、それぞれの立場や思想傾向、著作の形態とは無関係に、何よりもまずギリシア語で著作を書いた者(ギリシア教父)とラテン語で著作を書いた者(ラテン教父)とに二分される。それゆえ「東方キリスト教」とは言語の点からするとギリシア語で書かれた新約聖書から発して、ローマ帝国の東半分を経由してビザンチン帝国に継承される、ギリシア語によって養われたキリスト教の伝統を指す。ここから一般的に東方教会は思索的・神秘主義的・芸術的ギリシア文化の伝統を生かしており、政治的・法律的・実践的である西方教会と文化的にも対立する傾向をもっていた。

一般的に言って、西方の教義は合理的な要素をもっており、たとえば贖罪思想は一二世紀に活躍したアンセルムス(一〇三三～一一〇九)のラティオ論に支配されており、人類の罪を贖うのに完全で十分な犠牲をイエスが父に捧げたと主張され、その結果キリスト論は、聖霊論や人間論とは明確に区別され、それ自体で一つの主題であると考えられた。

それに対してギリシア教父たちは、人間の真の本性が人間イエスとロゴスとの実体的（ヒュポスタシス）統一において聖霊によって実現された神の生命であり、それはキリストの人間性・その体である教会・同じ聖霊によって、すべての人間に近づきうるものと考えた。この考えからキリスト論は新たな普遍的次元を獲得し、聖霊論からも人間論からも、もはや孤立することなく、福音のトータルな理解の鍵となった。その際「神の生命に参与すること」や「神化」という問題点が浮上してきた。もしも史的イエスの完全な人間性が強調されるなら、この人間性は神性とは区別されたものとして理解されたばかりか、「自立的」で人格化されたものと考えられた。だが、もし「神化されて」いたとしたら、イエスはもはや真の人間ではありえなかった。それゆえ「神化」という概念こそ、アタナシオスがアレイオスを論駁した論拠そのものであって、彼は「人間が神になることができるために、神が人間となられた」と主張した。

偉大なカッパドキア教父たちもこの論拠を共有しており、ニュッサのグレゴリオス（三三五頃～三九四以降）は、たとえば『教理大講話』の中で「わたしたちにおける神の現存（パルーシア）の仕方は、かの場合〔キリストの受肉〕と同じではないとしても、わたしたちのうちに存在するということは、今もかのときも等しく承認されている。それは、わたしたちの自然・本性がこの神性との混合によって神的なものになり、死から救い出され、敵対者の専制から自由になるためであった」（ニュッサのグレゴリオス『教理大講話』篠崎榮訳『中世思想原典集成2』平凡社、五六七頁）と語ったことに明瞭に示されている。同様に東方の主教たちの大多数も、当初は「同一本質」（ホモウシオス）という用語に疑念を懐いてはいたが、結局はニカイアの信仰の真理を確信したように、この論拠に確信を寄せていた。そしてこの「神化」の思想こそ東方神学に特徴的な思想となった。この点は東方教会を代表する証聖者マクシモス（五八〇頃〜六六二）とパラマス（一二九六〜一三五九）の神秘神学によって実現された（詳しくは金子晴勇『キリスト教霊性思想史』教文館、二〇一二年、九〇〜一〇三頁を参照）。

第4章
アウグスティヌスの思想

アウグスティヌスは三五四年一一月一三日、北アフリカのヌミディアにあるタガステの町に誕生する。郷里と近郊の町マダウラで文法学と文学を学び始める。一六歳からカルタゴに遊学し修辞学の勉強をはじめたが、やがてある女性と同棲し、一八歳にして息子のアデオダトゥスが誕生する。やがてマニ教の聴聞者となる。一九歳のとき、キケロ（前一〇六〜前四三）の『ホルテンシウス』を読み、哲学への知的回心を経験する。二二歳でカルタゴで修辞学の教師となる。ローマに移り、市の長官シュンマクスの推薦によってミラノの国立学校の修辞学の教授となる。その地で司教アンブロシウスに会って初めてキリスト教への理解を深め、三二歳のときに回心し、翌年の復活祭にアンブロシウスから受洗する。

次いでタガステの父の家に帰り、息子や友人達と共同生活を始める。三七歳のときヒッポ・レギウスの信徒たちに司祭就任を強いられる。四二歳でヒッポ・レギウスの司教となる。翌年『告白録』を執筆しはじめ、『キリスト教の教え』や『三位一体』さらに『創世記逐語注解』を執筆し始める。四一〇年（五六歳）、アラリックの率いる東ゴート族がローマに侵入し、永遠の都を破壊し、略奪する。この責任がキリスト教徒に帰せられたため、キリスト教を弁護して、有名な大作『神の国』の執筆に取りかかる。

同時に分離派のドナティストおよび異端のペラギウス派との論争に積極的に参加する。こうしてペラギウス派駁論の著作、『罪の報いと赦し』『霊と文字』『自然と恩恵』などが書き始められた。四一八年に開催されたカルタゴ教会会議でペラギウス主義は邪説として決定され、異端の宣告を受けた。自説を要約して『キリストの恩恵と原罪』を書く。四二一年にはペラギウス主義の擁護者エクラヌムの司教ユリアヌス（三八六頃～四五五頃）との論争が始まり、『ユリアヌス駁論』などを書く。また晩年の四二六年にはセミ・ペラギウス主義に対決し『恩恵と自由意志』『譴責と恩恵』を、さらに『聖徒の予定』および『堅忍の賜物』を書く。四三〇年（七五歳）にヴァンダル族に包囲されたヒッポで病に倒れ、死去する。

思想と基礎経験

彼の回心はキリスト教古代に生じた典型的なものであった。彼は古代の哲学的思想体系をもって自己形成を行ない、古代の古典的な教養を身につけていた。それゆえ彼の回心は「世紀の回心」といわれるように、古代末期から新しい中世への大転換を引き起こす礎ともなった。その著作『告白録』では彼がどのように古代思想を自己のものとしていったか、またそれによっては内心の不安と葛藤、苦悩が癒されず、キリスト教の福音によって初めて金銭・名誉・女性に対する欲望に打ち勝つことができたかが語られた。とりわけ女性に対する欲望は手強く、理性と感性との二元的な相克を引き起こす激しい内心の分裂を彼は経験し、それからの救済を願い求めた。このような自己の罪性の自覚から、その救いを求める生き方と探求の態度は、これまでのキリスト教徒には、たとえばパウロにも見られなかった。その回心はこの欲望に打ち勝って、心身の全体をあげて神に献身することによって初めて成立した。ミラノの「庭園のある家」での回心は次のように叙述されている。

しかし、深い考察によって、魂の奥底から、自分の内にあったすべての悲惨がひきずりだされ、心の目の前につみあげられたとき、恐ろしい嵐がまきおこり、はげしい涙のにわか雨をもよおしてきました。わたしは声をあげて涙を流すために、立ち上がってアリピウスから離れました。……わたしはというと、どのようにしてであったかおぼえていませんが、とあるいちじくの木陰に身を投げ、涙のせきを外しました。すると目から涙がどっとあふれでましたが、これはあなたによみせられるいけにえだった。……わたしはこう言いながら、心を打ち砕かれ、ひどく苦しい悔恨の涙にくれて泣いていました。すると、どうでしょう。隣の家から、くりかえしうたうような調子で、少年か少女か知りませんが、「とれ、よめ。とれ、よめ」という声が聞こえてきたのです。瞬間、わたしは顔色を変えて、子供たちがふつう何か遊戯をする際に、そういった文句をうたうものであろうかと、一心に考えはじめました。けれどもどこかでそんな歌を聞いたおぼえは全然ないのです。わたしはどっとあふれでる涙をおさえて立ち上がりました。これは聖書をひらいて、最初に目にとまった章を読めとの神の命令にちがいないと解釈したのです。……そこでわたしは、いそいで、アリピウスのすわっていた場所にもどりました。そこにわたしは立ち上がったときに、使徒の書を置いてあったのです。それをひったくり、ひらき、最初に目にふれた章を、黙って読みました。「宴楽と泥酔、好色と淫乱、争いと嫉みとをすてよ。主イエス・キリストを着よ。肉欲をみたすことに心をむけるな」。わたしはそれ以上読もうとは思わず、その必要もありませんでした。というのは、この節を読み終わった瞬間、いわば安心の光とでもいったものが、心の中にそそぎこまれてきて、すべての疑いの闇は消え失せてしまったからです。(アウグスティヌス『告白録』Ⅷ・一二・二八〜二九、山田晶訳)

彼の回心は、このようにパウロのローマ人への手紙一三・一三〜一四を読んで起こっている。そこでは身体的な欲望、つまり情欲からの解放が中心的な問題であった。したがって内心の分裂は心身問題と関連しており、「貞節」の声と「情婦」の声との戦いとしても叙述されている。このような対決状態にあっても、なお、不決断のなかをさ迷っていたとき、自己の外から聞いた「とれ、よめ」(tolle, lege)の声に促されて聖書を開き、その言葉にしたがって回心の決断がなされた。こうした内心の分裂によって生じる苦悩からの救済を求めてここに回心が起こっているが、この種の回心の経験は中世を通じて模範となった。

「不安な心」

アウグスティヌスの内心の実質は次の『告白録』冒頭の言葉の中に見いだせる。

「主よ、あなたは偉大であって、大いに誉め讃えられるべきである。あなたの力は大きく、その知恵ははかりがたい」(詩一四五・三、一四七・五)。しかも人間は、あなたの被造物の小さな一断片でありながらも、あなたを讃えようと欲する。人間は自分の死の性《さが》を身に負い、自分の罪の証拠と、あなたが「高ぶるものを退けたまう」(エペトロ五・五その他)ことの証拠を、身に帯びてさ迷い歩いている。それにもかかわらず人間は、あなたの被造物の小さな一断片として、あなたを讃えようと欲する。喜びをもってあなたを讃えるように励ますのはあなた自身である。なぜなら、あなたはわたしたちをあなたに向けて造りたまい、あなたのうちに憩うまで、わたしたちの心は不安に駆られるからである。(前掲書I・一・一)

彼は、最初、神の偉大さを高らかに賛美しているが、次にその偉大さを人間の卑小さと対比させて、神と人との絶対的距離を知るように導いていく。人間の卑小さは「あなたの被造物の小さな一断片」という言葉に適切にも示される。ここでの対比は宇宙内部での相対的な対比の段階を超えた高度の対立である。ところで、被造物が創造者の意志に従って存在しているかぎり、そこには意志の一致のゆえに両者の間に対立はさほど明瞭には意識されない。この対立がはっきりと意識されるようになるのは、人間の意志が「高ぶり」によって創造者に反逆し、「罪」を犯すときである。このとき神は「高ぶるものを退けたもう」がゆえに、神と罪人との対立は、対立の度合いが最高度に達する「矛盾対立」となり、絶対的断絶となる。この状態はこのテキストでは罪の結果引き寄せた「死の性」と「罪の証拠」および高慢を退ける神の審判として述べられる。人間の現状はこのような悲惨な堕落した状態にあって、その中を「さ迷い歩いている」と語られている。

このような神と人との絶対的断絶は両者の関係の廃棄を意味しているのであろうか。「それにもかかわらず」という言葉は、絶対的断絶を認めたうえでの関係の回復を示す。この回復が生じるためには、まず人間の自己のありのままの姿が素直に認められねばならない。それは「あなたの被造物の小さな一断片」としての自己認識である。この認識は同時に自己の創造者に対する賛美を含んではいるが、自己の犯した罪の重荷のゆえに賛美の声は声にならないほどか細い。ただ、神からの力強い励ましによってのみ「喜びをもってあなたを讃える」ことが起こる。

こうして彼の最も有名な言葉が語られている。すなわち「あなたはわたしたちをあなたに向けて造りたまい、あなたのうちに憩うまで、わたしたちの心は不安に駆られる」と。ところで既述のように人間が神によって造られた被造物であるということは、永遠なる神と性質を異にする可死的生命のことだけを意味していない。それは「あなたはわたしたちをあなたに向けて（ad te）造りたもうた」とあるように、神への対向性をも意味する。このように被造物に創造の初めから与えられている根源的な対向性は「あなたのうちに（in te）憩うまで」安きを得ないと語られているように、その目標とするところは、神の内にある平安である。この平安に至るまでの状態は「わたしたちの心は不安に駆られる」と説明される。「不安」（inquietus）は「平安」（quies）を失った状態であっても、心理的な「落ち着きのない」状態ではない。この場合「心」（cor）は心理的状態でも心的素質でもなく、人間存在の全体的動態を表明していると考えられる。というのは「あなたに向けて」（ad te）と「あなたのうちに」（in te）という言葉は、さきに述べた神との断絶状態を前提としており、この状態を『告白録』で多く用いられる「あなたから離れて」（abs te）で言い表わせば、三つの前置詞（ad, in, abs）によって神との関係の喪失と回復とが動的に示されているからである。

プラトン主義とキリスト教

回心に至る途上でマニ教の二元論を克服するのに新プラトン主義が大きな助けとなっている。彼は新プラトン主義のプロティノスおよびその弟子のポルフュリオス（二三四～三〇五）の著作によって神の霊的認識に到達し、同時に悪とは存在（善）の欠如（privatio boni）にすぎないとの洞察によって、悪を意志における高慢たる罪として把握するに至った。彼は新プラトン主義の主知主義的傾向を全面的に排斥するのではなく、主意主義的な側面をとくに受け入れ、これとキリスト教との総合を目指していった。当時のミラノには新プラトン主義のグループがおり、その思想はキリスト教徒によって積極的に受容されていた。したがってアンブロシウスやシンプリキアヌス（三二〇頃～四〇〇／四〇一）のような指導者もこうした傾向をもっていた。ところがプラトン主義とキリスト教徒の距離はやがて次第に自覚されるようになり、三位一体を説いてもキリストの受肉を否定するポルフュリオスと対決するようになった。この点は身体論にもっともよく示されている。とはいえプロティノスの説いた神の観照を最終目的とみなす思想傾向は晩年にいたるまで強く影響していた。

プロティノスから受容した学説としては①哲学の概念、②その対象（神と魂）、③知恵の目的としての幸福、④知性と悟性との区別、⑤観照に至る諸段階、⑥不変の真理の神的性格、⑦神の創造者・叡知的光・恩恵という三重の役割、⑧種子的理念の学説、⑨内面性の強調があげられる。他方、新プラトン主義者らに対する批判として⑴受肉と復活の否定、⑵十字架の秘儀の否定、⑶神の子の卑下に対する無知、⑷徳の源泉として恩恵を説かない点が問題視され、さらに⑸非人格的な神、⑹宇宙の永遠性、⑺二世界説、⑻想起説、⑼身体＝牢獄（ソーマ＝セーマ）学説、⑽魂の不滅論証などがその後、批判的に修正された。

哲学の新しい出発点

アウグスティヌスにおける哲学的な思索の特質は、それがもっぱら「神と魂」とに向けられている点に求められる。このことはギリシア哲学の出発点と比較してみると明らかになる。ギリシア人は人間がコスモス（秩序世界）によって庇護されていると感じ、そこに安住できると信じていた。このコスモスへの讃歌はカオス（混沌）を克服する神々の力への感謝の祈りであり、天と地は同じノモス（法）によって治められていると考えていた。ところが哲学の根源で論じたように、アウグスティヌスは驚異の念を世界よりも人間の内面に向ける。彼が初めて矛盾と謎に満ちた人間の現実に目を向けたと言えよう。彼は言う。「わたし自身がわたしにとって大きな謎になった」（『告白録』Ⅳ・四・九）、また「人間そのものが大きな深淵である」（同Ⅳ・一四・二二）と。

彼は人間そのものの量りがたい深みを自覚して、そこから自己をそのように創った神を問うていく。ここに哲学の新しい出発が直接人間自身に向けて生じている。それゆえ哲学の主題は世界ではなく、「神と魂」とに限定される。「神と魂をわたしは知りたい」（『ソリロクィア』Ｉ・二・七）と語られるとき、「神」は「わたしたちの根源」を、「魂」は「わたしたち自身」を意味しているがゆえに、「神と魂」は「人間とその根源」を言い表し、哲学の主題に人間自身が立てられていることが知られる。

人間の定義と身体論

だが、彼は最初プラトン派の影響を受けたため、初期の人間学は古代的な人間観にもとづいていた。そのため身体の評価が消極的であり、身体が可死的であるのみならず、その感覚は誤謬を免れ得ないから、身体から離れ精神だけになってこそ幸福に達することができると考えた。こうして身体は「牢獄」であると説き、明らかにプラトン主義的な古代的人間観を受け継いでいた。ところが身体とその感覚、また愛やその欲望も、それ自体としては誤謬や罪悪に満ちたものではない。とりわけ、身体は神によって造られたものである以上、それ自体善である。ただ、意志がそれを使用するとき、秩序を逸脱して転倒し、神の戒めを犯すことによって誤謬や罪悪に陥る。アウグスティヌスは身体を悪の根源とみなす思想から次第に脱却し、キリスト教の創造説に立って身体の善性を認め、悪の根源を人格の中枢たる意志に求めるようになり、神に対し高ぶった傲慢こそ諸悪の源泉であると説くようになった。こうして身体論も大きく変化するようになった。

身体についての新しい理解は彼がキリスト教思想を次第に自己のものとする過程で生まれてきた。それはキリスト教思想の中心的な教説である創造・受肉・復活から考察することができる。

「神の像」の探求

アウグスティヌスの『三位一体論』は当時カトリック教会の公会議で成立をみた三位一体の教義を学問的・体系的に論じた注目すべき著作である。この書の前半では三位一体を聖書と教会の歴史とにもとづいて考察し、後半では人間との関連で解明する。彼は人間の内に三位一体の像を探求し、「神の像」(imago Dei)として人間を考察し、独自の人間論を確立しようと試みた。このような試みはエイレナイオスやクレメンスさらにニュッサのグレゴリオスによって行なわれてきた。「神の像」とか「似姿」という表現は創世記の人間の創造物語に用いられた言葉に由来する。そこには「神は御自分にかたどって人を創造された。神にかたどって創造された」(創世記一・二七)と記されている。この「かたどって」という表現はラテン訳聖書では ad imaginem et similitudinem「像と似姿に」と訳され、人間は神の像と似姿を内に宿していると考えられた。「像」というのは「原像」である神を写している「模写像」や「類似像」もしくは「面影」であって、三位一体の神の痕跡は被造世界に求められたが、アウグスティヌスはこれを人間の精神の認識作用に求めたため、人間論にとって重要な思想を形成するようになった。

人間の神に対する関係は愛であり、人間における愛の現象の分析から彼は神の像を発見すべく探求を開始する。まず愛の経験的現象の分析から愛の「三肢」(tria)が捉えられる。一般的にいって愛は何かを愛しながら同時に愛そのものを愛する。こうして愛はその根源である神につながっている。ここから「愛する者・愛されるもの・愛」の三肢が捉えられる。しかしこの三肢構造は愛する者と愛される対象との二つの実体から成立しているので、三にして一なる構造をもっていない。この二つの実体が一つの場合は、自愛の現象である。だが、自愛の場合には愛する者と愛との二肢構造にすぎない。ところが自愛は自知なしにはあり得ない。したがって愛が知を媒介にして自己を精神として立てるとき、「精神・自知・自愛」という三一構造が成立し、実体が一つで、三者が独立に関係し合う、三位一体の類似像が捉えられる。ところがこの像は実体である魂が可変的であるので、神のように永遠的なものではない。永遠不変の真理を認識しているとき、精神は永遠性に与っているが、そのような認識は知性の働きによってなされる。この知性を記憶の内にある永遠の理念に向けるのは意志の働きである。ここから知性認識における三一構造として「記憶・知性・意志」という類似像が把握される。

人間学的三段階説

彼の人間学の全体像は、主著『神の国』に詳論されている創造・堕罪・救済から成る三段階説によって示されている。この三段階説はもっともよく知られた図式では、①無垢の状態「罪を犯さないことができる」(posse non peccare)、②罪の奴隷状態「罪を犯さざるを得ない」(non posse non peccare)、③キリストによる新生「罪を犯すことができない」(non posse peccare)から成立している。

①アダム的人間と始原の状態

人祖アダムの下で神による人間の創造と罪による堕罪の出来事とが生じているがゆえに、人間学的反省はそこに集中して行なわれる。創造における人間の本来的存在と罪による人間の堕落した非本来的存在とが対比的に論じられ、さらにキリストを第二のアダムとみて人間の存在の回復が考察され、キリスト教人間学にとって尽きない思索の源泉となっている。なかでも罪による本性の破壊は、かえってその偉大さを証明している。「その欠陥自体は自然本性がいかに偉大であり、いかに称賛に値するかの証明である」(『神の国』XII・一・二)。始原における人間の特徴の第一は神によって造られた被造物という存在であって、それ自身は神ではないということである。被造物は可変的である。「不変的な善は一にして至福な神以外には存在しない。他方、造られたものは、この神によって造られたかぎりで善であるが、神からではなく無から生じたかぎりで可変的である」(『神の国』同前)。

ところで同じく被造物であるとはいえ、天使は純粋に霊的存在で、不滅であるのに、人間は身体をもつ形態的被造物であり、しかも時間とともに造られているがゆえに、天使と動物との中間的存在である。また人間が無から創造されたと言われるとき、そこには無に傾く可変性のゆえに罪を犯す可能性が最初から潜んでいた。しかし神の像に人間が造られているのは、人間に理性と知性とが授けられているからであって、動物との種差は理性に求められる。身体は魂の支配に服し、それに一致するかぎり、魂の重荷ではなかった。

アダム的人間の特質のなかでもっとも多く論じられているのは意志の状態である。神は人間を正しい者、善い意志をもった存在として造った（『神の国』XIV・一一・一）。この意志には選択の自由が与えられていた。「意志の選択が悪徳と罪に仕えないときには、真に自由である」（同）。ここに選択の自由つまり「自由意志」と自由の状態つまり「真の自由」とが明瞭に区別されている。人間は生まれながら自由意志をもち、神の意志を守るかぎり、善にして自由であったが、戒めに背き得る可能性もあったことになる。しかも、「神はアダムが恩恵なしに存在することを欲しないで、彼の自由意志に恩恵を残しておいた。なぜなら、自由意志は悪をなすには十分であっても、良き全能者によって助けられないとしたら、善をなすには不十分であったから。かの人がこの援助を自由意志によって捨てなかったならば、彼は常に善にとどまったであろう。ところが彼はそれを捨てたのであり、〔恩恵によって〕捨てられたのである」（『譴責と恩恵』一一・三二）。このような自由意志の状態は「罪を犯さないことができる」という特質を備えもっている。

②堕罪と原罪の波及

アダムの堕罪とともに人間学の第二段階が始まる。始原の状態であった楽園の平和な生活は、神に背き堕落した天使が人間に対し抱いた嫉妬から生まれた誘惑によって失われる。蛇がその代弁者となり、女を神の戒めに背かせ、女によって男も罪に陥った（『神の国』XIV・一一・二）。教父は堕罪の物語を通して人間の罪の根源が「高慢」（superbia）であることを次のように説いている。「最初の人間たちがあらわな不従順に陥る前に、すでに隠れたところで彼らの悪は始まっていた。すなわち悪い意志が先行しなければ、彼らが悪業に至りはしない。ところで悪い意志の始まりは高慢でないなら何であろうか。実際、〈すべての罪の始まりは高慢である〉（集会書一〇・一三）と言われる。この高慢とは、転倒した仕方で高くなることを求める以外の何であろうか。転倒した仕方で高くなるとは、魂が寄りすがるべき者を捨てて、いわば自分が始原となり、また始原であるということである。それは魂が自分にすっかり気に入るときに起こる」（同XIV・一三・一）。高慢の罪によって人間は被造物としての分に留まらず、神の秩序に違反してしまう。そのため罪の結果である神の罰を身に負うことになった。それは罪の報いである。すなわち神から離れることによって、魂は生命の源から断たれ、死の性を身に負うことになった。「アダムが罪を犯したとき、生命の樹から遠ざけられ、時間に引き渡され、年老いて終わりを迎えるように定められたのである」（同XIII・二三・一）。こうして死は罪の罰として生じたのであるが、恩恵が取り去られると、人は身体の裸に気づいて、心を乱し恥部を覆った。なぜなら、身体は恥でなかったのに、肉が不従順な動きを起こしはじめたからである。

こうした罪の結果は人類の全体に波及し、原罪として重くのしかかっていった。「最初に罪を犯した人間たちに罰として加わったものが、後に生まれる者のうちで本性となって働くのである」（同XIII・三）。したがって、死と本性の壊敗（たとえば知性の無知と意志の無力）とが原罪としてアダムの子孫に伝わっていく。その際、原罪を伝播する働きが情欲や邪欲にあると考えられ、情欲のうちに人間の不幸の全体が現象していると説かれた。

この原罪の支配下にある人間の根本的在り方は罪の奴隷状態「罪を犯さざるを得ない」として規定されている。自由意志はここでは存在していても、拘束された状態にある。

③神の恩恵により新生した本性

人間学の第三段階は罪と死によって破壊された自然本性が神の恩恵によって新生し、霊と肉との葛藤により引き裂かれた内心の分裂が克服され、天上の平和たる「秩序の静けさ」を与えられることによって成立する（同XIX・一三）。自然本性の回復は意志が罪の拘束状態から救済者（キリスト）の恩恵によって解放されるときに生じる。「意志の選択は悪徳と罪に仕えないときに真に自由である。神によって意志はそのような存在を与えられる。それが自己の欠陥によって失われた場合、それを与えた神によるのでないなら回復されない。それゆえ、真理〔なるキリスト〕は言う、〈もし子があなた方を自由にするなら、あなた方は真に自由となるであろう〉と。……キリストは自由を与える方であると同時に救い主でもあるからである」（同XIV・一一・一）。

このようなキリストによって与えられる真の自由は「罪を犯すことができない」状態として規定される。この新生は神による義認に始まり、聖化の過程を経て義の完成に向かうが、その完成は現世においては不可能であっても、終末論的希望の下にある。

古代末期かキリスト教的な古代か

これまでわたしたちはアウグスティヌスの思想の特質を学んできたのであるが、これに加えて彼は四一〇年に、永遠の都ローマがゲルマン人によって一時的に攻略されるという出来事に直面し、歴史や社会について彼独自の思想を展開する大作『神の国』を著作するようになる（この点に関しては金子晴勇『アウグスティヌス『神の国』を読む——その構想と神学』教文館、二〇一九年を参照）。かつて歴史家トレルチは『アウグスティヌス――キリスト教的古代と中世』（一九一四年）でアウグスティヌスの時代を「キリスト教的古代」として特色づけた。これに対する反論としてそれは「古代末期」であると主張されるようになった（ジリアン・クラーク『古代末期のローマ帝国』足立広明訳、白水社、二〇一五年、第一章を参照）。しかしわたしたちは彼の『神の国』を読むと、新しい何かが起こっていると言わざるを得ない。思想史家コックレンは二世紀から五世紀の四〇〇年の間に「ローマ帝国とキリスト教」との間に三つの大きな出来事が起こったと主張する（『キリスト教と古典文化――アウグストゥスからアウグスティヌスに至る思想と活動の研究』金子晴勇訳、知泉書館、二〇一八年参照）。

ローマ帝国の「再建」・「修復」・「新生」

第一の類型は「再建」（reconstraction）で示される段階で、「ローマの平和」と呼ばれるアウグストゥス（前六三～一四）の治世であって、それはローマがその文化的伝統の源泉たるギリシア古典文化にさかのぼって自己を再建した試みであるとみなされる。ところがこの試みは永続しえず、やがて挫折する。そこで現われてくるのがコンスタンティヌスからテオドシウスに至るキリスト教皇帝の時代である。これが第二の類型の時代であり、彼はこの時代の特徴を、ローマの文化的土台とは異質な、別の原理であるキリスト教を借りてきて、それまでの古いローマ的生活様式を「修復」（renovation）した点にとらえている。したがって土台をそのままにしておいて、ただ上部構造だけをすげ替えた試みにすぎない。こういう方法によっては真に強力な文化は生まれず、ローマ帝国は滅亡せざるを得なかったが、アウグスティヌスによって方向づけられた新しいキリスト教文化は古代文化の「新生」（regeneration）となり、第三の類型を形成している。

ギボンの名著『ローマ帝国衰亡史』との比較

コックレンのこの構想とギボンの名著『ローマ帝国衰亡史』（一七七六〜一七八八年）とを比較してみよう。ギボンにとってはローマの平和といわれるアウグストゥスの治世がローマ史の最高段階であって、歴史がここから解釈されると、ローマ史は「衰亡」の一途を辿ったことになる。つまりアウグストゥスの時代が黄金時代であり、あとは滅亡だけであったと解釈される。このような構想はギボンの『自叙伝』によると、彼がカピトールの廃墟に坐って夢見たローマの偉人たちの群像から立ち現われた霊感によっていることが知られる（『ギボン自叙伝』村上至孝訳、岩波文庫、一九四三年、一八四頁参照）。なによりも問題になるのはギボンのキリスト教に対する偏見である。彼は、キリスト教がユダヤ的排他主義のゆえにローマの衰亡を促進させたと考えた。これと比較するとコックレンは、キリスト教によってもたらされた思想と行動はまことに革命的なものであり、まったく新しい生き方となっていると主張したのである。

ヨーロッパ思想史の最大特質に数えらえるキリスト教のギリシア化はこうした歴史の状況と論理から生み出されている。そこにはローマ帝国のキリスト教化が幾多の迫害の試練を経て進行していたのである。そしてコンスタンティヌス自らキリスト教の勢力を統一すべく、ニカイアの公会議を召集するまでに至った。この第一回公会議においてキリスト教思想はそのすべてに共通の基本的な教義を確立し、名実ともに世界宗教となった。

さらに歴史の射程を広げて古代から中世への流れから巨視的に歴史を捉えてみよう。古代世界に起こった最大の出来事は氏族から部族へ、さらに部族の連合によって民族国家が誕生し、それが帝国にまで発展したことであるといえよう。それに対し中世ヨーロッパ世界は民族国家の枠組みを超えた普遍的共同体がカトリック教会の指導によって誕生している。このような大転換は古代世界の中に登場したキリスト教によってもたらされた事態である。つまり、イエスの「神の国」の福音が古代世界に働きかけて新しい人格的共同体を形成し、これが中世を通して実現すべく試みられたのである。そこには民族や国家といった「生命共同社会」(Lebensgemeinschaft)によっては原則的に解決できない根本問題が厳然として存在している。

Ⅱ　中世

第5章
中世思想の構造と展開

「中世」（Medieval Age）という言葉は、一般には、古代と近代との「中間の時代」を言うのであって、その時代の区分は、古代の終わりと近代の始まりの確定によって決定されている。古代ローマ帝国の崩壊はゲルマン、フランク、ブルグンド、東西ゴートなどの諸民族の帝国内への侵入に始まる。帝国の全盛時代にはゲルマン民族などは蛮族として帝国の境界線であったライン・ドナウの北側に居住し、帝国の大きな脅威であったが、四世紀末のフン族の来襲を契機として帝国の防御線を突破し、民族の大移動によってローマの領土に侵入した。こうして西ローマは滅亡するのであるが、「永遠の都」ローマが東ゴート族によって攻略された四一〇年という年は古代の終末の開始を告げている。そこから中世への最初の第一歩も始まっている。こうしてゲルマン民族がキリスト教を受け入れたため、ギリシア・ローマの古典文化とキリスト教との総合に立った「統一文化」が形成され、「ヨーロッパ」という政治的・文化的統一体が成立するに至った。

中世社会の成立とその特質

歴史家ドーソン（一八八九〜一九七〇）はギリシア・ローマの古典文化、キリスト教、ゲルマン民族という三つの要素の融合によってヨーロッパが文化的生命体として形成されたことを強調した。彼はその主著『ヨーロッパの形成』の中で「暗黒時代」と呼ばれる中世こそヨーロッパ文明の歴史の上で最も重要な変革を成し遂げた時代であり、この時代ほど創造的な時代はなかったと言う。彼によると、この時代は既成の文化のあれこれの具体的表現に力を注いだのでなく、まさしく無からの創造活動に励んだ時代、換言すれば赫々たる精華を次々と開いていったヨーロッパ文化そのものの土壌と根幹を形成した時代であった。そして今日、この時代の真価が理解されにくい一つの理由は、皮肉にもこの時代の業績がひたすら創造活動に終始していたというそのことによるのである。この創造過程は目立たないが、徐々に成熟しており、華やかさはなく、この時代の精神は信仰という霊的原理であって、人間の業績としての文明を超える力を信じ、自らを虚しくして自己の使命に献身し、知らず知らずのうちに超人間的な活動に入っていった。この創造的活動を彼は、民族的統一を超えるヨーロッパの文化的統一に見出している。

はっきりいっておくが、われわれの文化を支えている究極的な礎は、あれこれの民族国家ではなく、ヨーロッパ統一体なのだ。成程、この統一体は今日まで政治的な形態を取るには至っていない。……それにもかかわらず、ヨーロッパ統一体は、民族より一段上の次元にあって儼乎存在し、個々の民族を包括している究極的な統一、つまり現実の社会なのである。（『ヨーロッパの形成』野口啓祐・草深武・熊倉庸介訳、創文社、一九八八年、Ⅹ～Ⅺ頁）

ところで中世社会の成立とヨーロッパ世界の統一との関連はピレンヌ（一八六二〜一九三五）の名著『ヨーロッパ世界の誕生――マホメットとシャルルマーニュ』（一九三七年）によって学問的にいっそう明確にされている。この書物には①ゲルマン民族の移動をローマ世界内部において位置づけ、②フランク王国をメロヴィング王朝とカロリング王朝とに社会構成上二期に分けて対照的に解明し、③さらにイスラムの進出によって地中海世界から北方世界に中心が移ってヨーロッパ世界の誕生となった、といういわゆる「ピレンヌ・テーゼ」が見事な叙述をもって展開されている。「ゲルマン民族の侵入がそのまま残しておいた地中海的統一を、イスラムが破砕し去った。このことは、ポエニ戦役以後のヨーロッパ史上に起こった最も重要な出来事であった。古代の伝統の終焉であり、中世の開幕であった。そしてそれは、ヨーロッパがまさにビザンツ化しようとした瞬間に起こったのである」（『ヨーロッパ世界の誕生』佐々木克巳・中村宏訳、増田四郎監修、講談社学術文庫、二〇二〇年、二二七頁）。

その他にもこの時代に関する優れた研究が今日では進展した。たとえばドプシュ『ヨーロッパ文化発展の経済的社会的基礎』（野崎直治・石川操・中村宏訳、創文社、一九八〇年）が優れている。これは古代の皇帝時代より中世のカール大帝にかけての複雑で多様な発展過程を経済学的分析によって総合的に叙述した古典的な名著である。初版はウィーンで一九二三〜一九二四年に二巻本で出版された。また増田四郎『西洋中世世界の成立』（岩波書店、一九五〇年）はドプシュの影響の強い経済的考察による研究である。文化面ではハスキンズ（一八七〇〜一九三七）『十二世紀ルネサンス』（別宮貞徳・朝倉文市訳、みすず書房、二〇〇七年。初版一九二七年）が優れており、従来の暗黒の中世像を一八〇度転換し、現代ヨーロッパ精神の故郷である一二世紀ルネサンス文化を総合的に叙述する古典的研究となった。なお、伊東俊太郎の『比較文明』（東京大学出版会、一九八五年）と『十二世紀ルネサンス』（岩波書店、一九九三年）は西欧世界へのアラビア文明の影響を強調した考察と研究である。

さらにこの時代には東方教会が西方と並んで大いに発展したので、そのあらましも述べておきたい。

東方教会の発展

原始キリスト教の成立以来、古代地中海世界の東半分はギリシア語、西半分はラテン語の文化圏に大きく二分され、二世紀から七世紀にかけて活躍した教父たちは、既述のように（本書六〇頁参照）ギリシア語で著作を書いた者（ギリシア教父）とラテン語で著作を書いた者（ラテン教父）とに二分される。それゆえ「東方キリスト教」とは言語の点からするとギリシア語で書かれた新約聖書から発して、ビザンチン帝国に継承される、キリスト教の伝統を指す。こうした両教会は地域でも離れており、その対立はコンスタンティヌスが首都を東方に移し（三三〇年）、テオドシウス以後帝国が東西に分けられたことや西ローマ帝国の滅亡も影響している。さらに七二五年に聖画像（イコン）礼拝を認めるか否かをめぐり一〇〇年にわたって論争が行なわれ、それを東方教会が認めたのに西方教会が反対し、分裂が深まっていった。なお九世紀の中葉に教皇ニコラウス一世が総主教フォティオスの就任に干渉したため、両教会の対立は激化し、一一世紀には総主教と教皇とが相互に破門を宣言するに至り、最後的分裂となった。なお正教会とも呼ばれる東方教会の中心は一四五三年、コンスタンティノポリスの陥落後にはロシア教会に移った。

ここから一般的に東方教会は思索的・神秘主義的・芸術的ギリシア文化の伝統を生かしており、政治的・法律的・実践的である西方教会と文化的にも対立する傾向をもっている。その中心的な教えは「神化」（テオーシス）であって、それは証聖者マクシモス（五八〇頃～六六二）とパラマス（一二九六～一三五九）という代表的な思想家を生み出した。

権力構造（王権と教権）と修道院

ヨーロッパ文化と思想は中世社会の基本的構造である、政治権力と教会の権力との二つの権力の関係から生まれている。古代の末期に活躍したアウグスティヌスの時代は二つの権力の間に権力の譲渡の関係は存在していない。

教会も中世に入ると次第に政治力と経済力とを強めていくのも事実であるが、フランク王カール大帝と教会との関係はいまだ分裂の兆しも見えない。しかしこうした蜜月は数世代の後には破れる運命にあった。そこには教会の俗権からの離脱が、一〇～一一世紀にわたる叙任権闘争と呼ばれる出来事によって生じている。次いで一一～一二世紀にかけての福音運動やトゥルバドゥール（吟遊詩人）の活躍などに見られる個々人の思想における教会組織からの離脱が起こっている。つまり先の教権の俗権からの独立は、教会内部における原始キリスト教精神への復帰を目指す運動を呼び起こした。こうして中世思想は俗権力から独立し、それに対しある程度の優位を保つことになる。ここで西ヨーロッパ文化の特質がかなり明瞭となりはじめる。というのは東方教会では皇帝教皇主義（caesaropapism）からの完全な脱却がはたされず、教権と俗権との癒着が生じたからである。この点はロシア革命でも同様な傾向が現われていた。ヨーロッパ精神はやがて近代に入ると教会から独立するが、精神の自律性は中世を通じて教会から派生した大学の組織によって維持されたため、思想の背景に教会との関係は残されている。

中世文化は王権の主導によって開幕する。八～九世紀にかけてフランク族により西ヨーロッパはある程度の統一と安定を示しており、文化が芽生えてくる。カロリング・ルネサンスと呼ばれる文化政策が実施され、カール大帝によってアルクィン（七三〇頃～八〇四）がイギリスから招かれ、七つの自由学科や、アウグスティヌスを中心とするラテン教父の文化的伝統が西欧に導き入れられ、またフランク王国の教育制度が整えられた。

当時の思想家として頭角を現していたのはヨハネス・スコトゥス・エリウゲナ（八一〇頃～八七七頃）であり、彼はアイルランドの出身で、カール禿頭王によって迎えられ、大著『自然の区分について』は東西の聖俗にわたる多くの思想を神秘主義的な思想によって総合した試みで、世界を神の顕現とみる自然神学的な傾向をもっていた。しかし西方のアウグスティヌス的な教会と内面性とを重視するものではなく、東方的な神秘的な傾向のゆえに新プラトン主義の嫌疑をかけられ、正当には評価されなかった。

六～九世紀にかけてゲルマン諸族はローマ化し、ローマもその領地を次第に放棄し、ゲルマン化し続け、時にそれに抵抗するなど過渡的現象も起っている。この間の指導者層もローマ人とフランク人とが入り交じり、次第に後者が勢力を強めていく。当時のフランク教会の要職者は文化の担い手として国家の要職を兼務し、他方国王は教会の立法や行政にも関与し、教会から独立性を保っていた。中世の初期はこうした教会・修道院・国家・地方勢力・ローマ教皇との複雑な勢力関係の下にあり、その権力の均衡と調停に多くの時間が費やされた。高位聖職者の叙任権をめぐる闘争がここから生じ、皇帝の教会に対する権威は否定され、その支配は世俗に限られ、権威としては教会の下位に立つことが確認された。教権と俗権との分離と調停による統一という中世の基本的構造がここに成立することになった。この間の事情に関してオーギュスタン・ティエリ『メロヴィング王朝史話』が多くのことを伝えている（全二巻、小島輝正訳、岩波文庫、一九九二年）。

またこの時代にはキリスト教古代からはじまった修道生活が発展し、中世文化を生み出す基礎となった。西方修道者の父とも言われるベネディクトゥス（四八〇頃～五四七）は名高い修道規則を制定し、多くの修道会がこれに倣ってそれぞれの修道規則をつくって、信仰活動を厳格に営んだ。その標語の「祈り、かつ、働け」こそ中世文化の基礎となった。その中で重要と思われる文化的な特質を挙げて述べておきたい。

修道制の確立――中世的な霊性の形成

ここでは修道制の確立について簡略に述べておきたい。中世文化は修道制に支えられており、それによって単に教会や信仰生活が根底から支えられただけでなく、その基礎の上に教皇制と修道院制度も確立された。そこで修道生活の起こりから考えてみよう。それは何よりも禁欲生活を動機としており、これが生じたのには二つの原因が認められる。それは世俗からの離脱であり、次いで女性からの逃避であり、その背景には古代におけるプラトン主義的な二元論やストア主義の禁欲思想が影響しているといえよう。そこで東方修道制は有名な聖アントニオス（二五一頃〜三五六）の回心のように回心と同時に隠者の生活がはじまり、その生活も集団となっていった。さらに西方にも修道制が伝わりヒエロニュムス（三四七頃〜四二〇）の修道生活やアウグスティヌスの回心と修道生活などが歴史的に名高い。しかしさらに重要なのはヨーロッパ修道院制の「父」となったベネディクトゥスであり、彼によって中世の修道生活は決定的な方向が定められた。彼は一二の修道院を建て、五二五年頃「聖ベネディクトゥス戒律」を定め、修道生活の改革を計画した。この戒律は西欧修道院の歴史における画期的業績であり、諸国の修道院によって基本戒律として採用された。そこには修道生活の目的とこれを実現するための有効な方法とが詳しく定められた。修道士の根本義務として貧困・貞節・服従が求められ、定められた場所にとどまる誓約が要求され、祈禱・瞑想・労働という生活上の指針が与えられている。こうして生まれた「祈り、かつ、働け」（**ora et labora**）のスローガンは有名となる。この労働は広く学芸にも適用され、修道院は経済生活を指導したばかりか、中世学芸の中心ともなり、ローマ文明が滅びようとしていたとき、古代文化の貯蔵所となった。

教皇制度の確立

この点についてもここで触れておきたい。一〇世紀の末にいたると社会の秩序が乱れ、凶作が続き、掠奪や殺害が多発し、危機的状況を招来した。こうした時代にあってクリュニーの修道院改革が重要な役割を演じるようになった。それは、九一〇年にアキテーヌ公ギヨームが私有修道院を「修道院の自由」を求めて教皇に寄進したことに始まる。フランスのブルゴーニュにあるこの修道院は初代の院長ベルノー（八五〇頃～九二七）とその後継者オドー（八七八頃～九四二）によって厳格な「聖ベネディクトゥス戒律」の精神に立ち、不合理な風習を除き、ヨーロッパ社会の実情に適合した改革が行なわれた。この改革の影響は全ヨーロッパに及び、各地の自派の修道院三〇〇余にも及んだ。教皇グレゴリウス七世（一〇二二頃～一〇八五、教皇在位一〇七二～一〇八五）も同院の出身であり、一一世紀後半の教皇権の発展もこの修道院の改革精神に基づいている。

ヨーロッパにおいては皇帝が教会に対し優位に立ったロシア教会とは異なった歴史をもっており、カロリング朝と帝国によってキリスト教化され文明化された諸民族は一一世紀の半ば頃に国家と教会、皇帝権と教皇権の間に大分裂を生じさせた。だが、この争いを不幸な事態とみなすべきではなく、ヨーロッパ精神はまさにこの対立において成熟していったのである。ランケはこの教皇権の特質について『世界史の流れ』の中で「ふつうひとは教皇権というものを宗教的理念の発展と見るが、それは誤りである。教皇権は文字通り一個の国家で、すでに発展していた教義の展開の結果支配権を得たのではなく、それは争いや戦いにより得たものであった。宗教改革にいたるまでの発展のすべてはこの教権の展開である」と言う（村岡哲訳、ちくま学芸文庫、九〇頁）。

教会はすでにカロリング朝時代に教令によってさまざまな要求を表明してきたが、ドイツの諸皇帝は信心厚く、皇帝の宗教心が教皇の地位を高めるのに役立っていたのである。その間にローマ教会は、以前には宗教会議の権限であった事項の最終決定権を次第に自己の手中に収めていた。こうして宗教会議は以前のような重要性を失い、それはローマの教会政治に移っていった。たとえば、パンと葡萄酒の「化体」の教義も、もっぱらローマ教会の手で確立された。このとき、グレゴリウス七世が登場し、教会に関することは、いずれも自分が開くラテラノ宗教会議で最終的に決定するとしたのみならず、俗界の指導もまた本来教会の権限であるという考えを、断固として堅持し、教会は神が自ら建てたものであり、教会に逆らうことは神に逆らうことになるとまで主張した。

グレゴリウス七世は一〇七三年に教皇に選出されると、教会の改革と道徳の再興に着手し、司祭の結婚と聖職売買を厳禁する。さらに平信徒による聖職の任命権を否認し、教皇権の至高性を発令する。たとえば一〇七九年の「教皇令書」は二七箇条からなり、彼の理念をよく表わしており、「ローマ教会は神のみによって建てられたものであること」、「ローマ教皇のみが正当に普遍的と称せられるべきであること」、「ローマ教皇は聖ペトロの功徳によって疑いもなく神聖である」ことが説かれ、教皇首位権が基礎付けられた。こうした教皇への権力の集中は、皇帝の罷免権をも含む優位を主張するものであり、教皇至上権の理念に基づいて遂行された。ここから叙任権闘争は起こり、教会の世俗国家からの独立が企てられた。彼はドイツ国王ハインリッヒ四世と対立し、王が彼の退位を命じたのに対し、彼が王を破門するに至る。これは前代未聞のことであった。この事件は王のカノッサの屈辱をもって終わり、教皇の絶対権を示すことになった。しかし、再びドイツ王の攻撃を受けるに及び、彼は亡命して死んだが、その志と意図は純粋であり、どこまでも正義を求めた人であったといえよう。

このようにして、皇帝権はもはや以前の皇帝権ではなく、昔日の力は著しく失われたのであった。このことは十字軍にあたって最も明瞭に示された。今や、西欧キリスト教世界の指導者となったのは、皇帝ではなく、教皇であった。この十字軍のために集まった軍隊が皇帝派の軍隊をイタリアから駆逐したばかりか、十字軍はイスラム教の侵略的勢力に対抗して起こってきたのは当然のことであった。イスラムがローマ帝国の版図の大部分を席巻した世界情勢を思えば、西欧に強固な勢力が形成されると、それが内なる力をすべて結集してイスラムに対抗し、侵略された地域を奪還しようとの考えが生まれてくる。このような考えはかつて抱かれたことはあったが、それが事実、教皇の指導によってヨーロッパの偉大な共同事業として遂行されたということは、古今未曾有の出来事であった。

修道院の改革と新しい修道会の設立

次に修道院の改革と新しい修道会の設立について述べておきたい。この時代に教会の制度が確立し、教会の勢力が著しく増大することによって、教権の中央集中化が進むと同時に、修道院の世俗化も起こってきた。つまり、とくに教会が私有の荘園や財産を修道院へ寄進するように勧めたことによって、やがて修道院は不可避的に富を蓄積し、また世俗人を院内に抱え込むことになった。ここから起こってくるのが修道院の本来の意図からの脱落と世俗化である。こうした傾向に対して、修道生活を再度「聖ベネディクトゥス戒律」に厳密にしたがって建てなおすという改革の試みが起こってきた。

①シトー会の誕生

シトー会の誕生こそこの改革運動のあらわれに他ならない。「モレーム修道院は創立以来短期の間に、神の慈悲により、神の恩恵の賜物によって名声を上げ、著名な人物をもって高貴となり、諸徳において眩いまでに輝き、それにもまして領地において豊かになった。しかし、所有物と諸徳の結びつきは、長続きしないのが通常なので、この聖なる共同体の信頼できる、真に賢明で高い抱負をもった人々は、地上の出来事に巻き込まれるよりも天上的な世界に専念することを選んだ。こうしてまもなく徳を愛する者たちは、実り豊かな雄々しい清貧について考えはじめた」（『シトー修道院創立史』）。

このように従来の修道院規則に満足できなかったロベルトゥス（一〇二九頃〜一一一一）は自ら創設したモレーム修道院を同志とともに去り、独住生活の理想を求めて広漠とした孤独の地シトーに新しい修道院を創設した。ここにシトー会が誕生し、中央集権的なクリュニー修道院とは異なる特質をもち、精神的にも経済的にも各個の修道院は独立し、院長はそれぞれ修道院によって選出された。なかでも、一一一五年に二五歳のベルナール（一〇九〇〜一一五三）によって創設されたクレルヴォー修道院は、彼の神秘主義的著作活動と政治的発言および聖なる人格と叡知によって全ヨーロッパにその名声が広まった。

だが、シトー会の発展が頂点に達したとき、その組織の巨大化によってまたもや人々の批判を招くようになった。謙虚な修道士たちの小さな共同体から数百の大修道院の国際的組織にまで巨大化し、領地をもち収入源を伴ったままで多くの修道院がシトー会に編入されるに及んで、内部の統制がとれなくなり、他人の労働による農作物で生き、自らの手の労働で日々の糧を得るという根本原理が見失われてしまった。

②托鉢修道会の設立

一二世紀後半から一三世紀にかけて修道生活の危機が再び訪れる。都市の発達に伴って市民を中心とした新たな宗教心が勃興し、民衆による新しい宗教運動は福音の遵守を目指した。そこには同時に個人の目覚めが起こっており、これまでのように修道院に閉じこもって集団のなかに個人を埋没させないで、自己の欲求と意志に従い神との霊的な合一を求める気運が盛り上がってきた。それは世俗の唯中にあって家もなく放浪するという個人的で自主的な修道生活に新たな宗教的な要求を見いだすものでもあった。こうして托鉢修道会が出現し、その代表はドミニコ会とフランシスコ会である。

③ドミニコ会

ドミニクス（一一七〇頃〜一二二一）はスペインのカレルエーガに貴族の子として生まれ、教皇インノケンティウス三世（一一六一〜一二一六、教皇在位一一九八〜一二一六）の命令によって異端カタリ派への伝道と教化に尽力した。この間に異端から学んだのが「使徒的生活」の精神と言葉と模範によって福音を宣教する姿勢と方法であった。教会のみならず町の広場と辻でも説教や討論をし、異端者に勝る敬虔と清貧に基づく布教活動を行なった。こうして説教師の集団であるドミニコ会組織の中核ができた。この会の指導的精神は「観想し、その成果を他の人々に述べ伝えよ」とのスローガンによく示されている。彼らは神の召命による「使命」にしたがい、「福音の宣教」に励み、「完全な清貧」を守って、財産・財布・食物・履物ももたずに「托鉢の清貧」に徹し、「キリストのための遍歴」である「巡回」という旅の精神に生きる。使徒的で福音的な生活に不断の学びの勧告が加えられ、昼夜分かたず修道院にあるときも、旅の途上にあるときも、勉学に励み、読書や沈黙に専念し、知識を蓄えることが勧められた。このような霊的な精神からトマス・アクィナス（一二二五〜一二七四）の史上類例を見ない大作『神学大全』も生まれてきた。

④フランシスコ会

フランチェスコ（一一八一／一一八二〜一二二六）はアッシジの富裕な商人の子として生まれ、幸福な青年時代を過ごすが、戦争で捕虜となり、病に罹り、精神的葛藤の後、祈禱と清貧に献身すべく決心する。一切の所有を捨てて乞食となり、愛と奉仕と救霊の生活に入った。「小さい兄弟たち」と呼ばれる同志とともにフランシスコ会を組織し、清貧・貞潔・服従の誓約を守り、一つ所に定住しないで、托鉢して歩く修道会を創り、教皇インノケンティウス三世の認可を得た。

彼は子供のような快活さ・自由・信心により「キリストの模倣」という理想をもっとも純粋に実現した人であった。また彼の「主なる神」という告白の中に被造物が人格的に神とかかわる姿が見いだされる。ここから人格的な神が世界に働きかけ、歴史の主となる大変化が起こった。

ところが一四世紀に入ると、修道生活は至るところで弛緩し、中世末期の修道制は腐敗現象を露呈しはじめる。修道院の改革は公会議のテーマとして取り上げられるも、ついに何の効果もなく、一六世紀の宗教改革によってヨーロッパの多くの修道院は解体するに至った（一四世紀の修道院の情景としてウンベルト・エーコ『薔薇の名前』とチョーサーの『カンタベリー物語』を参照してもらいたい）。

一二世紀ルネサンス

一二世紀がヨーロッパのルネサンスともいえる創造的な時代であったことは、イギリスの中世史家バラクロウ（一九〇八〜一九八四）の『転換期の歴史』やオランダの文化史家ホイジンガ（一八七二〜一九四五）の『文化史の課題』によっても指摘されていた。それを「一二世紀ルネサンス」と命名したのはアメリカの中世史家チャールズ・ホーマー・ハスキンズ（一八七〇〜一九三七）であり、その著作『十二世紀ルネサンス』によって定着するようになった。そこではラテン史の復興、ラテン語の純化、ローマ法の復活、歴史記述の復活などが詳細に論究されている。

こうした著者自身の言葉に窺えるように過去の中世理解に大転換がもたらされるようになった。なかでもこの時代にヨーロッパでは都市が勃興し、最初の官僚国家が形成されつつあった。古代の遺産も再発見され、修道院から大学にいたるまで他に類例を見ないほどの目覚ましい創造的な発展をもたらした。とりわけ再発見されたラテン語の古典・詩・散文が遊歴書生の新しい押韻詩、「カルミナ・ブラーナ」の聖・俗にわたる愛の詩に復活した。また歴史記述も盛んになり、伝記・回想録・宮廷編年史・都市の年代記などの多様な作品を生み出した。さらにローマ法も甦り、ギリシア語・ラテン語からの翻訳は科学と哲学の復興を招来した。こうして中世における大学が司教座聖堂付属学校の隆盛から起こり、サレルノ、ボローニャ、パリ、モンペリエ、オックスフォードに大学が誕生した。この時代にはラテン語が国際的な共通語として用いられ、それによってヨーロッパ内部での狭い国境を越えた国際的な世界文化を生み出した。

ヨーロッパ的な愛と吟遊詩人トゥルバドゥール

しかし、この時代はヨーロッパの日常生活においても大きな変化が起こったことを忘れてはならない。それは上層階級の生活のなかで生じ、宮廷を中心とする生活上の大変化が恋愛の現象に起こってきた。その生ける姿は一二世紀文学を代表するトゥルバドゥール(吟遊詩人)によって歌われている。その恋愛の特質は、一一世紀の武勲詩『ローランの歌』と比較すると明らかになる。この歌のなかにはイスラムの軍勢が攻めてきたことを角笛を吹いて報せながら死んでいく騎士の魂とその情景が切々と歌われる。騎士が自己の義務を果たして死んでいく崇高な精神が高らかに賛美される。しかしそこには女性に対する愛といったものはなく、ただ粗野で武骨で戦闘的なゲルマンの騎士魂が賛美され、故郷に許婚《いいなずけ》がいても、死に面して彼女のことを一度も思い出していない。当時のゲルマンにおいて女性は男性の従属物にすぎず、全身全霊をあげて女性に献身し、人格として尊重することなどいまだ生まれていなかった。

ところが一二世紀に入ると『トリスタンとイズー』という傑作が登場し、王妃イズーへの騎士トリスタンの「至純の愛」（フィナモル）が大いに賛美され、婦人の地位が向上するに至った。そこには背景として、実際生活における婦人の地位の高まりが認められる。しかし、二人の愛が「荒野」においてしか実現せず、トリスタンが他の女性（白い手のイズー）と結婚せざるを得なかったところに当時の社会生活との衝突が明瞭であるし、両人の恋愛を喚起させた「媚薬」には衝撃的な運命のもつ不可抗力が認められており、愛が相互の自由な発意から生じるものとはいまだ考えられていなかった。これに対し南フランスの宮廷的恋愛詩人トゥルバドゥールが登場してきて、新しい愛の観念を創りだしている。この変化にはその間に現われた『オーカッサンとニコレット』やアラビアの愛の物語、イブン・ダーウードの詩集『花の書』やイブン・ハズムの『鳩の首飾り』、さらには大作『アラビアン・ナイト』が影響しているとも考えられる。

この新しい愛について、「愛は一二世紀の発明である」と歴史家セニョボスは驚くべき発言をしている。そこには男女の自由な相互的な愛のなかでさしあたっては女性を高貴な存在として崇め、憧れの女性に対して熱烈で謙虚な愛を捧げる姿が見受けられる。それは宮廷を中心に騎士の間に生じてきた「女性への献身」という愛の新しい形態に結実し、ルージュモン（一九〇六〜一九八五）はこれを「ヨーロッパ的な愛」と呼んだ。この「騎士道的愛」とも「宮廷的な愛」とも呼ばれている愛は「きらびやかさ」とか「雅び」を重んじ、トゥルバドゥールの恋愛詩の中に歌われ、貴婦人に対する「至純の愛」を捧げるものとして、謙譲・礼節・献身・服従を美徳として賛美している。「トゥルバドゥールの大発見とは、愛が火の流れ、燃え上がる肉欲以外のもの、或いはそれ以上のものになりうるということである」とマルーは『トゥルバドゥール』のなかで述べている（アンリ・ダヴァンソン『トゥルバドゥール』新倉俊一訳、筑摩叢書、一九七二年）。この新しい愛の影響は今日の欧米社会に広くかつ深く浸透し、婦人を常に大切に扱う礼儀作法となり、文化の基礎に定着した。

宮廷的愛の変化と『薔薇物語』

トゥルバドゥールたちによって歌われた愛は敬虔と徳に結びついて、宗教的な色彩を最初は濃厚に湛えて中世社会に受け入れられていた。つまり騎士道が修道生活の理想と結びついて、テンプル騎士団のような宗教騎士団が生まれる。ここに「騎士とその愛人」というテーマが実際の生活の中から浮かび上がってくる。そこでは愛ゆえの英雄行為とか、処女を救う若き英雄といった騎士道愛の主題がうたわれる。そこに潜んでいたのは馬上の戦士という男性の力と勇気に対する無上の崇拝であり、やがてそこに騎士道思想の核心が露呈してきて、それが「美にまで高められた自負心」であることが判明する。このようにして騎士道の名聞追求は馬上試合（トーナメント）という装飾過剰な緞帳《どんちょう》に包まれたスポーツの中に具現し、「アーサー王と円卓の騎士」の物語が流行するに至る。

中世文化史家のホイジンガは『中世の秋』の中で「およそ終末の時代には、上流階層の文化生活は、ほとんどまんべんなく遊びと化してしまう。末期中世は、そういう時代であった。現実は重く、きびしく、無情である。そこで、人びとは、騎士道理想の美しい夢へと現実をひきこみ、そこに遊びの世界を築き上げたのだ」（『中世の秋』上、堀越孝一訳、中公文庫、一九七六年、一四九頁）と語っている。

この時期には宮廷的愛も変貌してゆき、ギヨーム・ド・ロリスとジャン・ド・マンの『薔薇物語』（一二八〇年頃）が新しい内容をそれに注ぎ込むに至った。この書はその後二世紀にわたって貴族の恋愛作法を支配し、あらゆる分野における生活指導の百科全書として知識の宝庫を提供した。実に世俗の文化理想が女性への愛の理想と融合したような時代はこの時代しかなかったといえよう。ここに示されている愛の様式化は、情熱の凶暴な力をして高尚な規則に則って美しい遊びにまで高めさせたのであって、それを怠ると野蛮に転落すること必定であった。それゆえにこの書はエロティシズム文化の聖書（唯一の書）として活用されたのである。その説くところは「ばら」に象徴される処女性の秘密という強い刺激と技巧をこらし、忍耐を重ねてそれを勝ちとる努力である。それゆえ宮廷風の気高い理論がちりばめられていても、その理想は変質し、もはや倫理的でも宗教的でもなく、単に貴族的な愛欲の洗練さだけが残っている。

楽園の外壁に描かれている人物像には憎悪、背信、下賤、貪欲、吝嗇、羨望、悲嘆、老年、偽善者、貧困があって、圏外に退けられている。楽園の内で説かれている徳目は気楽さ、快楽主義、快活さ、愛、美、富、寛大さ、率直、礼儀正しさであっても、それは愛する人の人格を高めるものではなく、愛人を獲得するための手段にすぎない。そこにはもはや女性崇拝は消えており、女性の弱さへの冷酷な軽蔑があるだけである。

これから始めるこの物語には……〈愛〉の技法の全てがある。上々のテーマだ。私の企てるこの物語がある女性に歓迎されることを　神様がお認め下さいますよう。大きな値打ちがあり、愛されるに値するほどの方ならば《薔薇》と呼ばれるのが相応しい。（『薔薇物語』）

中世末期の生活感情はこのような傾向を示す。これに対し教会は信仰の指導を試みており、たとえば一五世紀を代表するフランスの神学者ジェルソン（一三六三〜一四二九）は「愛の神秘主義」を提唱し、時代の「性愛の神秘主義」に対決した。彼はネーデルランドに起こっていた「新しい敬虔」の運動を高く評価し、単なる「感性」の肯定に流れる傾向に対して「霊性」に立つ神律文化を説いた。こうした「感性」と「霊性」の激しい対立こそ中世文化の特質なのではなかろうか。

第6章
中世初期の思想家とスコラ哲学

五世紀から八世紀にいたるヨーロッパ思想史は、中世暗黒時代と呼ばれるように新しい思想の発展は見られず、もっぱら古代学芸の遺産を保護し、ゲルマン諸族の間に伝えることに終始した。その間にボエティウス（四八〇頃〜五二二）とエリウゲナ（八一〇〜八七七頃）が卓越した思想家として頭角を現して来た。

ボエティウス

彼は「最後のローマ人で最初のスコラ学者」と呼ばれる。ローマの名門の出身で、アテナイに留学し、東ゴート王テオドリックのもと執政官、さらに西ローマ帝国の執政官となるが、かつての執政官アルビヌスの反逆に与した嫌疑で処刑された。彼はアリストテレスの『オルガノン』の翻訳と、ポルフュリオスの『アリストテレス範疇論入門』（翻訳と注解）を出版し、「普遍概念は実在するかそれとも単なる概念にすぎないか」を論じた。実在するというと実在するものは一であるから、多くの事物に共通であるから一でありえず、概念だとすると、実在の個別性のゆえに実在に対応せず、対応しないとすると偽りの概念となるがゆえに対応しないものでもない。このジレンマをめぐって、彼は普遍概念が可感的事物の内に存在すると共に、それから離れて理解される、とプラトンに反しアリストテレスに基づいて説いた。これが有名な中世普遍論争の出発点となる。

彼の名著『哲学の慰め』(De consolatione philosophiae)は獄中作で、気高い女性である哲学が獄に現われて、彼が受けている苦しみは神の摂理であってそれを進んで受けることが最高の自由であると説き、ギリシア的な運命論がキリスト教的な摂理の信仰によって克服され、人間の自由意志と神の予知の関係が論じられた。

摂理とは万物の最高始原者の内にあって一切の者を規定する神的理性そのものである。しかるに運命とは可動的諸物に固着する規定であって、これによって摂理は各々の事物にそれぞれの秩序を与える。すなわち、摂理はありとあらゆる事物(それがいかに異なっていようと、またいかに数多くあろうと)をことごとく一緒に包括する。しかるに運命は個々の物をそれぞれ別々の場所・形相・時間に配置して分かれ分かれに運動させる。かくて、この時間的秩序の展開が神的精神の先見の中に合一されれば、摂理であり、これに反してその同じ合一が時間のなかに分置され・展開されれば、運命と名付けられる。……したがって運命に服する一切は摂理にも従属する。運命それ自身が摂理に従属しているのだから。しかしある種のものは、摂理の下には置かれるが運命の序列に対してはその上にある。それは最高神性に近接していて、確固不易で、可動的運命の秩序を超越しているものである。(ボエティウス『哲学の

慰め』畠中尚志訳、岩波文庫、一八四～一八五頁）

この書は古典的哲学とキリスト教信仰とを調和させたものとして中世を通じてもっともよく読まれ、早くから翻訳された。その他では『三位一体論』など五編の小論があり、信仰の真理を可能なかぎり理性的に論証しようと試みた。また「七つの自由学科」（**septem artes liberales**）を継承し、言語に関する文法・弁証法（論理学）・修辞学の「三科」（**trivium**）と自然に関する算術・幾何学・天文学・音楽の「四科」（**quadrivium**）と命名し、古人にしたがって概要書を書いて、古代の学芸を中世に伝えた。

その他の思想家としてカシオドルス（四八五頃～五八五頃）はボエティウスの弟子でテオドリックに仕えるも、修道院の閑暇な生活に入り、自由学科の概要を書いた。またイシドルス（六三六頃没）は語源に即した百科全書と自由学科の概説書で有名であり、さらに『命題集』（**Libri sententiarum**）で正統的な教養を教父に基づいて羅列し、よく読まれた。なお、ベーダ（尊者ベーダ、六七三～七三五）はその著作『英国民教会史』で有名となった。

スコトゥス・エリウゲナ

エリウゲナはギリシアの学問の燈が残っていたアイルランドからカール禿頭王の宮廷学校に招聘され、教育の指導にあたり、王の求めによりディオニュシオス（六世紀頃）の著作をラテン語に訳し、新プラトン主義が中世に入るようになった。哲学上の主著は『自然の区分』（**De divisione** naturae）であり、新プラトン主義の流出説にしたがって神から出て神に帰る壮大な宇宙論を提示している。自然は①創造して創造されない自然＝万物の超越的原因としての神、②創造されて創造する自然＝万物の原型たるイデア、③創造されて創造しない自然＝個物、④創造することも創造されることもない自然＝万物の終局目的としての神に区分されている。だが神を万物の本質・霊魂・生命などとみなす思想は汎神論の傾向があると認められて、教会から異端として批判された。また自然の序列をみてもわかるように普遍概念は個物に先立たされており、概念が実在するというプラトン主義的な実念論の立場をとっている。

さらにカロリンガ・ルネサンス時代の思想家ゲルベルトゥス（一〇〇三年没）は新しい自然学の書『幾何学』を書き、教皇ともなる。またトゥールのベレンガリウス（九九九～一〇八八頃）は弁証法によって化体説を否定する。さらにペトルス・ダミアニ（一〇七二没）は「哲学は神学のはしためである」と主張し、矛盾律の普遍妥当性をも否認する。

中世初期のスコラ学の特徴

中世スコラ哲学は九世紀から一五世紀の前半にわたって展開した思想であり、教会の聖堂や修道院の付属の学院また学僧たち（Scholastici）によって説かれた哲学であるため、スコラ哲学またはスコラ学とも言われる。この哲学には公会議によって決定された教会の正統的な教義に忠実な思想家と異端的な思想家とが分けられているし、ユダヤ哲学やアヴィケンナ（九八〇～一〇三七）やアヴェロエス（一一二六～一一九八）に代表されるアラビア哲学も含まれている。一般的には三つの時代に区分される。初期の九〜一二世紀の成立期には、エリウゲナ、アンセルムス、クレルヴォーのベルナール、アベラール（一〇七九〜一一四二）などが輩出し、一三世紀の全盛期にはボナヴェントゥラ（一二二一〜一二七四）、トマス・アクィナス、ロージャー・ベイコン（一二一四〜一二九四）などが活躍した。後期の一四〜一五世紀前半にはドゥンス・スコトゥス（一二六六?〜一三〇八）やオッカム（一二八五〜一三四七）、さらにエックハルト（一二六〇頃〜一三二七／八）やタウラー（一三〇〇頃〜一三六一）のような神秘主義者たちが活躍した。

アンセルムス

中世哲学の基本的特質は聖書によって啓示された信仰内容を理性的に解明していく試みである。アンセルムス（一〇三三〜一一〇九）は北イタリアの出身、ランフランクス（一〇一〇〜一〇八九頃）の指導を受け、ル・ベックの修道院で哲学と神学とを修得する。その修道院長、カンタベリーの大司教となる。主著には『モノロギオン』『プロスロギオン』『クール・デウス・ホモ』がある。彼の「理解するために、わたしは信じる」（Credo,ut intelligam.）という言葉は彼の霊性思想の基本姿勢を端的に示している。それは理性によって霊性との一致を求める基本的態度である。

①理解を求める信仰

「スコラ神学の父」としても活躍した彼は、神学と哲学とを統合し、「理解を求める信仰」に立って信仰内容を理性的に解明しようとする。たとえば『プロスロギオン』における神の存在論的証明では「神はそれよりも大いなるものが決して考えられないものである」と前提した上で、神は思考する人間の理性の中だけでなく、現実の中にも存在するほうがいっそう大きいゆえに、神は存在すると結論している。

②ラテン的贖罪論

有名な彼の主著『クール・デウス・ホモ』（神はなぜ人と成られたか）においても受肉の理性的解明を試みている。彼によると神と人との関係は神の意志に人間の意志が服従するときに正しく、そこに神の栄誉が存在する。この栄誉を神に帰さない者は神の名誉を毀損し、罪を犯しているがゆえに、神から奪った栄誉を神に返さなければならない。これが贖罪である。ところが人間は罪の結果として無力となっているので、贖罪を実現できない。それゆえこの贖罪は神しか為し得ないのに、人間のみが為すべきである。したがって、神・人によってのみそれは実現される。この有名な贖罪論は神の与えた栄誉と正義とを神に返す弁済的性格をもっている。そこには同時に合理的な特徴も示されており、エイレナイオスのドラマティックな古典的贖罪論と対比して、ラテン的タイプと呼ばれる。

③自由論

人間学に関しては、先の主著において展開している学説が彼の主張を端的に簡略に示している。彼の『自由意志論』によると、人間の認識には自由な意志の力と無力に関して三種類の自由もしくは段階が認められる。①意志の正しさがあって自由意志によってこれが保持されている場合、これは自由な義なる状態と呼ばれる。②正しさから離反し罪の奴隷となっている場合、そこでは自分で正しさを回復できないが、それでも理性と意志の潜在的な能力によって正しさを保持する可能性、つまり生来的自由はもっている。③この潜在的能力だけでは行為を生み出すには十分ではなく、正しさを意志に与えて自由にする恩恵が必要である。それゆえ「人間の救いに役立つのは恩恵だけでも、自由意志だけでもなく」、両者がともに働かなければならない（De concordia, 3, 5）。

アンセルムスは神と意志との神学的な前提から出発していって、自由意志を哲学的に解明している。意志は存在論的に正しさへ方向づけられているが、この意志には罪を犯す力が与えられていた。だが罪を犯しても、なお、正しさを保持する力を潜在的には生来的にもっている。それゆえ意志によって罪を犯しても意志は究極目的に関しては存在論的にその選択能力のゆえに方向づけられている。ここから意志自体と選択意志との区別が生じてくる。トマスはこの説を継承している。なお、同時代の神秘主義者ベルナール（クレルヴォーの）に関しては次章を参照されたい。またベルナールに師事したペトルス・ロンバルドゥス（一一六四没）はパリのノートルダム聖堂学校で教え、大変有名になった教科書『命題集』四巻を残した。これは教父、なかでもアウグスティヌスから巧みに引用して組織的に教理をまとめたものであった。

アベラールの思想

アベラール（一〇七九～一一四二）はブルターニュのナントの近くで小貴族の子として生まれる。唯名論者ロスケリーヌス（一〇五〇～一一二三／一一二五）の教えを受けたのち、シャンポーのギヨーム（一〇七〇頃～一一二二）の下で学び、師を失脚させる。弁証法の第一人者となる。修道女エロイーズ（一一〇一～一一六四）との恋愛で有名になった。『災厄記』（Historia calamitatum）を著わす。

いま何処　才抜群のエロイース／この女ゆえに宮（窮）せられて　エバイヤアル（アベラール）聖（サン）ドニの僧房　深く籠りたり／かかる苦悩も　維《これ》恋愛の因果也……さはれさはれ　去年《こぞ》の雪　いまは何処（フランソア・ヴィヨン、一四三一頃～一四六四頃）

エロイーズはパリ大聖堂参事会員フュルベールの姪で、抜群の知性と向上心をもつ才媛、同じ参事会員のベルナールに教育を受ける。「本は開かれていた。しかし、授業についての言葉より愛の言葉がはるかに多く口をついて出るのであった。格言を教えるよりは接吻のほうがしばしばであった。わたしの手はしばしば書物よりも彼女の胸へゆくのであった。そして疑いをかけられないように、わたしは彼女を鞭打つのだったが、その甘さはこの世のありとあらゆる香料にまさった。それは腹立ちの鞭ではなく愛の鞭、怒りの鞭ではなく情けの鞭だったのだ」。彼の逃避行、男子の誕生、秘密の結婚。エロイーズは結婚が哲学者としての使命と両立しないゆえに反対したが、(性器切断の)リンチをフュルベールの手の者にうける。サン＝ドニ修道院に身を寄せる。彼は『神の単一性と三位一体』『キリスト教神学』『然りと否』『倫理学』『哲学者・ユダヤ人・キリスト教徒の対話』などを著わす。多数の弟子を育てる。一九人以上の枢機卿と五〇人以上の司教・大司教、一人の教皇が彼のもとから輩出する。彼自身は二回の異端宣告を受けた。

①希有の論理学者

普遍論論争でポルフュリオスが提示した三つの問いに答えた。まず⑴「普遍は現実に存在するか」に対し、普遍はその意義に基づいて現実に存在する事物を指し示しており、空虚な思惟の産物ではない、と主張する。次に⑵「普遍は形態的に存在するか」に対して普遍は語られたことばであるかぎり、形態的であるが、同種の多数の個体をも指示するかぎり、非形態的である、と見なす。さらに⑶「普遍は感覚的事物のうちに存在するか」に対し、普遍は感覚的事物の内的形相を指示するかぎり、そこに実在するが、神の知性内の原型を指示するかぎり、感覚的事物に内在しない、と答えた。

②スコラ的方法の推進者

アンセルムスの「理解するために信じる」を逆にして「信じるために理解する」と説き、信じる前に理性によって証明されなくとも、それが不合理でないことが明らかでなければならない点を強調した。信仰の内容は強制されるべきではない。彼は神の啓示と聖書の権威を認めていた。教父の説も多様であって、それを無条件に信じるのは理性の自由を放棄することになる、と主張した。有名な『然りと否』では教父から信仰箇条に関する肯定説と否定説とがあげられ、弁証法的に真理が探求されるように用意されている。これによってスコラ的方法が大いに推進されるようになった。

③「寛容」の思想家

『哲学者・ユダヤ人・キリスト教徒の対話』という中世では珍しい作品で三者が夢に現われて、自己の信仰を語って、アベラールに裁いてもらうという形で展開する。しかし宗教的寛容がそこに表明されているのではなく、三者がともに唯一神を信じる点で一致しているが、哲学者の信仰やユダヤ教に対するキリスト教の優越が説かれている。しかし、他の宗教の長所も十分に認められるなど、寛容の精神が随所に示された。またその内容は通常のキリスト教を超え、哲学の批判を経過したものである。

一二世紀におけるアリストテレスの受容と思想の変化

しかし、中世の統一文化といっても初期段階のスコラ神学の成立期ではアウグスティヌスが『キリスト教の教え』で示した方法、つまり哲学を利用してキリスト教の優位のもとに両者の総合を図る仕方が一般に支持された。ところが一二世紀ルネサンスによってアラビアを経由してアリストテレスが導入されると、一三世紀の中葉から神学から独立した哲学および哲学体系が生まれてくる。この点は法律と医学のみならず、哲学が独立した学部を形成してくる中世の大学にみられる教育組織にまず表面化していった。このような状況のなかで初めて両者の区別を前提した上で、統合するという中世の偉大な統一文化の体系的試みが生まれてくる。その際、わたしたちが注目すべき点をここに示しておこう。

大学と教育改革

カロリンガ・ルネサンスではアルクィンによって「七つの自由学科」の体系がゲルマン社会に導入されたが、彼はこれを哲学の七段階と呼び、精神はこれらの段階を通って聖書の頂上に至らなければならなかった。この情勢は原則として一三世紀に至るまで変わりがなかった。アウグスティヌスに発するこの方法は基本的には異教的な哲学をキリスト教の総合で置き換えることであった。したがって、七つの自由学科はローマ的な古代の遺産として継承された。そのうち文学的三分野と科学的四分野は言語的な「三学課」(文法・修辞学・弁証法)と科学的な「四学課」(算術・幾何・天文学・音楽)とに分けられた。神学に優位を置くこうした情勢は翻訳によって新たに導入されたアリストテレスの著作や注釈などによってくつがえされた。そこでは哲学は次のような配列で示される(図1)。

これとは別にプラトンの弟子クセノクラテス(前三九六~前三一四)に発し、ストア主義と新プラトン主義によって採用された三区分法がアウグスティヌスによって紹介されていた。すなわ

- 哲学体系
  - 論理学
  - 理論哲学（自然学・数学・第一哲学あるいは神学）
  - 実践哲学（倫理学・政治学・家政学）
  - 詩学

図1　アリストテレスの哲学体系

- 哲学科学
  - 自然哲学
    - 形而上学
    - 数学（天文学・幾何学・算術・音楽）
    - 自然学
    - 超自然神学
  - 実践哲学
    - イポティカ（家政学？）
    - 政治学
    - 倫理学（修道院生活術）
  - 合理学哲学
    - 修辞法
    - 文法
    - 論理学

図2　パリ大学人文学部における哲学の分類

ち合理的哲学（論理学）・自然哲学（自然学）・道徳哲学（倫理学）であり、これはカントの三批判にまで継承されている。

キリスト教的見地と異質な世界解釈を示す新しい学問の体系、とりわけ科学上の学説に接し、一三世紀はどのように対処したのか。その際、一般的に言えることは先の四学課は全体として哲学に編入され、三学課のほうは多様に変えられていることである。一例としてグラープマン（一八七五～一九四九）によって発見されたパリ学芸学部における哲学の分類（一二三〇～一二四〇年の間に書かれた）を示してみよう（図2）。

この表で神学が自然哲学の一分

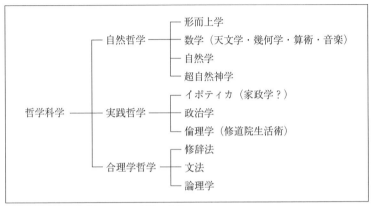

野に組み入れられている点に注目すべきである。先に述べた七つの自由学課は一二世紀までは神学のための補助学課であったのに、今やこれが哲学の偉大な諸科目の補助学課となっている。こうして哲学部が神学部から独立するに至って、中世の四学部制が完成するに至ったのである。

一三世紀の前半にはパリの学芸学部でアリストテレス研究が盛んになり中心的な研究対象となっている。この時期はいまだなお一二世紀まで支配的であった新プラトン主義から強く影響を受けており、アリストテレスとの折衷が試みられ、アリストテレスを受容するだけでその源泉にまで精通していなかった。ロージャー・ベイコンもこの段階に属し、折衷的な新プラトン的なアリストテレス説を奉じていた。また一二四〇～一二五〇年にアリストテレスの自然学書を教えることの禁令が出ていたが、主として「倫理学」を中心に受容が進んでおり、哲学的思弁は神学の目的のために使われていた。したがって神学者のアリストテレスはしばしば「アウグスティヌス的」になる傾向をもっていた。だが、時代が進むとやがて「哲学」によってアリストテレスと異教徒の哲学者によって造られ、学芸学部で教えられた世俗科学を指すようになった。

他方、西方キリスト教世界とイスラム世界との間に交易や学問上の交流は盛んとなり、一一～一三世紀にかけて、以前にギリシア語からアラビア語に翻訳された古代ギリシアの学問がアラビア語からラテン語に翻訳されるようになった。ここからアリストテレスが本格的に導入されるとともに、アヴェロエスのアリストテレス注釈書と哲学が大きな影響を与えるようになった。

一三世紀の後半は中世スコラ哲学の頂点となり、神学と哲学との区別を前提とした総合が実現した。ボナヴェントゥラ（一二二一～一二七四）は最初の総合を試み、「アウグスティヌス的アリストテレス説」の立場を築いた。彼はアリストテレスを尊重していたが、アウグスティヌスとの思想上の対立を避け、前者について温和な解釈をできるだけ推し進め、その誤りが否定できない場合にも弁護しようとした。それに対しブラバンのシジェル（一二三五頃～一二八一）は世界の永遠性や二重真理説を説いて、パリ司教によって一二七七年に断罪され、破門されたのをみても明らかなように、「徹底的で異端的なアリストテレス説」の立場に立った。真の総合は彼を批判したトマス・アクィナスの「キリスト教的アリストテレス主義」によって完成するに至った。

第7章
トマス・アクィナスの神学体系

スコラ哲学最大の巨峰トマス・アクィナス（一二二五頃〜一二七四）はナポリ王国ロッカセッカ領主アクィノのランドルフ伯爵の子として生まれた。近くのカッシーノの修道院で教育を受けた後、ナポリで自由七科を学んだ。ドミニコ修道会に入り、パリで「万有に通じる博士」アルベルトゥス・マグヌス（一一九三頃〜一二八〇）について学ぶ。博士となり、教皇庁直属の教師となる。伝道用の教科書として『異教徒を駁する大全』を著わす。パリ大学の神学教授として活躍しながら超大作『神学大全』に着手する。過激なアリストテレス主義と保守的なアウグスティヌス的プラトン説との「中正の道」をとって「アリストテレス哲学のキリスト教化」を進める。リヨンの公会議に赴く途中死す。その神学体系はアウグスティヌスの伝統をアリストテレスの哲学によって秩序づけることによって構築されたが、ヨーロッパ思想史が目指す理性と霊性との統合を試みる最大規模の試みとなった。

神学大全の構成と方法

理性と霊性との天才的な総合と体系化の試みはこの『神学大全』に見事に実現している。そこには「恩恵は自然を破壊せず、却ってこれを完成する」という命題によって端的に示されているように、信仰と理性、啓示認識と自然認識、神学と哲学は区別されながらも階層的な調和的統一にもたらされた。その内容は次のように構成されている。

第一部　神論、創造論、人間論、世界統宰など
第二-一部　人間の行為、情念、能力態、罪、法、恩恵など
第二-二部　信仰、希望、愛、正義、勇気、節制、預言、職務など
第三部　受肉、キリストの生涯と受難、サクラメント、洗礼、ミサ、悔改など
第三部補遺　終油、婚姻、復活、最後の審判など

自然神学の諸問題

とりわけ啓示の真理には信仰よりも理性による解明のほうに価値があるものがあって、たとえば神の存在証明・事物の起源・万物の創造主への帰還などを論じる自然神学は、啓示神学とともに彼が深く究明した哲学の分野である。

その一例として『神学大全』（I-q.2, a.3）における五つの「神の存在証明」を問題にしてみよう。「第一の最もあきらかな道は、動きの側面から取られるものである」。この動きというのは一般に可能態にあるものが現実態に移ることである。この動きによって動くものは、しかし他のものによって動かされており、こうした動かすものの系列は無限に遡及できない。それゆえ第一運動

者としての神が存在しなければならない。

「第二の道は、運動因の根拠にもとづくものである」。運動因というのは causa efficiens であり、何かを作り出す「作出因」をいう。これは単に運動因にすぎないものではなく、結果を生む原因として、より深い次元でとらえられている。この作出因の系列も無限に遡及できず、「第一作出因」としての神が存在しなければならなくなる。

「第三の道は、可能的なものと必然的なものとを根拠として得られる」。ここには「存在」（esse）と本質（essentia）の区別が前提とされ、存在を必然的にもつ本質が「必然的なもの」といわれ、可能的にもつものが「可能的なもの」である。存在者のあるものは生成消滅するか、しないかのいずれかであり、第一の必然的存在者たる神の存在が論証される

「第四の道は、諸事物のうちに見いだされる段階から得られる」。善が「より多いとより少ない」（magis et minus）ことの区別によって、最大限の善としての神を論証する。

「第五の道は、諸事物の統治ということからとられる」。世界に秩序を与え、それによって世界を統治する第一の理性的存在者である神が存在しなければならないことを論証している。

最初の四つの論証はアリストテレスに由来する。第一は『自然学』Ⅷ・一・八–四、五から、つまり「不動の運動者」から、第二はその深化、第三は『形而上学』Ⅴ・五・一〇一五aにより、アヴィケンナとマイモニデス（一一三八～一二〇四）の解釈の影響を受けている。第四はアリストテレス存在段階説により、アンセルムスと形式的に類似しているとも考えられる。第五の目的論的証明はプラトンに由来する。

神の存在に関してトマスは聖書のラテン語訳だけにもとづいて「神ご自身の口から〈われは在りて在るものなり〉(Ego sum, qui sum.)といわれる」と述べ、聖書の啓示によっているが、それをプラトン主義的に捉えたフィロン(前二〇/三〇〜後四〇/四五)やアウグスティヌスの存在論的解釈にしたがって受容している。その上でアリストテレスによって理性的に論証される。

こうして神学により全体として方向づけられている終局目的をめざし、理性によって一歩一歩近づいていくところに哲学に対する神学の優位があり、哲学は神学の召使となる。トマスは神学者として哲学を使用しているが、理性は信仰と区別されながらも自律性をもたされ、階層的に秩序づけられる。ここに中世統一文化の哲学的表現が見られ、古代文化とキリスト教との統合が完成している。

恩恵と自由意志

アウグスティヌスがプラトンにしたがって人間を魂と身体とに分離して考察する方法を採用したのに対し、トマスはアリストテレスの一元論を採用し、人間の活動のすべてが同じ主体である個人に属しており、人間が個別的実体(個体)であるがゆえに、人間の本来的単一性を主張する。こうした人間実体の単一性は他のもののうちに存在する二次的実在ではなく、自らにおいて自存する有限的存在である。それゆえ、その実体的形相は「理性魂」(知的霊魂)である。「人間という合成体には一つの実体形相(=理性魂)しか存在しない」。したがって「人間」ということばは、魂だけにも身体だけにも適用されないで、むしろ魂と身体の全体である複合的な合成実体に適用される。それゆえ人間には理性魂しかなく、これによって人間の有形性・植物性・動物性・知的機能が形成されている。たとえば身体なしには感覚作用もないから、魂だけでなく身体も人間に属している。また理性魂の他、いかなる実体形相もないから、下位の形相の機能である栄養摂取と感覚機能などは理性魂によって司られる。したがって理性魂が与えられると人間が誕生し、離れると死ぬことになる。それゆえ魂と身体との結合は、天上からの墜落といった罪の結果生じた罰ではない。むしろ、総じて質料が形相のためにあるように身体は魂のためにあり、魂が自己の本性にしたがって働くために身体と結合したのである。

このように人間の知的活動である思考は感覚器官や脳の働きと結びついていても、アリストテレスが説いていたように、人間の思惟それ自体は器官的活動を超越している。なぜなら理性は普遍概念を造り出し、事物の存在自体や諸連関を捉え、自己の行為を反省できるから。これらは知的活動が非器官的本性をもっていることを示している。

ここでトマスの人間観を端的に示している自由意志について考えてみよう。意志は理性と並んで人間の重要な機能である。彼はアリストテレスの倫理学にしたがい人間が生まれながら幸福としての善を求め、知性が最善のものを勧めていると説く。そして真の幸福は神のなかにあるので、人間の意志は本性的に神なる最高善を求めるが、悪しき行為が生じるのはこの善を達成するために手段を選択するときである。この選択を行なうものが自由意志である。したがって、意志は本性的に誤らないが、自由意志だけが目的実現における手段選択で「的外れ」(ハマルティア＝アリストテレスの罪の規定)に陥ることになる。その際、意志と自由意志との関係は、知性と悟性との区別と同様に、一つの能力でありながら、働きを異にし、意志が知性に依存し、目的としての善が無制約的に意志に示されるのに対し、自由意志のほうは目的を実現する手段の選択に制限される。ここには意志が知性と一致して善に受け入れる受容性が前提されており、主知主義的特徴が見いだされる。

もちろんトマスは自由意志の主体的性格を主張した。それをもっている者は①自ら欲するところを行ない、②欲するも欲しないも自由であり、③自らの原因であり、④諸々の活動の主権者であり、⑤自己形成者である。こうした意志の主体的性格を認めておきながら、彼は同時に知性が意志に善を命じ、意志がこれを「端的に受容する」ことから、知性の意志に対する優位を主張した。というのは人間の精神は存在と善に対して開かれていて、それらを分有することによって具体的に存在を得ているからである。こうして客体としての善とその秩序に適合することが倫理的善の内容となっている。ここから自由意志の主体的特質さえも消滅していく傾向が生じ、スコトゥスの批判を受けるようになる。

こうした傾向にもかかわらず彼の霊性思想は極めて優れたものであった。この点を次に説明してみよう。

霊性的知性

トマスは自己の思想体系をアウグスティヌス的伝統に立ちながらもアリストテレスの哲学によって秩序づけ、組織化することによって確立した。それは「恩恵は自然を破壊せず、かえってこれを完成する」との指導的命題に端的に示されるように、信仰と理性、啓示認識と自然認識とが区別されながらも調和的統一にもたらされた。したがって哲学の領域はもっぱら理性、つまり自然の光によって論証されるものであるが、神学は聖書の啓示と超自然的な起源に由来する教義、たとえば三位一体、創造、受肉、復活、終末などについて扱い、信仰によって受け入れられる。このように両者は境界が分けられているが、いずれも真理であるなら、最終的には一致しうる。また啓示の真理には信仰よりも理性によって解明するほうが価値あるものがある。たとえば神の存在、物事の根源、万物の創造主への帰還などがそうである。

これらの問題を主題的に論じた自然神学は、啓示神学とともにトマスが深く究明した神学の分野であった。彼は人間が全体として方向づけられていた終局目的と幸福とをまず信仰によって捉え、それを理性でもって一歩一歩解明してゆく。ここにトマス哲学における神学の優位があり、哲学は神学の召使いである。つまり彼は神学者として哲学を使用する。このような階層的な秩序の中で、理性は次第に世俗化され、意志も少しずつ自律性を獲得していった。ここに中世統一文化の哲学的表現がみられ、古代文化とキリスト教との統合が完成しながらも、やがてそれは解体される運命を辿った。

この「理性と信仰」の区別は、霊性思想史の観点から見ると、総じて「理性と霊性」の区別となるが、この霊性は「霊的な知性」という性格をもっている。

理性と霊的な知性

トマス・アクィナスは人間という種（species）に固有の形相は知性（intellectus）であると主張する。魂（anima）は栄養・感覚・運動の機能によって身体を養い、感覚を起こし、場所的に運動させているが、とりわけ知性的に認識を起こしている。彼は言う、「人間たるかぎりにおける人間に固有な働きは知性的認識である」（アクィナス『神学大全 第6冊』第一部第七六問題第一項、高田三郎・大鹿一正訳、創文社、一九六二年、三九頁）と。これが人間の魂に固有な働きなのである。この知性の作用は悟性のように直接に感覚的な対象に関わるのではなく、まず感覚が感覚対象からその姿を捉えて来て、それを表象のうちに統合し、この表象から知性は対象の本質を抽象することによって認識する。ここに抽象説と言われるトマスの認識論が成立する（この説は『霊魂論』の全体を通して詳論される）。

彼は人間の著しい特性を「神の像」（imago Dei）に求め、人間が精神において神の像であるのは、人間が神を根源としまた究極目的とした存在であり、神に類似したものとして知性的な本性であることを意味する。それゆえ人間は神の像として知性認識を自然本性的な傾向性としてもっており、その究極目的は神の本質の直観に置かれた。

神の観想における霊性作用

キリスト教神秘主義に特有な経験を表す概念は、ベルナールにおいて指摘されるように、現象学的に見ると次のような三つのプロセスが見いだされる。第一段階は日常経験から離れ、外界に向かっていた意識を内面に転向させる運動で、「離脱」（excessus）と呼ばれる。第二段階は自己をも超越する運動で、「脱自」（exstasis）と呼ばれる。さらに第三段階は自己が上からの力によって引き上げられる運動で、通常「拉致」（raptus）と呼ばれ、これはパウロが第三の天へ引き上げられた経験を指している（Ⅱコリント一二・二）。これは「人間の精神が神によって神的真理を観想すべく拉致される」ことであって、「拉致」には自分自身から離脱する脱自（exstasis）とは相違して、何らかの暴力（violentia）が付け加わっている。それは「奪い去ること」が奪い去られる当のものの外から起こるからである。そこには三つの仕方があると言う。

人間の精神が神の真理を観想することへと、神によって拉致させられるには、三つの仕方がある。第一は、神の真理を何らかの想像的な類似像によって観想することである。ペトロにおいて起った精神の離脱（使徒一一・六参照）とは、このようなものであった。第二は、神の真理をその可知的な諸結果を通して観想することである。たとえば、〈私はわが離脱において〔＝あわてふためいて〕言った。「すべての人は欺く」と〉（詩一一五・一一）、と述べたダビデの離脱はこれである。第三は、神の真理をその本質によって観想することである。パウロの拉致（Ⅱコリント一二・二―四＝「第三の天」参照）もモーセの拉致も、このようなものであった。そしてこのことは、十分にふさわしいことであった。（アクィナス『神学大全 第23冊』第二―二部第一七五問題、第三項、稲垣良典・片山寛訳、創文社、二〇〇一年、一〇九頁）

こうした神の真理を観想するのは知性によるほかには不可能である。しかし、この観想は自己の外から来る光による以外には生じない。それゆえ知性も「あなたの光において、私たちは光を見るであろう」（詩編三五・一〇）とある「栄光の光」（lumen gloriae）によってのみ観想は実現する。このことは現実的には人間にとって不可能であっても、可能的には起こりうる。その例としてキリストと「復活の後に神の本質を見る至福者たち」があげられる。キリストにおける知性は、恩寵の光によって栄光あるものに変えられていた（glorificatus）ので、彼はこの光によって、いかなる天使や人間よりもはるかに優って、神の本質を見ていた（詳しくは金子晴勇『キリスト教霊性思想史』教文館、二〇一二年、一五八頁以下を参照）。

愛徳と霊性

トマスの愛の思想は『神学大全』で強調される。そこには徳行としての愛（＝愛徳）と霊性との関連が明瞭に説かれている。わたしたちはその思想上の特質をいくつかあげてから、霊性と愛の作用とを考察してみたい。トマスは愛を定義する際、ベルナールにしたがって事物の善を自分のために愛する「貪欲の愛」（amor concupiscentiae）に対し、「友情の愛」（amor amicitiae）は相手のために善を願うという「好意」を伴っていなければならないことが指摘される。そして愛の本質である相互的な愛は共同の交わりにもとづいていなければならないが、神が人に幸福を分与することによって成立する交わりの上に友愛は基礎づけられる。「だが、この交わりの上に基底づけられた愛はカリタス（聖なる愛）であり、したがってカリタスが神に対する人の友愛であることは明らかである」（『神学大全』Ⅱ—Ⅰ・29・1）と説かれた。

　このカリタスはトマスにおいては「愛徳」と訳される。トマスは、愛は意志的なものであり、意志が愛するように聖霊によって自発的に働くとみなし、愛が究極の根源において神的であるにしても、救済に役立つためには愛が功績となりうるものでなければならない。したがって愛は人間の習性によって形成された愛徳でなければならないと説いた。こうして神の愛は聖霊によってわたしたちの心に注がれると、これが「注入された徳」（virtus infusa）となり、さらに意志の働きによって「習性」（habitus）となり、この習性から「功績」（meritum）としての愛徳が生まれ、永遠の生命にいたる（桑原直己『東西修道霊性の歴史』知泉書館、二〇〇八年、一九〇〜二〇二頁参照）。これがトマスの根本思想である。実際、そこには意志を道具のように見る考え方に対する鋭い批判があったのであるが、後代になるとトマスの思想も批判されるようになる（『神学大全』Ⅱ—Ⅱ・26・1）。

　彼はまた始源なる神との関係において秩序を認めるようになると、カリタスとしての愛は当然至福の始源なる神に向かうため、神への愛がすべてに優先する。また人間が自己自身を愛することは霊的本性に即して愛するかぎりで認められる。しかも真の自己愛は、他人とともに善を共有する友愛に先立っているので、それは隣人愛にも優先すると考えられた。

　ところがトマスの同時代人であるボナヴェントゥラは第九章で後述されるように人間の現実を知性よりも意志に求め、意志における罪をいっそう鋭く問題視するようになった。彼は当時トマスに並んでパリ大学で講義するに至ったほど有力な思想家として認められ、後代の思想に大きな影響力を発揮した。

第8章
後期スコラ哲学の展開

トマスとスコトゥス

一三世紀の終わりに活躍したスコトゥスはトマスの批判者として有名になった。彼はアンセルムスの伝統的意志優位説および道徳的責任と罪責感情の強化の側面を忠実に受容し、新たに自覚されるに至った個我の意識と自由の直接的体験に基づいて自己の思想を形成していった。

トマスの哲学体系はカトリック教会の最高権威として今日に至るまで認められている。しかし、一三世紀では批判者も多く、なかでもドゥンス・スコトゥス（一二六五～一三〇八）とその学派は実践的で倫理的な領域においてドミニコ会を代表するトマスの主知主義を批判し、主意主義の思想を確立した。彼はトマスの体系では目的論的思考によって規制されていた自由な意志の主体的な事実から出発する。それゆえトマスでは神が第一原因として絶えず立てられ、人間の意志は第二原因にすぎなかったのに対し、人間の意志がそれ自身で原因であり、生産的動力因であることが認められるようになった。

トマスもスコトゥスも知性と意志とが相補的関係に立っていることを認め、互いに他なしにはありえないが、前者が知性の優位を主張していたのに対し、後者は自由な意志の主体的で根源的事実を主張するようになった。スコトゥスによると知性が真理を単に受容するにすぎないため、それが客体の側によって決定されているのに対し、意志は自由で自発的であり、なにものによっても強制されないところに成り立っている。もちろん彼は知性の意志に対する影響を認めているが、なにものも意志に同意を強いるものではない、と言い、意志こそ知性を動かす力である点を強調する。

スコトゥスの主意主義

一二六五年スコットランドのクロスバラ伯爵領のマクストンに生まれる。七七年フランシスコ会に入り、九一年司祭となる。パリに学んだのちオックスフォードで『命題集』を講義した。一三〇二年パリで同書を講義し、それは学生のノートという意味で Reportata Parisiensia と呼ばれる。フランス王と対立し、イギリスに帰るも、パリに戻り、学位を得て、ケルンに招かれたが、一三〇八年に四三歳にて早世する。事実その墓碑銘には「スコットランドわれを生み、イングランドわれを育て、フランスわれを教え、ケルンわれを守る」と記された。そこで彼の学説の特徴をあげてみよう。

彼は「鋭利な教師」（Doctor subtilis）と呼ばれているように、厳密な概念的な思考を徹底的に遂行する。彼は必然的な原理から三段論法によって結論に導くものだけを認め、経験から行なわれる論証を認めなかった。したがって神の存在証明はトマスの五つの証明に加えて三つの証明を彼は試みてはいても、相対的なものにすぎないとみなす。したがって神学は必然的論証をもってなされるべきものではなく、本来学問の対象とならないものと関わり、それ自体では学問ではなくなり、哲学から分離され始める。

彼によると神の属性は無限性であり、もっとも完全な観念は無限存在である。神は第一原因として無限の可能性を含むから、無限な作用因であり、第一知性としてすべてを認識できるから、無限な知性であり、意志の究極目的としての無限の善であり、知性の終極の対象としての無限の存在である。

それゆえ神の意志こそ最高原因である。創造も神の意志による。この意志の理由は探求できない。神の自由は矛盾を避けることのみである。善の規定も神の意志にしたがう。また、もし神がそのような善の規定とは異なることを欲すれば、このことのほうが正しい。というのは道徳法則も神の意志によって受容されるかぎり正しいから。

さらに個別性の自覚が進んでおり、個別の内には特殊性を含んだ本質が認められる。たとえばペトロは単に人間であるだけでなく、同時にペトロという個別的な本質が普遍性を縮減する仕方で含まれている。したがって個別化の原理はトマスのように質料にあるのではなく、形相のうちに認められている。

この個別性の根源は意志の優位と自由のなかに求められる。彼の主張を端的に表している命題をあげてみよう。「意志は他の諸々の力の判断にさからって働くことができる。つまり、他のすべての力を自分が命令するままに動かすことができる。意志は他の諸力を行使できる」。したがって「意志にまさって自由に作用しうるものはない」。このように意志は本質的に自由であり、行動を起こす力である。この意志が「正しい理性」と一致するとき、善はなされる。だから善は知性によって目的として立てられていても、自律的な意志によって同時に立てられる目標となっている。したがって、意志は一方において知性により客体的善に結びつきながら、他方において善を自ら設定する主体性を明らかにもっている。ここからこの主体的な意志をさらに強調するオッカムが登場する準備となった。

オッカムの二重真理説

ところでスコトゥスが、意志は本性的に自由であっても、客観的な「正しい理性」と一致することによってよい業を実現すると説いたのに対し、スコトゥスと同様にフランシスコ会に属していたオッカムのウィリアム（一二八五頃～一三四九）になると、自由な意志はいっそうラディカルに主張され、「正しい理性」でさえも意志によって立てられているのであるから、意志に並ぶ同等な根拠にはならない、とみなされ、主意主義が貫徹された。

イギリス南東部サリ州のオッカムに生まれたオッカムは、フランシスコ会に入り、一三〇六年に副助祭となり、一三〇八年にオックスフォードで神学を修め、『命題集』の講義を行なうも、異端の嫌疑をかけられ、一三二四年にアヴィニョンの教皇庁に召喚される。修道者の清貧問題でも教皇に反対した。一三三〇年、バイエルン公ルートヴィヒの援助によりミュンヘンに赴く。公の死後教皇と和解しようとしたが、実現しないうちにペストにかかって死んだ。

オッカムは自由な精神と鋭利な論理をもってトマスの哲学や教皇政治を批判し、哲学ではノミナリズム（唯名論）を復興させ、伝統的なスコラ哲学を解体させるに至った。すなわち彼は神学と哲学とを階層的に統一する伝統的な方法に対して懐疑的であり、哲学の論証と宗教の信仰とを区別し、いわゆる二重真理説を説いた。なかでも神の存在証明はいかなる仕方でも論証できず、推論によって第一原因たる神に至ることも、霊魂の不滅・三位一体・万物の創造・受肉の教説も論証できないと説いた。こうしてアンセルムス以来構想されてきた宗教哲学的なスコラ学の体系は今や解体し始める。

一四世紀の哲学者オッカムは伝統的なスコラ哲学の方法に対してきわめて懐疑的になり、確実性の土台に据えているのは、実践的意志の明晰な経験であり、アウグスティヌスの内面性の立場に立っている。彼はスコトゥスにしたがい知性に対する意志の優位を主張する。その際、彼は、自由の基礎を偶然性（contingentia）と未決定性（indifferentia）に据えている。前者はその反対が可能であり、相反するいずれをも捉えうる「偶然性」を指し、後者はいまだ何らかの傾向性によって善とも悪とも決定されていない白紙の状態を意味する。彼は道徳の確実性を意志の内的で明晰な経験の土台の上に据える。自由は自己の外にある何らかの客体に依存することなく自立し、無機中立的な起動因である。この意志の事実は論証され得なくとも、すべての人が直接経験している。人間の行為が道徳的に善であり、功績となるのは、この自由意志によって実現されたものだけであって、トマスのように目的に適い、スコトゥスのように「正しい理性」に一致しているからではない。そうではなく神の意志こそあらゆる道徳的規範を超える規範そのものであるから、それとの一致にこそ道徳的善は求められる。スコトゥスの言う「正しい理性」といえども意志に対し客体的に立てられているがゆえに、意志と並ぶ同等の根拠とはなり得ない。こうした客体的なものからの意志の分離は、主観主義に陥る危険があり、意志の恣意的性格が顕わになっていると批判された。だが彼によって神と人間とが何らの仲介物を経ないで直接人格的に対面するという新しい人間観が説かれるようになった。ここには近代の主体的で自由な人間の自己理解と人格的自由の主張がもう始まっている。

一五世紀におけるノミナリズムの意義

ところで一五世紀に、オッカムに発するノミナリズムの「新しい方法」がなにゆえに人々に受け入れられたのかが問題となろう。この世紀の前、つまり一四世紀には人々はそれまでに経験しなかったような最大の自然災害であった黒死病（ペスト）に襲われ、二五〇〇万人を超える死者をもたらした。実は一五世紀に入ってもこの余波がなお続き、ヨーロッパ各地にわたって活躍したエラスムスは黒死病の噂を聞くとその地を離れなければならなかった。それに関する最近の研究から直接関係した医療の次元のみならず、新しい経済と人口統計学的分析の観点からも激変が発生し、最後に、決定的に重要なことである思考と感情の新しい事態が起こってきていたことが判明した。つまり黒死病に蹂躙された世界は、トマス・アクィナスの知性的な世界観ではとうてい理解できず、ノミナリズムの「神の絶対的な権能」を説く恣意的な神とも感じられた観点から悲惨な現実を直視することを迫られた。つまり黒死病の予想できない発生と経過によって、またそれが原因不明で破壊的な影響をいつまでも及ぼすようになると、この事態を理解するのに現実を直視するノミナリズムの思想が役立ち、それが中世後期の現実生活に見られる無秩序の経験に立ち向かうのに適合していることがわかった。このような経験は、実際、一五世紀になぜノミナリズムが発展したのか、またそれが神学から自然科学までのすべての分野に革新運動をもたらしながら学校や大学へと実り豊かに浸透していったかが理解できる。こうしてそれは「新しい方法」(via moderuna)として至るところで確立され、これまで君臨してきたトマス・アクィナスの学問方法は「古い方法」(via antiqua)と呼ばれるようになった。

ノミナリズムはトマス・アクィナスの神学と哲学との階層的な調和に基づく哲学大系を批判した。この点に関してオーバーマン(一九三〇〜二〇〇一)の主張が重要な意味をもってくる(オーバーマン『二つの宗教改革――ルターとカルヴァン』日本ルター学会その他共訳、教文館、二〇一七年、第二章参照)。彼はまずトマスの致命的な欠陥を突く。トマスはギリシア語もヘブライ語も知らないで、誤解を招くラテン語訳ヴルガタを頼りにして出エジプト記三・一四を「わたしはあるという者である」(ego sum, qui sum)と読んで、ここから存在の哲学を開始したところに欠陥がある(ルターは彼の訳になる聖書で「神はモーセに言った。わたしはなるであろうものになるであろう」と訳し、そこに意図された約束を守る契約の神を捉えた)。トマスにとって神は最高存在であって、この箇所が神の存在を証明する「五つの論拠」の聖書的根拠となっていた。ここから天と教会と被造物の間に聖なる階層秩序が設定され、現世の文化は存在の構造の一部分であって、被造物と創造者の間には「存在の類比」というパイプが存在すると説かれた。こういった存在の哲学はアンセルムスを経てアウグスティヌスにまで遡ることができるが、聖フランチェスコの「主なる神」という思想の中に被造物が人格的に神と関わっている視点が見いだされる。ここにはこの人格的な神が世界に働きかけ、歴史の主となるというパラダイム（共有された問題の解き方）の転換がすでに起こっていた。それがボナヴェントゥラを経てスコトゥスとオッカムによる「新しい方法」の樹立に至る方向を採ったのである。

この存在の神から人格の神へのパラダイムの転換は、社会を根本的に再び秩序づけることを促した。こうして聖職位階制が崩壊し、国家と教会の関係のような社会的関係が根本的に改められた。またこの転換なしには「神の義」の発見といわれる宗教改革的認識は考えられない。そこには歴史の中で活動する人格としての神の発見、契約の神、義認の約束が立てられ、ルター（一四八三〜一五四六）の発見と転換につながっている（オーバーマン、前掲訳書、六四頁）。

ルターによる後期スコラ神学の批判

オッカムの思想を神学的に完成させたのは最後の中世スコラ神学者といわれるガブリエル・ビール（一四二〇頃〜一四九五）であり、エルフルトの哲学者と神学者はビールの影響下にあり、ルターもこのオッカム主義により決定的な影響を受けた。

ところでルターにとりオッカム主義は同時に超克すべき課題として立てられたため、彼が受容した優れた側面よりも、彼が苦悶のすえ克服した問題性のほうが歴史の前景に現われてこざるを得なかった。彼はトマスの『神学大全』を修学時代に学んだ形跡もなく、当時起こってきたトマス主義者たちによるオッカム主義に対する批判も知らないで、オッカム主義の伝統を受容した。しかし彼は自分の修道会の神学としてアウグスティヌス自身の著作をも研究しており、やがて独自の宗教経験にもとづいてアウグスティヌスによってオッカム主義自身をも批判するようになる。

ルターはオッカム主義の伝統の下に育ち、その救済方法に疑問をいだき、苦闘のすえこれを克服したが、その思考はオッカム主義的傾向が強いといえよう。なかでも哲学と神学とを分離し、理性と信仰とを厳しく分ける分析的思考は、両者を区別した上で階層的に統合する中世的な総合的思考と対立する。このような修道院における訓練と神学研究からルターは自己を形成していったので、彼は中世スコラ神学に負うところが大きいと言わねばならない。

修道院における訓練の中でも、神によって義人と認定され、判断されることがその最大の目的であったが、そこでは義認への準備についてのガブリエル・ビールの学説がもっとも重要である。この学説にはスコラ神学によって古くから提示されてきた公理が最大の問題となった。その公理は「自己の中にあるかぎりをなしている人に対し神は恩恵を拒まない」という命題で示される。トマス・アクィナスは、この義認のための準備が神の恩恵と自由意志との協働によって遂行されると初め説いたが、後に恩恵の先行性を強調し、この命題では恩恵を受けるに値する功績が自由意志に帰せられているのではない、なぜなら恩恵は無償で与えられるから、と説くに至った。それに対しオッカムとビールにおいては義認への準備を自由意志の功績に帰する解釈がなされた。つまり義認への準備が、自然的人間の自由意志によってまず開始されると主張した。そうは言ってもビールは「適宜的に」(de congruo) 与えられる恩恵と、「応報的に」(de condigno) 当然の報酬として与えられる恩恵を区別し、応報的報酬として与えられると説くペラギウス主義を回避した。しかし、そこには「適宜的」な「神の寛大さにもとづく受納」が説かれており、「相当分以上」の恩恵が神のあわれみによって与えられるという、キリスト教的福音の使信を洞察することができる。

終わりに注目すべきことは、トマスでは哲学が神学に対して侍女の役割を負わされていたが、ルターでは哲学に対する神学の関係を再定義する運動が起こった。ノミナリズムの教育を受けた彼はこのことをトマス的な演繹法を捨て、事実認識から結論に導く帰納法を採用することによって行なった。

第9章
神秘的霊性思想の展開

中世ヨーロッパのキリスト教思想はスコラ神学の展開だけによって解明できるものではない。わたしたちはスコラ神学とならんで、神秘主義思想の流れを追ってみるべきであろう。神秘主義にはさまざまな形態が見られるが、アウグスティヌスに発しドイツ神秘主義に向かう中世キリスト教神秘主義の流れは、信仰の敬虔な生活から生まれ、キリストとの一体感のなかに生き続けているもので、その神秘思想はスコラ哲学よりも大きな影響をヨーロッパの民衆に与えている。この神秘主義の流れは、今日「神秘主義的な霊性のタイプ」と呼ばれる（シェルドレイク『キリスト教霊性の歴史』木寺廉太訳、教文館、二〇一〇年参照）。それは真に妥当な表現である。

アウグスティヌスの伝統

アウグスティヌスが神秘主義者であるか否かについて意見は様々であるが、彼が好んで用いた「神の観照」「神の直観」「神の享受」という言葉によって、通常の認識以上のものが表現されていることは確実である。初期の『魂の偉大』には神の観照に向かう七段階が述べられている。すなわち、①生命現象、②感覚、③学術、④徳、⑤静寂、⑥接近、⑦観照が区別され、魂は観照に向かって超越すべきことが説かれる。彼自身の神秘的経験は『告白録』第七巻でプロティノスの書物を読んだときの出来事として叙述されている。そこには次の二つの注目すべき点が認められる。①神秘的脱自の決定的瞬間にも自己省察が続けられ、覚醒した意識の下で思惟が火急的になり、認識が愛と同化している。②神の認識が一瞬のことであり、それに長く耐えられないことから人間存在の有限性とそこから生じうる罪とが自覚された。したがって神と魂との「神秘的合一」ということはこの経験の中に入ってこない。むしろ神と人との異質性が認識され、この断絶を克服する「道」が神の言《ことば》であるキリストによって示される。

こうして「神の観照」は将来の究極目標にされ、現在は愛を潔《きよ》め、意志を強化する恩恵の下での生活が説かれた。こうしてキリストとの愛の交わりに加わることが力説される。彼は『ヨハネ福音書講解』で次のように語っている。「キリストを信じるとは何か。それは信じながら愛し、信じながら敬愛し、信じながら主キリストのうちに入り、そのからだに合体されることである」(In Joan. Ev. tr. XXIX, 6)。このからだというのは神秘的なからだとしての教会を指す。ここにキリストと信徒の魂、キリストと教会との関係が信仰による神秘的合一として捉えられ、「人なるキリストから神なるキリストへ」と向かう超越となる。「この人なるキリストから神なるキリストへというアウグスティヌスの命題は、高くそびえる灯台のごとく全世紀にわたるキリスト神秘主義に目的への正しい道を示している」(Grabmann, Augstins Lehre von Glauben und Wissen, S.90f.)。

このようにアウグスティヌスの神秘主義は神－神秘主義からキリスト－神秘主義へ、思惟－神秘主義から信仰－神秘主義へ中心を移しながら、後者を経てその実現を将来に置く「希望－神秘主義」となっている。

クレルヴォーのベルナールの霊性思想

一二世紀の前半に活躍したクレルヴォーの修道院長ベルナール（一〇九〇～一一五三）は、ヨーロッパ中世におけるキリスト教的な霊性の伝統を形成した神学者にして神秘主義者であった。

ところでベルナールは神学的な学説を組織的に述べるようなタイプの思想家ではなく、神学の背景にある霊的な経験を他者に分かち合う目的をもって著述した。したがって、ことばの定義や推論（三段論法）また弁証法を駆使する理性的な議論は見あたらず、聞き手の内奥に霊性的共感を引き起こすことが目指された。それゆえその本領は霊性神学において発揮された。だから彼は「けっして神学と霊性を切り離さなかった。彼は霊性の神学を説き、したがって神学が結びつく神秘を説いたのである」（ルクレール／ヴァンダンブルーク『キリスト教神秘思想史2　中世の霊性』二八三頁）と言われる。彼こそ霊性の学としての神秘主義を新しく樹立した思想家であった。しかし彼の霊性は神秘主義者に付きまとう偏狭さの片鱗も見せないほど徹底的に昇華されており、愛によって実践的に他者と教会共同体に積極的に関わる姿勢を堅持した。そこには御言葉との一体感から流れ出る実践的態度の愛が働き、積極的に政治に関わる態度が終始貫かれていた。

そこでわたしたちはベルナールの霊性思想をまずは花嫁神秘主義に求め、次いでその特質を指摘してみたい。彼の神秘主義の最大の特質は「花嫁‐神秘主義」（**Braut-mystik**）に求めることができる。彼は旧約聖書の『雅歌』から「花嫁‐神秘主義」という独特な思想を展開させており、キリストと教会との関係を「花婿と花嫁」という親密な間柄として理解した。このような親密な間柄関係は古代社会では隠されていた。なぜなら古代では「主人と奴隷」の関係で国や社会は維持されていたから。これに対し、パウロはガラテヤ信徒への手紙で「アッバ・父」という新しい関係が神と人の間に生じたことを福音として説いた（ガラテヤ四・一〜七）。そこから「父と子」の関係こそ人間間の最も親しい関係であって、それがキリストによって実現されたことが力説された。ところがローマ社会における父権の絶対性を考慮すると、親密な父子関係など一般には考えられなかった。そこで中世になるとベルナールは人間関係の最深の親密さを「花婿－花嫁」の関係で説くようになった。

それは神秘的な経験として花婿キリストと花嫁である魂との「結合」（coniunctio）によって成立すると考えられ、『雅歌の説教』全体にわたってこの思想が展開する。この結合によって生じる神秘的体験の頂点となるのは、神秘的な「拉致」（raptus）体験である。たとえば『雅歌の説教』の第八五説教ではこの体験が次のように語られている。

聖なる母たちは説教によって魂たちを、黙想によって霊的な認識を生む。これらの最後のわざによって魂はときに身体的な感覚から離脱して分離し、御言を感得していても、自分自身を感じていない。このことが生じるのは、精神が御言の言い表しえない甘美さによって誘き寄せられ、ある仕方で自分が自分自身から奪い去られ、否むしろ拉致されかつ脱落されるときである。それは御言を享受するためである。（『雅歌の説教』金子晴勇訳、「キリスト教神秘主

義著作集2ベルナール」教文館三六七頁）

この引用文にある「離脱」や「拉致」は神秘主義に特有な経験を表わす概念であって、そこには現象学的に見ると次のような三つのプロセスが見いだされる。すなわち神秘的高揚の第一段階は日常経験から離れることで、「離脱」（excessus）と呼ばれる。これは外界に向かっていた意識を内面に転向させる運動である。それに続く第二段階は自己をも超越する運動で、「脱自」（exstasis）と呼ばれる。さらに第三段階は自己が上からの力によって引き上げられる運動で、通常「拉致」（raptus）と呼ばれる状態である。これはパウロが第三の天へ引き上げられた経験に等しいといえよう。そのとき、日常と平均的自己の状態をはるかに超えた状態に引き上げられて、人は聖なる存在に触れる。これが神秘的経験のクライマックスである。このように神の言葉を聞く聴覚が信仰であり、これが理性を導く。

人間の霊と本性の高貴さ

ベルナールによると人間の「他に類例のない卓越性」は創造のときの「土の塵」にあるのではなく、「命の息」が吹き込まれた点に求められる。この「息」は「霊」（ルーアッハ、プネウマ）を意味し、その独自の価値は「他の被造物とはまったく比較することのできない高貴な存在なのである」（Sancti Bernardi opera IV, 1966, 252.）。

さらにベルナールはこの「尊厳と高貴さ」を人間の自由に求めている。彼によると三種類の自由があって、第一の自由は自然本性に、第二の自由は恩恵に、第三の自由は生命ないし栄光に属する。この三つの自由の内に創造主の「像」と「類似」とが含まれる。人間の自由意志には特に永遠にして不変的な神性の実体的な像が現われている。一般にこれまで理性のうちに神の像が探求されてきたのに、今や意志の内にそれが求められた。ここに中世における人格的な自己理解の発展と転換が示される（Bernard McGinn, Western Christianity, in: Christian Spirituality, vol. I, 2000, p. 327-28.）。

ボナヴェントゥラの神秘神学

ボナヴェントゥラ（一二二一頃〜一二七四）は自分が属していた修道会の創立者フランシスコの精神と生活から強い影響を受けて神秘神学を展開させ、フランシスコ会を代表する神学者となり、また修道会の総長としても活躍した。彼は世俗的な権力と教皇の特権を妬む大学とに対し教皇の首位性を防衛し、また第2リヨン公会議で東方教会をローマ教会へ復帰合同させることに成功した。

ボナヴェントゥラは三六歳のときパリ大学の教授の地位についていたが、フランシスコ会の混乱を解決すべく同会の第七代の総長に就任した。その頃フランシスコの精神に帰ろうと願って聖痕の奇跡が起こったラ・ヴェルナ山に行き、黙想のうちに筆をとったのが『霊魂の神への道程』である。その序文には次のように述べられている。

わたしたちの父フランシスコは、そのすべての説教の初めと終わりとにおいて、この平和を告知し、挨拶するたびごとにこれを乞い願い、そのすべての観照の祈りにおいて、あのエルサレムの市民のように脱魂の平安にあこがれていた。……わたしたちの父、聖フランシスコの模範にならい、わたしはあわれな罪人であり全く無価値な者であるが、この至福なる父の死後すべての兄弟たちの七番目の総長としてその後継者となり、この平和を心からあえぎ求めてきた。聖人の死後三三年たったとき、わたしは神の霊感によって、ラ・ヴェルナ山に、憩いの場のようにわたしの霊の平和をそこに求めたいと願いながら、導かれた。そこに滞在中に、神へのある種の精神的超越を心で想いめぐらしているあいだ、なによりもまず、この場所で、聖フランシスコ自身に起こった奇跡、すなわち十字架の姿をした翼のあるセラフィムの示現がわたしに生じたのである。この不思議な光景を眺めているとすぐさま、それは父フランシスコが観照により高揚していること、およびそこに到達するために辿るべき道とを示しているようにわたしには思われた。（前掲書序文）

ボナヴェントゥラはフランシスコに現われた天使セラフィムの三対の愛を霊魂が神へと昇り行く六つの段階の象徴と考え、その道程を述べている。第一段階は可視的世界に存在している三位一体の神の痕跡をとおして神を考察する。第二段階は事物の諸表象と内部感覚における神の痕跡により神を考察する。第一、第二段階ではパウロの世界をとおしての神の認識（ローマ一・二〇）が展開する。第三段階は人間が自己自身に復帰し、自己の精神的諸能力の検討により神を考察する。記憶・知性・意志の三一的構造は神の像として創造された人間精神に固有のもので、これによって三位一体の神が暗示される。第四段階は神の恩恵によって回復された似姿により神を考察する。信仰によってキリストの恩恵を受けた人は精神の力を回復し、忘我的愛によって神に触れ、神を抱擁することができる。第五段階は神を「在りて在る者」として、つまり存在自体として観照する。第六段階は三位一体の秘義において神を「美しいもの」の名において観照する。この六つの段階を上昇して霊魂は神殿の内奥に入っていき、神秘的離脱に達し、「この離脱により完全に神のうちに入っていった知性と心情には平安が与えられる」のであるが、この境地に至るのは十字架に付けられたキリストによってのみ可能である。

このような神秘思想は彼のすべての著作に一貫して表明されている中心思想であり、その核心はキリスト神秘主義、あるいは十字架の苦難の神秘主義であるが、三位一体の神の痕跡が世界や人間の中にも把握しうると説くアウグスティヌスの伝統をいっそう発展させ、独自の思弁的・心理学的考察が加わっている。それらの著作の中でも「神秘神学のスンマ」と称せられている『三様の道』によってその特質を述べておきたい。

三様の道というのはディオニュシオス・アレオパギテースによる浄化・照明・完成あるいは合一の三つの道をいう。これはベルナールでは短く触れられた程度のものであったが、ボナヴェントゥラによって具体的に叙述されるに至った。たとえば浄化の道は「良心の針」を刺激し、鋭くし、真直ぐにすることにより、罪の想起、自己告発、善の考察に向かわせる。この良心により自己告発がなされる場合、良心判断の規準となるものは一般には神の戒めなのであるが、彼は「迫りつつある死の日・健かなる十字架の聖き血・眼前にある審判王の聖顔」をあげて、心情に厳しく迫るものとなした。また三様の道は黙想・祈り・観照の三段階のそれぞれに適用されていて、一般の見方よりもはるかに体系的に構成されている。

もしも順序正しく行なわれるならば、この語らいの中には妙なる欣喜雀躍と歓声とがあり、それにより霊魂は離脱のうちに導き入れられ、ここにいるのはわたしたちにとって良いことであると言うほどである。（『観想の道――三様の道・生命の完成』小高毅訳、サンパウロ、二〇〇四年、三〇頁）

ここに神秘的離脱が語られているが、このことは真理の照明にいたる七段階、つまり①理性の聴従、②共苦の愛情、③感嘆の注視、④全我献入の離脱、⑤キリストを同化的に着る、⑥十字架の抱擁、⑦真理の凝視のうちの第四段階の叙述にも次のように語られている。「第四にキリストが苦難を受けたもうのは如何なる理由によるかを考察せよ。そして全我献入の離脱により、汝自身を忘れよ。なぜなら贖罪・照明・聖化・栄光のために彼は苦難を受けたもうからである」。ボナヴェントゥラの神秘主義は苦難のキリストの省察から忘我の状態に入っていって、そこにキリストの真理を観照しようとする。ここにキリスト神秘主義の特質が顕著に示されている。なお彼に続いて女性神秘主義者ヒルデガルト（一〇九八～一一七九）、一三世紀にはハデヴェイヒ（生没年不詳）、マクデブルクのメヒティルト（一二〇七頃～一二八二頃）が輩出している（金子晴勇『キリスト教霊性思想史』前出一四一頁以下、一八〇頁以下参照）。

エックハルトの神秘主義

エックハルト（一二六〇頃〜一三二七／一三二八）は中世ドイツ神秘主義を代表する思想家であり、ドミニコ会の修道院長、パリ大学教授（ここで学位を取得したので、マイスター・エックハルトとドイツ語で呼ばれた）を経てケルンのドミニコ会神学校の教授となった。学校以外でも積極的に説教活動し、タウラーやゾイゼ（一二九五〜一三六六）などの後継者を出したが、その信奉者の中には異教的神秘主義に走るものが現われ、責任を彼に転嫁したため、異端の嫌疑がかけられるに至り、死後一一命題が不用意なものとして断罪された。彼はこれまでさまざまに解釈されてきたけれども、自己の修道会を代表するトマス・アクィナスの学統に従っており、同時代の神学者スコトゥスの学説を熟知していて、スコトゥスの批判によって打撃を受けたトマスのアリストテレス主義を新プラトン主義によって克服しようとしたと言えよう。

エックハルトの神秘主義ではこれまでの神秘思想のように神に向かう長い上昇の道が組織的に説かれることがなくなり、「魂の根底」に神の働きをとらえ、神性と一つになること、つまり魂における神の言の誕生を求めることが目指された。とりわけ修道士の服従が強調され、それは完全な自己放棄であり、この否定のわざをとおして同時に神の意志によって自己が存在を得て、神の生命に満たされたものとなる。こうして否定が肯定に転換する。また我意を放棄してこそ「自我拘束性」としての罪の克服となる。

では「魂の根底」とは何か。彼の説教集をひもといてみるなら、「内なる人」の最内奥が多様に表現されているのを見いだす。そこでは「魂の根底」に当たる心の内奥は Wesen, Burg, Grund, Etwas, Licht, Seelenfunke, Synderesis, Bild, Gipfel, Kräfte, ratio superior, abditum mentis などの概念によって表現される（したがって Grund に対応するラテン語は causa ではなく、essentia と abditum mentis とがそれに当たるか、もしくはこれに近い姉妹概念となっている。また「根底」は「心情」〔Gemüt〕とも等置され、さらに知性である「神の像」〔Bild Gottes〕とも同一視されている）。エックハルトは「根底」に相当する言葉を模索しながら次にように言う。

ある学者は適切なことを述べている。魂のうちには、まったく密かな、隠れている或るもの（etwas）があり、そして、それは知性や意志の諸力が突発する（ausbrechen）ところよりはるか上の方にある。……魂について最善に語っている学者によると、魂はその根底で（Grund）どのようなものか〔本質〕は、全人間の知をもってしても決してそこに達することはできないという。魂とは何か、〔これを知るには〕超自然の知が必要である。どこで諸力（die Kräfte）が魂から働き出て行くのか、これについては私たちは何も知らないし、おそらく、ほんの少ししか知らない、その知は僅かである。魂はその根底においてどのようなものか、誰も知らない。これについて知ることができるのは、超自然的で、それは恩恵によらねばならない。そのところで神はあわれみを施すのである。アーメン。（M. Eckehart, *Deutsche Predigten und Traktate, hrsg.* J. Quint, S.190『キリスト教神秘主義著作集6 エックハルトⅠ』植田

兼義訳、教文館、一九八九年、四七〜四八頁）

「根底」（Grund）は元来ドイツ語で沃土の低地や谷を意味し、やがて泉の湧き出る低地、さらに土台や地盤を示した。これがエックハルトやタウラーでは宗教的意味をもつようになり、感性や理性を超える霊性の次元を表現するために用いられ、「神の働く場」や「神の住まい」を意味し、ここで神の子の誕生や合一さらに合致が生じると説かれた。ところで西洋精神史において人間は主として身体と魂との二分法によって考察されているばかりでなく、霊・魂・身体（spiritus, anima, corpus）の三分法によっても考察されてきた。そうすると「魂の根底」に相当する領域は「霊」と同じであることが容易に察せられる。

彼はまずこの「根底」を人間の心の内奥にある一つの力としてさまざまに表現する。ラテン語で mens（精神、心）と呼ばれる「霊」（Geist）は「心情」（Gemüt）とも聖書で言われているが、アウグスティヌスによるとこういう「魂の最高の部分」のなかに、霊的形相や理念を受け入れる「器、あるいは柩」（ein Behältnis oder ein Schrein）と呼ばれる力が存在する。そしてこの力は御父と魂をその流れ出る神性によって等しいものにする。また先に指摘したようにオリゲネスの比喩をもって「神の像や神の子は魂の根底において生ける泉のようである」と言われる。この根底は「神がその像と似姿を蒔いた畑」とも述べられ、根底に蒔かれる種子は神の言葉であると言う。

この「魂の根底」は魂の諸力の「根」（Wurzel）とも言われ、理性や感性、また情念や意志を越えており、「知性や意志の諸力が突破するところよりはるか上の方に（weit oberhalb）ある」とあるが、時に知性と同一視される場合もある。この上位の場所的表現は神の根底を示す場合にも用いられ、神の「底無し（grundlos）の根底」とか、「善性や真理が発出する根底」「善性や知恵よりはるかに高い根底」といわれ、神性をそこでとらえ、「神性の根底の内に御子をとらえ、自分の根底に入れる」（M. Eckehart, op. cit., S. 190, 207, 342.）。このことこそ知恵の働きであると説かれる。つまり根底において知性が捉える神は世界を創造し、人間に自己を啓示した「神」（Gott=Deus）ではなく、その根底に隠れてある「神性」（Gottheit=deitas）なのである。「魂はその存在を仲介なしに受け取る。それゆえ神は、魂が自分自身に対するよりも魂により近く存在する。神は魂の根底において、その全神性を備えて存在する」（M. Eckehart, op. cit., S. 201.）。

次に、この「根底」の働きは神を受容する霊性であることが判明する。「魂の根底には、ただ神しか入ることができない」とあるように、根底は神を受容する力である（M. Eckehart, op. cit., S. 190, 207, 414.）。また『修道のための説話』とか『説教』は「人は神が働くことのできる神の特別な場所になる」ことを目指して行なわれ、霊の貧しさによって「神がご自身のわざを行ない、人が自分のうちに神をそのように〔受動的に〕経験する」ことが説かれている。

このようにして「根底」（Grund）はエックハルトでは「魂の閃光」（fünklein）とか「神の像」（imago dei）また「諸力の根」（Wurzel）と同様に、理性よりいっそう深い魂の上級の能力であって、身体と魂とから成る人間存在の最も高貴で深淵な部分を指していることが判明する。

エックハルトは自分の説教は「読むことば」ではなく「生きることば」であることを強調した。彼にとって神はことばで表現しえない生命であり、これを新プラトン主義の概念で述べるとき、つねに汎神論の嫌疑がかけられた。そこから彼への断罪と誤解も生まれてこざるをえなかった。しかし彼は窮めがたい神の秘義に対する畏怖のうちに生き、神学がすべての表現において象徴的性格をもっていること、キリスト教的表象の世界は神との生命的合一のために存在していることをわたしたちに教えた。したがってキリスト教的敬虔は外的教会の営みの中にあっても内的人間のうちに生きており、一者なる神と結合することに根ざしていることを教えたのである。

ドイツ神秘主義はエックハルトの弟子たちによりさらに発展する。その展開方向は神秘的生命を保ちながら師の思弁的要素を退け、いっそう実践的になり、キリスト教会でも受容しやすいものに向かった。タウラー、ゾイゼ、リュースブルク（一二九三～一三八一）のうち、タウラーだけをここでは考察するとしよう。

タウラーの霊性

タウラー（一三〇〇頃～一三六一）はドミニコ会に属し、ケルンで学び、エックハルトと知り合い、偉大な師として尊敬し、シュトラスブルクで説教者として活躍した。彼はエックハルトと同様に魂の根底における神の子の誕生をモチーフとする神秘思想を語り、神の意志と人間の意志とが同形となり合致することを究極の目標として立てた。

彼のクリスマス説教には三様の神の誕生が語られている。すなわち、①神的実体内部における独り子の誕生、②聖処女における御子の誕生、③神が毎日毎時間真の霊的方法によって恩恵と愛から善い魂の内に誕生することが述べられ、第三の誕生によって神が人と一つになるが、それはかつてキリストにおいて神性が人性と結合した歴史上の事実にもとづいて成り立つのである。人間は本性上神の像に造られているので、神は人間のうちに誕生し、神人の合一がなされる。

しかし神を受容するためには原罪によって暗くされた魂の根底を清め、神が宿りうる住まいを準備しなければならない。「人間が場所と根底を準備するとき、神がそこをまったく満たしたもうことは疑いない」。そのためには我意に拘束された意志を放棄しなければならない。「愛する者よ、実を結ぶためには、麦の種は死ななければならない。あなたは自己自身の意志を根底から死なしめなければならない」。こうして自然のままの意志が死して神に献身した新しい意志でもって神の意志に合致し、同形となるのである。タウラーのいう「魂の根底」は創造された人間の内心であるが、自然のままでは神を宿し得ない。だがそれは理念的には「神の像」であり、「火花」「第三の人間」と呼ばれる。彼はさらに創造されたのではない根底についても語り、これにより神自身が人間に宿るという。したがって「魂の根底」は神人の出会う場であり、神を受容する力をも意味している。

タウラーは実践的にはベルナールに従い「謙虚」を強調するが、ディオニュシオス・アレオパギテースの影響によって神は「無」であるから、神に一致して無とならねばならないと説く。「神が人間精神を全く無とし、精神自身もこれに合一して無とされうるとしたら、精神が全く融合している無に対する愛からそれを行なうであろう。なぜなら精神は一なる者以外の何ものも知らず、愛せず、感じないからである」。謙虚によって神の無の中に沈む者は神秘的合一により「唯一的なる一」に達する。こうして「謙虚は深淵の中に全く沈降する。そして自己の名称を失い、純粋なる無に立ち、もはや謙虚について知らない」。謙虚の「徳はその名前を喪失し、存在になっている」。

このようなタウラーの実践的で敬虔な神秘思想は一五世紀から一六世紀にかけて高い評価を獲得し、若きルターにも大きな影響を及ぼした。

『ドイツ神学』の霊性

『ドイツ神学』（テオロギア・ゲルマニカ）は別名フランクフルターとも呼ばれる。著者不明のこの作品についても一言述べておきたい。著作年代は一四世紀の末頃と推定されるこの神秘主義の原稿は、ルターにより発見され、出版された（断片一五一六年、完全写本一五一八年）。そこには罪悪意識が深みを加えられ、「地獄への放棄」の思想が展開しており、ルターによってタウラーの作品ではないかと考えられたほど、思想がタウラーに似ている。

神との合一は神が人と成った事実にもとづいている、とまず説かれる。「だから神は人間の本性もしくは人間性をとりたもうた。神は人間となった。そして人間は神化した。というのは改善が生じたからである」。だが合一が生じるためには自我と我意のすべてを放棄する完全な自己否定によらねばならない。「地獄には我意のほか何もない」。無私の愛の基準は神の意志が実現することだけを願うから、呪われても「地獄に放棄」されても満足することに求められる。次に罪責意識が我意、とりわけ自己追求において生じている。「罪とは被造物がこの恒常不変な神から背反し、可変的なものに転向すること以外の何ものでもない」とまず規定した上で、その背反と転向の原因を次のように明確にしている。「悪魔が行なっていること、その背反と墜落を引きおこしたものは、彼が何ものかであり、また何ものかであろうとし、あるものが何らかのものであって自分に属すると思い込むことに外ならなかった。このうぬぼれ、自分の「わたしが」「わたしに」「わたしの」〔という自己追求〕が悪魔の背反と墜落であったし、今日においてもそうである」。この悪徳は本性の病であって、義人にも認められるゆえに、すべての人は救われるために恩恵の赦しを求めるべきである、と説かれた。

ルターは本書の表題に「アダムとキリストとは何か、如何にしてアダムはわたしたちのうちに死に、キリストは甦るべきかを正しく理解する宗教書」という見出しを付けた。事実、この書の中にはアダムとキリストとの対比が古い人と新しい人との比較により論じられ、キリストの十字架も強調され、キリストによってのみ神との一致が可能であると説かれている。彼はこの書物にある自己追求としての罪の理解およびアダムとキリストとの人間学的対比に共感したであろうし、またそれらを学んだことであろう。しかし、神秘主義の特徴は魂における神の子（言）の誕生にあるため、義認が他なる義（aliena iustitia）として法廷的宣義とは考えられていないところにルターとの決定的相違が認められる。とはいえ法廷的表象に生命を与えたのはキリストとの交わりという神秘的生活であったといえよう。

近代的敬虔

一五世紀に入ると近代的敬虔（devotio moderna）の運動がネーデルラントを中心にして活発に

なってくる。この運動は一四世紀の終わりに創始者ヘールト・フローテによって霊的生活の復興を目指して開始され、主として一般信徒の交わりからなる「共同生活兄弟団」を結成し、修道士風の共同生活を営んで学校教育、病人の看護、慈善事業に、また書物の筆写や教育にたずさわって、人文主義の運動をも促進させた。「ドイツのペトラルカ」と呼ばれていたアグリコラは人文主義のとキリスト教神学を調和させようと試み、この派の指導者であった。

近代的敬虔は一五世紀キリスト教神秘主義を開花させ、リュースブルクやトマス・ア・ケンピス（一三八〇頃～一四七一）の美しい思想を生んだ。この派の精神はトマス・ア・ケンピスの作品といわれている名著『キリストにならいて』のなかに古典的表現をもって述べられ、なによりも個人の内面的生活を強調し、キリストの生涯を黙想することをすすめている。この書物の巻頭のことばは次のごとくである。

わたしに従うものは暗い中を歩まない、と主はいわれる。このキリストのことばは、もし本当にわたしたちが光にてらされ、あらゆる心の盲目さを免れたいと願うならば、彼の生涯と振舞とにならえと、訓《おし》えるものである。それゆえキリストの生涯にふかく想いをいたすようわたしたちは心をつくして努むべきである。……ことに高遠なることばが、聖徒や義人を作るものではなく、徳のある生活が人を神に愛されるものとするのである。わたしは悔恨の定義を知るよりも、悔恨の情を感ずることの方を選ぶ。たとえ聖書のすべてを外面的に知り、あらゆる哲学者の言ったことを知るとしても、神の愛と恵みとがなければ、その全てに何の益があろう。神を愛し、それだけに仕えること、それ以外は、空の空、すべてが空である（コヘレト一・二）。この世を軽んずることによって天国に向かうこと、これが最高の知恵である。（『キリストにならいて』大沢章・呉茂一訳、岩波文庫、一九六〇年、一五〜一六頁）

この実践的で霊的な敬虔はとくに謙虚を最大の徳として説いている。全能者にして創造者なる神の御子が「あなたのために卑下して人に屈服した」ゆえに、「塵芥で無」なる者が神に服従することは当然である。「つねにあなたを最底のところにおきなさい、そうすればあなたに最高が与えられるであろう。……そして栄誉が高まるにつれて、自己においては謙虚なものである」（前掲訳書、八八頁）。実際「貧しく、裸である」者に恩恵は与えられるからである。ここから神秘主義の神との合一のモチーフが恩恵のわざとして次のように語られている。

だがもしわたしが身をつまらぬ者、取るに足らぬ者といやしめ、自慢の心をすっかりうち捨て、本来そうであるとおり、自分を塵芥にひとしくすれば、あなたの恵みはやさしくわたしをいとしみ、あなたの光明はわたしの心に近づきましょう。そしてあらゆる自尊の思いは、たとえどんなにわずかであろうと、わたしは無の谷底に沈められ永遠に滅び去りましょう。……もしわたしが自分だけに放置されていれば、それこそ全くわたしは無で、何の力もないものです。けれども、もしあなたがちょっとでも御目をかけて下さったなら、たちまちわたしはしっかりとして、新たな喜びに満たされるのです。そして自分の重みでいつも奥底へと沈んでゆく身が、いきなり高く引き上げられて、こうもやさしくあなたの腕に抱かれるのは、何とも驚くばかりのことです。（前掲訳書、一一七〜一一八頁）

近代的敬虔によりドイツ神秘主義はキリスト教的敬虔にまで一般化され、中世末期の宗教性に大きな影響を与えた。エラスムスがここから出発し、ルターも少年時代にこの派の教育を受けている。

第10章
ダンテと中世文学の思想

中世文学の展開

ヨーロッパ中世の文学はロマンス語による国民文学として誕生し、すぐれた傑作を多数残している。まず、その主なものを列挙してみる。

(1)『ベーオウルフ』作者不祥の八世紀の作品（推定、下限は一一世紀）

中世イギリスの英雄叙事詩。正義を愛する若き勇士ベーオウルフは夜ごとに襲いくる怪物グレンデルの悪業に苦しむデネ（デンマーク）の王の噂を耳にし、海を渡って救援に赴いた。彼と怪物のあいだに壮絶な一騎打ちが始まる。スカンジナビアの伝説を題材に、英雄の武勇を力強くうたいあげた古英詩の記念碑的作品である（『ベーオウルフ』忍足欣四郎訳、岩波文庫、一九九〇年）。

(2)『ニーベルンゲンの歌』作者不祥の一二世紀の作品

北の国ドイツの英雄叙事詩で「ドイツのイリアス」と称せられる傑作。ネーデルラントの王子ジーフリートはブルグンド族の王グンデルの美しい娘クリームヒルトと結ばれるが、ハゲネの魔手に倒される。貞実な妻は夫の仇を討つためにフン族の王エッツェルと結婚し、自分の肉親もろともブルグンド族を滅ぼすことによってハゲネを討とうとする。そのため王エッツェルをも犠牲となった。こうして武力本位の英雄主義とエゴイスティックな封建的共同体は必然的に悲劇的終末を迎える(『ニーベルンゲンの歌』相良守峯訳、岩波文庫、一九五五年、一九七五年改訳)。

(3)『トリスタン・イズー物語』ベディエ編

一二世紀のフランスで書かれたとおぼしき純愛の伝説物語が、一八九〇年に編集されて出版された。「プロローグ」にはこう書かれている。「みなの衆、聞き給わずや、愛と死のこの美しき物語を。これはトリスタンと妃イズーとの物語、聞き給え、いかに二人の恋人は恋の大歓喜、大悲哀を嘗めて愛しあい、やがては同じ日のうちに彼は彼女のために、彼女は彼のために、死んでいったかを」(『トリスタン・イズー物語』佐藤輝夫訳、岩波文庫、一九五三年)。

(4)『ローランの歌』作者不祥

一一世紀から一二世紀にかけて創られたと推定されている。カール大帝がイスラムの勢力とスペインで戦った史実にしたがって書かれた「武勲詩」として有名なフランス最古の叙事詩であり、その比類ない美しさによって語り継がれてきた傑作である(『中世文学集2 ローランの歌 狐物語』佐藤輝夫ほか訳、ちくま文庫、一九八六年)。

(5)『オーカッサンとニコレット』一二世紀の作者不祥の作品

明るい南フランスのさる城主の若君が家老の養女に燃ゆる恋をしたが、その乙女はもとサラセンから買い求めた卑しい女奴隷であったので、城主も奥方もとうてい若君の望みを叶えてやることはできなかった。そこで若い二人は……と物語は進展していく。小さいながらも優雅で人間的で空想的な作品である。

(6)マロリー『アーサー王の死』

イギリスのアーサー王の下に集まった円卓の騎士の物語。物語の中心は騎士ランスロットと王の妃との恋愛であり、騎士道的な愛の傑作である(『中世文学集1 アーサー王の死』厨川文夫、厨川圭子編訳、ちくま文庫)。

(7)ギヨーム・ド・ロリスとジャン・ド・マン『薔薇物語』

一三世紀フランスの韻文物語。宮廷的愛が官能的になっているが、当時の生活様式を描いたものとして貴重な文献。世俗の文化理想が女性への愛の理想と融合しており、愛の様式化は情熱の狂暴な力をして高尚な規則に則して美しい遊びにまで高めさせたのであって、それを怠ると野蛮に転落する危険があった。「薔薇」は女性の秘密を象徴し、正編では愛情を指しているが、続編では女性の性器を指し、ポルノグラフィーに転落している。ここにルネサンスで開花する性の解放が主題となり始めている(『薔薇物語』見目誠訳、未知谷、一九九五年)。

宮廷的恋愛詩

一二世紀文学を代表する南フランスの吟遊詩人トゥルバドゥールは新しいヨーロッパ的な愛を生み出している。その特質は一世紀前の『ローランの歌』と比較すれば明瞭となる。ここでは武士の精神が讃美され、その責務を全うして死んでいく騎士的な精神が謳歌されるも、愛の雅びの精神に欠け、とくに女性に対する愛は語られず、故郷の許婚のことを死のきわにも想起しない。そこには、心身を挙げて女性に献身し、人格として尊重することがいまだ生じていない。

ところが一二世紀に入ると先に述べたように『トリスタンとイズー』という傑作が登場し、王妃イズーへの騎士トリスタンの「至純の愛」（フィナモル）が大いに賛美され、婦人の地位が向上するに至った。そこには背景として実際生活における婦人の地位の高まりが認められる。

これに対し宮廷的恋愛詩人によってヨーロッパ社会にまったく新しい愛が登場してきている。この「愛は一二世紀の発明である」と歴史家セニョボスは指摘しており、そこには男女の自由な相互的な愛が女性を高貴な存在として崇め、憧れの女性への熱烈で謙虚な愛を捧げる姿が見られる。ダンテの『新生』もこの系統に属する作品である。

ダンテの『新生』

ダンテ（一二六五〜一三二一）の『新生』（一二九二〜一二九三年）は、彼が一二八三年にアルノ河畔で絶世の美女ベアトリーチェと出会い、彼の生涯の方向が決定されたこと、さらに彼女の死後に襲われた憂愁などを歌ったソネット集である。この作品は、ソネットとカンツォーネの形によって、きわめて優れた心情描写を書き残した。しかも『新生』の中で、一つ一つの詩の動機を説明する散文は、詩句そのものに劣らずすばらしいもので、詩句とともに、もっとも深い熱情によって全体を生気づけている。ブルクハルト（一八一八〜一八九七）は次のように語っている。

「ダンテはたましいそのものにたいして何の容赦もなく、その喜びと悲しみのあらゆる陰影を確認し、そのうえそれらすべてを、堅い意志力をもって、きわめてきびしい芸術形式にうちだす。もし人がこれらのソネットやカンツォーネや、そのあいだにはさまれた青年時代の日記のふしぎな断片を、注意ぶかく読むならば、全中世を通じてすべての詩人が自己自身から逃避し、ダンテに至ってはじめて自己を探求したのではないかと、思われる。巧妙な詩節は、ダンテ以前にも無数の人が組みたてた。しかしダンテは、意識して不朽の内容を不朽の形式に形成するのだから、はじめて完全な意味の詩人だと言える。ここでは主観的な叙情詩が、完全に客観的な真実さと大きさをもっている。たいていのものは、どの国民にもどの時代にも、それを習得し追感することができるように仕上げられている。『神曲』がなかったとしても、ダンテはこのたんなる青春の物語だけで、中世と近代との境界石になっていたことであろう」(『イタリア・ルネサンスの文化』柴田治三郎訳、中央公論社、三五四〜三五五頁)。

実際、その構想と根本理念は中世に属するもので、わたしたちの意識には歴史的にしか訴えないにしても、本質的に見ると、その豊かさのゆえに、また高度の造形力のゆえに、わたしたちはここにすべての近代詩が始まっていると感じる。次の愛の賛歌は同時に愛の神化(マリヤ化)でもある。

私の淑女が目に『愛』をたたえれば、彼女をながめる人をば高貴にするし、
彼女が道をとおるとき人はふり向き、また彼女が会釈すれば心はふるえて
顔をば伏せ、そして色をうしなって、自らのすべての欠点のため溜息をつき、

傲慢および憤怒は彼女からのがれ去る。婦人らよ、私が彼女を敬うのを助けよ。すべての甘美な思いと謙遜な思いは、彼女の言葉を聞く者の心に生まれる。彼女を初めて見たものは讃うべきだ、彼女を初めて見たものは讃うべきだ、かすかに微笑するときの彼女の姿はえもいえず、記憶にもとどめにくい、それは高貴な奇しき奇蹟であるから。それはあたかも奇蹟をしめすために天から地へ遣わされた者の如くだった。（野上素一訳、『筑摩世界文學大系11ダンテ』一九七三年、三五四〜三五五頁）

ダンテの『神曲』

『神曲』（一三〇〇〜一三一四年頃）は当時のトスカナ語で書かれており、中世の階層的世界秩序を伝えているといわれているように、地獄・煉獄・天国の三重構成（それぞれ三三曲と一つの序曲を加えて一〇〇の完数を示す）に対応して欲望による秩序の破壊・愛の清めによる秩序の回復・無私の愛による秩序の賛美が語られており、キリスト教世界秩序に対する愛の一大讃歌となった。

森に迷い込んだダンテが人間理性を象徴するウェルギリウスと神的愛の化身であるベアトリーチェに導かれて罪・苦悩・絶望からなる地獄を通り、信仰による罪の清めである煉獄を経て、神の啓示と愛により人間が生まれ変わる道程が描かれた。多用される比喩と隠喩が難解であるのみならず、背景にある当時の政治と思想、さらに自然学とが簡単な理解を阻んでいる。しかし、短い言葉で表現されている人間性の理解がきわめて深く、自然描写も美しい。

クルツィウスはダンテとウェルギリウスとの出会いについて次のように言う、

『神曲』の構想はウェルギリウスとの精神的出会いを基礎にしている。ヨーロッパ文学の範囲では、この現象に比較しうるものは少ない。一三世紀におけるアリストテレス復活は数世代の仕事であり、知的研究の冷たい光のなかに成就した。ダンテによるウェルギリウス復活は、一つの偉大な魂から他の偉大な魂に架かった炎のアーチである。ヨーロッパ精神の伝統はこれほど感動的な高さ、優しさ、豊かさをもつ状況を知らない。（クルツィウス『ヨーロッパ文学とラテン中世』南大路振一・岸本通夫・中村善也訳、みすず書房、一九七一年、五二二頁）

ダンテの内に甦ったウェルギリウスは地獄の入り口で天国へも地獄へも入れてもらえない人の呻き声に対して次のように語っている。

この惨めなさまは誉れもなく誹りもなく生涯を送った連中の哀れな亡霊のすがただ。神に仕えるでもなく、そむくでもなく、ただ自分たちのためだけに存在した邪悪な天使の群れとまじりあっている。……彼らについて語るな、ただ見て過ぎろ。（『神曲』平川祐弘訳、講談社、一一六頁）

地獄編にはあの有名なパオロとフランチェスカの恋愛物語が次のように歌われている。

愛は優しい心にはたちまち燃え上がるものですが、彼も私の美しい肢体ゆえに愛のとりことなりました。愛された以上愛し返すのが愛の定め、彼が好きでもう我慢のできぬほど愛は私をとらえ、ご覧のように、いまもなお愛は私を捨てません。愛は私ども二人を一つの死に導きました。（前掲訳書、二八頁）

この詩の中にある「彼もわたしの美しい肢体《からだ》のゆえに愛の虜となりました」に注目したい。「虜となる」現象とは霊性の積極的受容性が、神ならぬ人間的な価値を受け入れるときに起こる現象である。この本来の在り方からの転落態についてダンテは「ああ可哀想な、いかにも優しい相思《そうし》の情だ、それなのに彼らはそれがもとでこの悲惨な道へ堕ちてしまった」と嘆き、その場に倒れてしまう。だが、煉獄から天国に入ると、人間の観念の極限をも超えて心は高まっていくが、心を動かしているのは愛に他ならない。『神曲』の終わりにはこのように歌われている。

私の空想の力もこの高みには達しかねた。だが愛ははや私の願いや私の意《こころ》を、均しく回る車のように、動かしていた、太陽やもろもろの星を動かす愛であった。（同書五三六頁）

この神の愛によって人間の愛が動かされているかぎり、永遠の徳がそこに広がっており、愛と神とは「鏡のように互いに照らしあう」と語られる（研究ではルードルフ・ボルヒャルト『ダンテとヨーロッパ中世』小竹澄栄訳、みすず書房、一九九五年、中山昌樹『ダンテ神曲の研究』新生堂、一九二四年、岩倉具忠『ダンテ研究』創文社、一九八八年参照)。

ペトラルカ

一四世紀の中葉に活躍した桂冠詩人ペトラルカ(一三〇四〜一三七四)にわたしたちは初期イタリア・ルネサンスの代表的思想家を見いだす。ダンテが思想的にトマスに依存し神学的であったのに対し、ペトラルカにおける恋人ラウラへの愛はいっそう現世的で人間的になっている。彼は人間的なものを激しく願望し、探求しているが、それによっては決して満たされず、深い憂愁に陥り、やがて宗教を求めはじめる。そのためフマニタスは高まるに応じて宗教性を深めてゆくのである。したがって彼は自分の苦悩の解決を求めて、キケロやセネカ(前一頃〜後六八)のみならず、アウグスティヌスにも向かってゆく。しかし、ストア主義の説く知者にもアウグスティヌスの力説する恩恵にも満足しないで、自己の苦悩に没頭しながら、苦悩する魂の中に新しい自立と充実と豊かな生を見いだし、自己のうちに深まりながら自分を超え出ることなく、叙情的にかつドラマティックに自分の心の状況を表現している(『わが秘密』参照)。

このような自己の体験にもとづいてキリスト教信仰が新たに受容されてくる。つまり、このような自己の深淵的状況から神の恩恵が深く理解され、この基盤に立って異教文化の精華が摂取され、「真の文学」が創造される。ここにキリスト教的人文主義のすべての特質が次のようにそなわるにいたる。「この福音を真の文学の唯一不動の基礎として、その上に着実に人間的努力によって建て増してゆき、また、この福音に反しないような他のもろもろの教説を積みあげてゆくならば、いささかも非難されるいわれはないであろう」（近藤恒一『ペトラルカ研究』創文社、一六一頁からの引用）。彼の思想は近代に入るとヴァッラ（一四〇七～一四五七）やフィチーノ（一四三三～一四九九）、ピコ・デッラ・ミランドラ（一四六三～一四九四）、エラスムスに継承されている。

第11章
キリスト教共同体の終焉と近代への移行

最後に中世の社会・国家・政治思想の最終の局面と近代への移行過程について考えてみたい。この歴史的展開はアウグスティヌスの『神の国』に示されたキリスト教的なキウィタスの思想を現実の国家形態において実現する試みであったといえよう。そして事実、カール大帝の治世は神聖ローマ帝国という新しい国家共同体の建設に向かって進んでいったのである。そこには、キリスト教会の宗教的指導者と国家のキリスト教的世俗的統治者との美しい提携によって統治されるという「キリスト教共同体」（Corpus christianum）の理念がつねに追求されていたのである。この理念はイエスの「神の国」に淵源するかぎりにおいて古代的な民族的共同体の「閉じた社会」を超克しようとするものであったが、理念の現実化を諸国の統一からなるヨーロッパ的共同体に求めたのであった。こうして古代的民族の地盤から離れていっそう開かれた社会の実現を目指し、教会と国家との分離を認めたうえでの統一という中世統一文化を形成した。

カール大帝の時代の根底にあった指導的理念を要約すれば、教会と国家との提携、国民の形成、ヨーロッパ全体の結合、こうした基礎の上に立った文化の創設、しかもその文化は古代を継承しながらも、同時にまた近代の土台となるしかたで形成された。彼は、自ら良きドイツ人たることをもって任じ、文化の一つの要素を固持すると同時に、そのために他の要素を忘れることは決してなかったのである。彼の息子ルートヴィヒには三人の男の子があり、帝国は彼らの間で分割されることになった。長子のロタールが優遇され、それに対し弟たちはあたかも扶持王族のように扱われた。そのためにロタール、ルートヴィヒ、カール（シャルル）禿頭王の兄弟の間の争いが起こった。フォントネーの会戦が行なわれてロタールが敗れ、八四三年に有名なヴェルダンの分割となった。これによりカール禿頭王はマース河にいたる全地域、ルートヴィヒ（ドイツ王）はライン河にいたる全地域、またロタールは、一方では海に達し、また他方ではローヌ河にいたるライン沿岸地方（ロートリンゲン）とイタリアを得た。

六世紀から九世紀にかけてゲルマン諸族はローマ化し、ローマもその領地を次第に放棄し、ゲルマン化し続け、時にそれに抵抗するなど過渡的現象も起こった。この間の指導者層もローマ人とフランク人とが入り交じり、次第に後者が勢力を強めていく。当時のフランク教会の要職者は文化の担い手として国家の要職を兼務し、他方国王は教会の立法や行政にも関与し、教会から独立性を保っていた。中世の初期はこうした教会・修道院・国家・地方勢力・ローマ教皇との複雑な勢力関係の下にあり、その権力の均衡と調停に多くの時間が費やされた。高位聖職者の叙任権をめぐる闘争がここから生じ、皇帝の教会に対する権威は否定され、その支配は世俗に限られ、権威としては教会の下位に立つことが確認された。教権と俗権との分離と調停による統一という中世の基本的構造がここに成立することになった。

この文化はトマス・アクィナスのような壮大な神学体系を生んだとはいえ、国家の相対的独立が人間の自然本性と共に認められることになり、すでにトマスの体系においてもそれらは（たとえば民主制や社会契約さらに自由意志などのように）固有の存在を主張するに至っている。このような傾向は次の世代になるといっそう発展していって、キリスト教共同体の終焉を招きながら近代に移行してゆくのである。このプロセスで重要と思われる思想家を次に問題にしてみたい。

ダンテの『帝政論』

一四世紀に入るとイタリアを中心にルネサンス運動が胎動しはじめてくる。その先触れはトマスの神学体系にしたがう詩人ダンテの政治思想の内に告げられている。彼の『帝政論』（**De monarchia** 一三一〇～一三一二年）はこの時期の社会思想を代表するものである。フィレンツェの行政長官として教皇との会見中政敵によって追放され、流浪の生活を強いられた彼は、「世界君主」による人間の教化を通して平和の実現を願うようになった。この普遍的君主国の理想は、彼があるべき政治の基として「市民的共同体」（umana civilta=humana civilitas=human civilization）と呼んだ普遍的共同体の形成によって実現されると考えられた。これこそアウグスティヌスのキウィタス学説を継承するものであり、中世のヨーロッパ的統一の理念に相応しいものであった。『帝政論』で彼は平和のために世界王国が不可欠であり、この王国がローマでなければならないと説き、さらに地上の権威を主張する教皇権の問題を論じている。彼の主張の中心は二王国説である。人間は精神と身体との二つの本性をもっており、この本性に相応する二つの目的がある。前者が天上の楽園で、教会がそこへ導き、後者は地上の楽園で、皇帝がこれを司る。地上の目的は普遍的皇帝を通して実現されると言われるとき、アウグストゥス時代のローマの治世が考えられている。しかし、ここにはトマスが相対的な自律性を認めた国家の権利が最大限に拡大されている。国家と教会とは目的を異にする二つの組織である以上、一つのキリスト教的共同体という以前の理想は放棄されており、両者は相互に独立していて、しかも協力し合う関係におかれている。ここに近代化への一歩が踏みだされているとも言えよう。

このように中世末期の社会思想は教会と国家との関係をめぐって、両者間の権利の譲渡関係を中心にして展開していく。いまや両者の統一から分離へと、つまり「カイザルのものはカイザルに、神のものは神に返しなさい」（ルカ福音書二〇・二五）の原理に則って政教分離の理想へと立ち向かうことになった。そこには神聖ローマ帝国と封建領主からなる中世的社会構造が解体し、新しい都市の建設と中央集権化による近代の君主国家の誕生とに向かって歴史が進行していたのである。政教分離の思想をさらに押し進めて、これまでとは逆に教会を国家に従属させようとする思想が次に出現してくる。

マルシリウスの『平和の擁護者』

パドヴァのマルシリウス（一二九〇～一三四二）の『平和の擁護者』（**Defensor pacis** 一三二四年、一五二二年刊）がそれである。彼はダンテ同様イタリア都市国家の出身で、北イタリアでは裁判権をめぐって教皇と国王との間に長い闘争が続いていた。彼は教皇ヨハネス二二世（一二四四？～一三三四、在位一三一六～一三三四）の野望に公然と反対を表明し、帝国の権利を主張したバイエルン公（後の神聖ローマ皇帝、イタリア王）のルートヴィヒ四世（一二一四～一三四七）の下で活躍し、帝国の擁護者としてこの書を著わした。マルシリウスは政治的共同体の平和を達成するために国家の固有の権限と管理力とを確立し、教皇権とその階層秩序とが世俗の問題に介入し混乱を来すことを阻止すべきであると主張した。共同体の平和は本質的には諸利益の交換が円滑に行なわれることに基づいている。「平穏さというものは、都市国家や王国をよく秩序づけるもので、それによって、各部分はそれが定められている目的や理性にしたがって、それに適合する活動を十分に果たすことができる」。このように古代的な都市国家の理想がここでは領邦的な王国という西方の大きな共同体に適用されている。

その際、彼が強調したのは教会が内的な思想の世界に関わっているのに対し、国家は外的な行動の世界に関わっているということと、国家社会における指導力は「人的立法者」（legislator humanus）にあり、政治的共同体の全体に主権の根拠を置いたことである。この主権在民の主張は選挙による共和制の統治形態、少なくとも、選挙による君主制をめざしていたといえよう。とはいえ彼は民主主義的多数決の原理を単純に説いていたのではなく、「法が作られるための共同体における人々の量と質」を説き、理性的な正常な自由人の判断に政治の究極の根拠を求めた。こうした人民主権理論は教権の政治への介入（たとえば異端者の処罰）に対する批判と攻撃とを導きだし、彼は教皇権と司教の階層秩序的指導権は人為的であり、キリストがペトロに与えた神の国に入る「鍵」の権利は疑わしい、と説いたため、異端とみなされた。しかし彼の人民主権と代表権の学説は、この時期の社会思想として特記されるべきものであり、先にダンテが普遍的な

「世界君主」に求めた救済策が「人的立法者」に求められている点で、社会契約説の説く「共通意志」に近づいているといえよう。

クザーヌスの『普遍的一致』その他

マルシリウスからルターにいたる二〇〇年の間にも、社会思想の歩みは、基本的人権の根拠となる自然法や自然権の問題、さらには代表制によって生じた共同体と支配者との権力の配分の問題をめぐって展開している。自然法の問題ではトマス・モア（一四七八～一五三五）の『ユートピア』（Utopia 一五一六年）が自然法に基づいた理想社会を描いて同時代の社会批判をしたが、代表制の問題ではニコラウス・クザーヌス（一四〇一～一四六四）の『普遍的一致について』（De concordantia Catholica 一四三四年）が万人の生まれながらの自由に立つ平等思想に基づいて支配者と被支配者との相互の調和的協力を説いて、教会の階層秩序と代表制とを調和させようとしたことが、注目に値するといえよう。また、マルシリウスと同じくバイエルン公のもとに逃れて活躍したオッカムのウィリアムが、王権と教権との双方にわたる教皇の至上権（Plenitudo potestatis）の越権に抗議して書いた『要論』（Breviloquium）で、地上の権力の正当性は市民法の専門家によって判定されるべきだ、と主張したことも注目に値する。

中世から近代への深い溝

ヨーロッパで実現したギリシア思想とキリスト教との文化総合の核心は、これまで考察してきたように宗教的な霊性が哲学的な理性と統合されながら展開するところに求められた。この総合の試みは近代に入っても初期の段階では、つまり宗教改革の時代にはキリスト教信仰がいっそう世俗社会に深く浸透していったばかりか、世俗に積極的に関わる実践となり、行動的になっていった。そこには霊性が愛として開花することになる。ところがこの愛による世俗への関わりは優れた霊性の発露であったが、この「世俗化」はいつしか俗物根性に染まった「世俗主義」に転落し、世俗化自体の本来の特質を大きく変質させてしまった。

こうした世俗化によるヨーロッパ社会の変化は「キリスト教共同体」の崩壊という現象を引き起こした。それは西欧の信仰の分裂に由来する教派的な対立と戦争の時代に発生したといえよう。この共同体は中世初期のヨーロッパ文化によって生まれ、続いてキリスト教的な中世全体を通して維持され、宗教によって新しい人間像を形成しながら、一致した社会意識の基盤となっていた。

このヨーロッパ思想史における重大な変化を最初に指摘し、歴史的に実証したのは、アメリカの歴史家セオドア・K・ラブ（一九三七〜二〇一九）である。彼は第二次世界大戦以来のさまざまな歴史研究の成果を集めた研究を発表し、ヨーロッパにおける一六〜一七世紀の危機について、また一七世紀中葉以後の時代の変革と新しい出発とを探求した。さらに一七世紀の後半、教派戦争の終わりの段階で、とりわけドイツにおける三〇年戦争の時代に、全ヨーロッパ史の進展における「深い溝」が生じたという結論を発表するに至った。またこの溝の後、人間に関する根本的に新しい態度と思想が、「宗教的な不寛容の後退」によって生じたと説いた。（ラブの学説についてはパネンベルク『近代世界とキリスト教』深井智朗訳、聖学院大学出版会、一九九九年、五二〜五四頁、一〇三～一〇四頁を参照)。

こうした世俗化へ向かう根本的動向はドイツの領邦国家体制で起こった大きな変化である一五五五年のアウグスブルク宗教和議の決定にはじまる。そこでは「領邦ごとに宗教が定められる」(cuius regio,eius religio)原則に示され、これによっても根本的な変化がすでにはじまっていた。

事実、この時代に生じた変化は新しい自然法と新しい人間学の基礎を確立した。それゆえパネンベルク(一九二八～二〇一四)は言う。「自然法と結びついた政治的主権の教説は、人間学という基盤を必要としたので、ここでも既に原理的には社会と公共文化とを基礎付けるものは、宗教ではなく一般的人間概念から引き出されるという転換が起こったのであった」(前掲訳書、四九頁)と。

そうすると、新しい近代の人間学こそ、実際、世俗化の最大の原因なのである。つまり人権やすべての個々人に共通な本性という人間概念が、今日の世俗化した社会においては、少なくとも西洋的なデモクラシー社会においてはかつて宗教によって担われていた位置を占めている(パネンベルク前掲訳書、四八～四九頁)。この指摘は近代の人間学の特質を捉える上できわめて的を射た発言である。

同様のことは一時代前の神学者トレルチ(一八六五～一九二三)の歴史観と一致している。彼は宗教改革と近代とを直接結びつけることなく、その著作『ルネサンスと宗教改革』で論じているように、宗教改革それ自体はなお中世に属し、近代は確かに宗教改革との関連を保持していても、その厳密な意味での出発点は、宗教改革がもつ中世的な構造が崩壊した後、いわゆる新プロテスタンティズムによって開始する、と主張した。したがって近代世界は一六世紀の宗教改革によって成立するというよりは、むしろ一八世紀の啓蒙主義と結びついて成立すると考えられる。それゆえトレルチは、宗教改革の近代思想に与えた影響は間接的にとどまっており、偶然的な副作用もしくは不本意な結果にすぎないと考えた。

Ⅲ　近代

第12章
ルネサンスと宗教改革の思想

ルネサンスと宗教改革の時代は中世から近代への過渡期で、ヨーロッパ世界の全体的変革期でもあって、創造的な力に満ちた世界であった。この時代には優れた思想家が登場してくるが、その思想的な特質は何であるかを考えてみよう。

ルネサンスとは何か

ルネサンス時代の人文主義の王者エラスムスは一五一七年に「不滅の神よ、なんという世紀がわたしたちの眼前に展開しようとしていることか。若返ることができたら、どんなにうれしいことだろう」(ギョーム・ビュデ宛ての手紙)と語ったが、ルネサンスは精神・文化・知識の、つまり思想の「若返り」としての再生を意味する。イタリアを中心とする一四世紀から一六世紀にわたる文化的事象は、有名な歴史家ブルクハルト(一八一八〜一八九七)によって「世界と人間の発見」という特色づけをもって「ルネサンス」と呼ばれた。このルネサンスという語は「再生」を意味しており、古代文化の復興というかたちでイタリアで起こり、中世の世界像を解体し、新しい近代的世界像を形成していった。それに対しアルプスを越えた西ヨーロッパでは新約聖書に立ち返って中世の教権組織と対決し、キリスト教自体の刷新に向かう宗教改革の運動が新しい時代への転換をもたらした。宗教改革もキリスト教自体のルネサンスであった。それゆえルネサンスはギリシア・ローマの古典文化を尊重したとはいえ、全体的にみるならば、宗教的性格を保持していた。この時代のヨーロッパ思想の特徴を理性と霊性の視点から考察してみたい。

イタリア人文主義の思想――ペトラルカ、フィチーノ、ピコ・デッラ・ミランドラ

この時代にキケロやセネカの古典的人文主義の復興として発展した古典文献学は、ギリシア・ラテンの古典文学の教師や学徒から生まれてきた。この人たちは古くからフマニスタ（humanista）と呼ばれ、古典文学と結びついた文体や思想表現にみられる典雅・適切・単純・明晰という一般的特質、さらにそこから生じる円満な教養・調和・協力・平和を愛する精神がルネサンス人文主義の思想を形成していった。とりわけ人文主義の「ヒューマニズム」（humanism）という表現の中には、ラテン語のフマニタス（humanitas 教養・人間性）が含まれており、中世を通して培われてきた罪深い存在としての人間理解ではなく、「より人間的なもの」を、ギリシア・ローマの古典の「より人間的な文芸」（litterae humaniores）の研究を通して求め、かつ、新たに形成し、人間の尊厳を確立することが、共通の思想的主題となった。

ペトラルカのヒューマニズム

一四世紀の中葉に活躍した桂冠詩人ペトラルカ（一三〇四～一三七四）は初期イタリア・ルネ

サンスを代表する優れた思想家である。ダンテが思想的にトマス・アクィナスに依存し、神学的であったのに対し、ペトラルカでは恋人ラウラへの愛がダンテよりも現世的であるばかりか、とても人間的になった。彼は人間的なものを激しく願望し、探求しても、それによっては決して心が満足をおぼえずに、深い憂愁の感情に襲われ、やがて宗教に救いを求めはじめる。そのためフマニタスは高まるに応じて宗教性を帯びてくる。したがって彼は自分の苦悩の解決を求めて、キケロやセネカのみならず、アウグスティヌスにも向かってゆく。しかし、ストア主義の説く知者もアウグスティヌスの力説する恩恵にも彼は満足しないで、自己の苦悩に没入しながら、苦悩する魂の中に新しい自立と充実および豊かな生を見いだし、自己のうちに深まりながら自分を超え出ることなく、叙情的に、かつドラマティックに自分の心の状況を表現するようになった（ペトラルカ『わが秘密』近藤恒一訳、岩波文庫参照）。このような体験にもとづいてキリスト教信仰が新たに受容されるようになる。この間の事情は『宗教的閑暇』で次のように述べられた。

神は確かに最善のかたである。だが、わたしは最悪のものである。こんなに大きな矛盾するもののあいだでどんな釣合があろうか。最善のあのかたからは嫉妬が全く遠のいているのを、教会の権威のみならず．プラトンの主張によっても、わたしは知っている。それに反し不義がいかに固くわたしを拘束しているかもわかっている。……神には不可能なことがないのに、わたしはかくも大きな罪の重みに制圧されて立ち上がることができない。神には救う力があるというのに、わたしは救われえないのである。

このような自己の深淵的状況から神の恩恵が深淵的に理解され、この基盤に立って異教文化の精華が摂取され、「真の文学」が創造される。このようなペトラルカのキリスト教的人文主義の思想はその後ヴァッラやフィチーノ、ピコ・デッラ・ミランドラを経てエラスムスに継承され、思想的にいっそう発展するのである。

フィチーノのプラトン主義

この時期のルネサンスでの古典哲学の復興について考えてみよう。その中でも代表的な例を一五世紀後半に活躍したフィレンツェのプラトン主義者フィチーノ(一四三三〜一四九九)にもとづいて考察してみたい。彼はプラトンの全著作をラテン語に訳し、『饗宴』と『ピレボス』の注解書を書き、大作『プラトン神学』を完成させた。彼はプラトン主義の形而上学、とりわけ新プラトン主義の存在段階説に立って、宇宙での人間の地位を確定した上で、ルネサンス的な「人間の尊厳」という主題を追求する。彼によると人間は身体と霊魂とから成り、物体界と知性界との中間に位置を占め、神や天使の下にあっても、質料や物体の上にそれに優るものとして立っている。人間の霊魂は上なる知性界に関わり、神との類似性をもち、神に至ろうとし、善をすべて達成しようとする。霊魂の働きの中でも意志に対し知性の優位を説くところに、彼のプラトン主義の特質が次のように示される。

知性は自分の観念によってそれ自体では盲目な意志を動かしている。だから意志よりも知性に究極目的は一致する。なぜなら、各自が自分の好みにより働くなら、知性は自己の善に向けて意志を動かし、意志の方は奴隷的で盲目であるため、知性に従属しているからである。

(Ficino, The Philebus Commentary, by M. B. Allen, p. 311.)

このような自己の善から逸脱して奴隷状態に陥っている意志の洞察は、同時に、そこからの自由を真剣に考察するように彼を導いた。人間の知性や理性は身体や物体に依存しないで知性界に向かい、神の無限の完全性に近づくことができる。ここに人間の尊厳があるとしても、実はこの最も高い頂において自分の不完全性を人は知るに至る。それを知るようになったのは、人間が自由意志によって自然の秩序に違反し、その意志に混乱が生じた結果なのである。それでも神学者たちがいうように、神の力は、霊魂を神の方に動かしている。彼は言う。「それゆえ、霊魂をもっぱら無限へと向けて動かすもの自体は、ただ無限な力にほかならない。その力は意志の自由な本性に応じて選択されるべき道へ向かって、最大限に自由な仕方で、精神を運動させる」(『精神に関する五つの問題』『ルネサンスの人間論 原典翻訳集』所収、佐藤三夫訳編、有信堂高文社、一九八四年、一六六頁)。それでも霊魂は虚弱な身体にとどまるかぎり、あらゆる事物を必要としており、そのため精神は不安で、悲惨となり、天上界における身体の幸福を願望するが、これを満たすのはキリスト教の宗教である。それゆえ哲学と宗教は二つとも神の賜物であって、両者のあいだには一致がある、と彼は説いた。

ピコ・デッラ・ミランドラの「人間の尊厳」

このようなフィチーノの思想は同時代人のピコ・デッラ・ミランドラ（一四六三〜一四九四）によってさらに発展するようになった。ピコはギリシア哲学のみならず、ヘブライ語で旧約聖書に親しみ、スコラ哲学をも修得し、キリスト教とギリシア哲学とを知的に調和しようと試み、意志の理解ではプラトン主義にとどまったフィチーノを超えて、無制限な自由のなかに生の最高の可能性を実現しうると見なす人間の尊厳を説くに至った。彼は人間の自由を力説する。人間は他の存在者が現実にもっているものをまず可能性としてもち、それを自己の意志によって実現する。だから、善と悪の間ばかりでなく、自己の最高の可能性と最低の可能性との間で決断し、自らを高めて創造することが、堕落の危険を賭けて、遂行される。したがって人間の尊厳は自己の最高の可能性が選択される時にのみ実現される。ピコは『人間の尊厳についての演説』の中で最初の人アダムが天と地、死すべき者と不死の者との中間におかれ、自己の自由意志によって自己を形成し得る、と主張し、神がアダムに次のように語ったと言う。

汝はいかなる制約によっても抑制されないで、わたしが汝をその手中においた自由意志にしたがって自己を決定する。わたしは世界の真中に汝をおいた。それは世界の中にあるすべてのものをそこからいっそう容易に考察するためである。わたしは汝を天のものとも地のものとも、死すべきものとも、不死なるものとも造らなかった。それは汝が自由で名誉ある造り主また形成者のように、自分が選んだどのような形にでも汝自身を造りだすためである。汝は堕ちて獣の世界である低次のものとなることも、神的なものである高次のものに自分の心の判断によって再生されることもできる。（G. Pico della Mirandolla, *De Hominis Dignitate*, ……A cura di E. Garin, p.106. 邦訳では『人間の尊厳についての演説』『ルネサンスの人間論 原典翻訳集』所収、佐藤三夫訳、有信堂高文社、一九八四年、二〇七頁）

人間の尊厳はその置かれた宇宙における位置にあるのでも、自然本性にあるのでもなく、自由な意志によって道徳的で知的な生の最高形式を選択し自己を実現することにある。つまり自由意志によって自己創造をなす主体性のうちにある。「人間は自分の欲するものとなることができる」。このような自己創造者としての自律的人間像のなかに近代的人間の基本的特質が次第に明白に表明されてくる。もちろんピコは自己形成者として人間を造った神の創造の恵みについて語り、この恩恵に正しく対処し、聖なる大望をもって神と合一すべきを説いた。そればかりか、そこに至るのを妨げる、内なる心の不和にも触れ、それは道徳哲学や神学によって鎮圧されると楽観的に考える。また、異教の哲学とキリスト教および諸宗教がこの超越に対し備えられていると述べ、一種の折衷主義に陥っている。そのためペトラルカで確立されたキリスト教的基盤はゆるみ、キリスト教を諸宗教と同等視する相対化のゆえにキリスト教人文主義も変貌するようになった。

ウォルター・ペイター（一八三九～一八九四）はかつて名著『ルネサンス』で「一五世紀のルネサンスは、多くの点で、達成したものよりも企図したものによって偉大であった」（ウォルター・ペイター『ルネサンス』別宮貞徳訳、冨山房百科文庫、一九七七年、四一頁）と語ったが、このことは早世したピコに最もよく妥当する。実際、ルネサンスの人文主義は人間の尊厳を追求してやまなかったが、その価値は追求された目的の実現よりも、目的を高くかかげて努力する傾向に移っていった。この意味で古典文献学やプラトン主義も、人間の尊厳を無限に追求し明確にするため、導入されたのであった。したがって「古代文学の媒体によって彩られ、規定されていても、認識の力は時代と国民の中にあったのである」（ブルクハルト『イタリア・ルネサンスの文化』三五〇頁参照）といえよう。したがってこの思想は、いまだ新しい社会を形成するといった性質のものではなく、「関心方向の変化」にあるとトレルチが言うように、やがては近代の自律思想への道を切り開くようになる（トレルチ『ルネサンスと宗教改革』内田芳明訳、岩波文庫、一九五九年、二七～二八頁）。

調和の哲学――ニコラウス・クザーヌス

華やかに開花したイタリア・ルネサンスの宮廷からアルプスを越えたドイツ、オランダ、またフランスに目を移すと、後期ゴティック様式の巨大な諸聖堂の下に激しい信心の世界が開けてくる。ここでの人文主義運動は倫理的で宗教的な性格を堅持し、学芸の復興や教育にたずさわっただけでなく、神秘主義的な傾向の神学研究が熱心に探求された。このような方向転換を促したのは「近代的敬虔」の運動であった（本書一五四～一五七頁参照）。

この「近代的敬虔」の流れから「ドイツのペトラルカ」と呼ばれたアグリコラ（一四九四～一

五五五）が登場し、人文主義とキリスト教神学とを調和させようとする基本的態度を提示した。この時代には思想が古代にまで遡って復興されたため、世界観の対立が生じ、また教会政治と国家権力とが衝突し、戦争の絶えない激動の様相を帯びて来た。こうした対立と抗争とを調和させようとする新しい哲学が「近代的敬虔」の教育を受けた人たちのあいだから起こってきた。そのなかで有名な二人の思想家をとくに考察してみよう。

ニコラウス・クザーヌス（一四〇一～一四六四）はモーゼル河畔の町クースに生まれ、オランダに遊学しデヴェンターの聖レブイヌス参事会の名門校で既述の「新しい敬虔」の教育を受け、この時代の最大の問題であった東西両教会の統一や教育改革に枢機卿や司教として尽力し、対立を調和させる哲学思想を樹立した。彼の思想は中世哲学の決算書とも近代哲学の先駆的世界観ともいわれているように、中世と近代との狭間に立つ一五世紀を代表する真に独創的なものである。彼の思想のなかで最も有名な「反対の一致」（coincidentia oppositorum）と「知ある無知」（docta ignorantia）とをまず考えてみたい。

世界の事物は多種多様であり、差異・反対・矛盾の相によって対立していても、それらは根源的な一つの単純存在へ還元されうる。これは「極限への思考」によって行なわれる。すなわち、有限的なものの対立は無限性の見地からすると同一のものとなる。たとえば円と直線の対立は、円の曲線を極限まで進めると直線と一致するし、回転している独楽《こま》は静止しているように見えるばかりか、運動が無限に緩慢になると、静止と一つになる。だから有限な個体の多様性は無限性の下に統一されることができる。このような「反対の一致」をとらえるのは、感覚や悟性による認識ではなく、直観的で思索的な知性によるのであって、それは形式論理学を超えているため、悟性にとっては「無知」なものであるが、そのこと自体を自覚しているから、つまり無知であることを知っているから、「知ある無知」と呼ばれる。

次にニコラウスは有限な事物の多と無限性における一とを世界と神との関係として反省する。世界における多様な事物は神の展開であり、個体的な事物は神的一者が多様化したもので、絶対的に単純で無限に豊かな絶対者が特殊な「縮限」（contractum）をなしたものである。そこに個体の特殊性と独自性とがあって、論理的な類概念に属さない個性がある。被造物はこの特殊性を神から賜物として受け、愛し、保存し、完成させようと努める。個体のなかでも人間は神性の写しであり、生ける神の像であるから、自己を超越して原像に無限に近づこうとする。このような人間のうちなる無限の追求は神の無限性の現われである。もちろん、神は人間と異質で彼岸にある存在であるから、人間は自己の存在と能力によって自己形成をなさざるを得ないが、精神自身とその法則のうちに神的なものが現われている。とりわけキリストの中に全世界は完成した姿を見いだす。

人間の本性は、もし最大性との合一へと高められたならば、宇宙と個々のものとのもつあらゆる完全性の充実として現存するであろう。このようにして万物は、まさにこの人間性において最上の段階に到達するであろう。ところで、人間性は「これ」〔この人〕あるいは「あれ」〔あの人〕において縮限された仕方でしか存在しない。それゆえ、ただ一人のまことの人間〔キリスト〕ではなくて、それより多くの人たちが最大性との合一へと上昇しうるということは有りえないであろう。そして、この人はたしかに、神であるという仕方で人であり、人であるという仕方で神であり、宇宙の完成である。（『知ある無知』岩崎允胤、大出哲訳、創文社、一六九〜一七〇頁）

このような神秘主義的思考によるキリスト教の解釈は諸教派に対する寛容な態度を生み出し、カトリック教会の普遍性に立って信仰の和合を求め、彼自身教皇の側近でありながら教会の改革を説くことを可能にした。ニコラウスの思想を支えている「無限の思考」と「個体の完全性」への熱望のなかに、わたしたちは「調和の哲学」というルネサンスの思想が結実していることを理解できる。

エラスムスの「キリストの哲学」

オランダのロッテルダムの人、エラスムスはイギリスのジョン・コレット（一四六六〜一五一九）を通して聖書批判の原理とキリスト教人文主義を学び、一六世紀を代表する人文主義の思想を完成する。彼は言語、表現、文体を愛好し、古代的人間の叡知が彼の言葉によって再生し、ルネサンスが彼において「言葉の出来事」となって出現した。それは『対話集』や『痴愚神礼讃』のような文学作品のみならず、初期の哲学的代表作『エンキリディオン――キリスト教戦士必携』においても明らかである。わたしたちは彼の思想上の特色を「キリストの哲学」（philosophia

Christi）でもって捉えることができる。彼はコレットを通して知ったフィレンツェのプラトン主義の影響の下に、哲学とキリスト教とを総合的に捉える方法を確立し、その思想を「キリストの哲学」として提起した。

この種の哲学は三段論法の中よりも心情の中にあり、論争ではなく生活であり、博識ではなく霊感であり、理性よりも生の変革である。学者になることは少数の者にとって辛うじて成功するが、キリスト者であることや敬虔であることは誰にでもできる。わたしはあえて付言したい、神学者であることは誰にでも可能である、と。さらに最も自然にふさわしいことは、すべての人の心の中に容易に入って行く。キリストが〈再生〉（renascentia）と呼んだ「キリストの哲学」とは良いものとして造られた「自然の回復」にあらずして何であろうか。したがってキリスト以上に誰も決定的にかつ効果的にこれを伝えた者はいなかった。しかし異教徒の書物のなかにもこの教えに合致する多くのものを見いだすことができる。（『エラスムス神学著作集』金子晴勇訳、教文館、二〇一六年、二三五頁）

キリストの哲学の特質が、「理性よりも生の変革である」点と「良いものとして造られた自然の回復」――そこでの「再生」（レナスケンティア）は後にルネサンスと呼ばれた名称の一つの源泉となっている――とに要約して示される。わたしたちは一見すると不可解に思われる「キリストと哲学」との結合に中にギリシア哲学とキリスト教との「文化総合」の試みを見いだすことができる。こうしてエラスムスによって理性と霊性との総合の試みが最初から提示されていた、と考えることができる。

なお、ヨーロッパ全土を爆笑の渦に巻き込んだ不朽の名著『痴愚神礼讃』ではこれまでの彼の哲学と正反対の立場から人間について論じられる。というのは痴愚女神が自己礼讃の愚行によって人生と社会における痴愚の不可欠さを語っており、この女神は文芸の神ミネルヴァのまさに敵役なのであるから。こうして人々に痴愚と想われているものが実は知恵であり、知恵が逆に痴愚である点が軽妙に摘出され、真の知恵が「健康な痴愚」の中にあって、うぬぼれた知恵は「純粋な痴愚」にほかならないことが説かれた。彼は時代の危険な狂気を察知してこれを鎮め、キリストを信じる者に固有の超越的狂気を信仰として論じ、キリスト教世界の再生と改革とを志した。彼は政治の主権者が権力に訴えて戦争を起こしている時代の狂気に対してもたえず警告を発し続け、『キリスト教君主論』や『平和の訴え』を著わして、対立抗争し合う国家間に人文主義の立場から平和と調和とを説いた。これに対し君主も教皇も彼の発言に耳を傾けたため、一六世紀の前半は「エラスムスの世紀」ともいわれるようになった。こうして哲学が時代に内在する対立に調和をもたらした稀なる時代が出現したのであった。

ルターの信仰特質

一六世紀に流入する精神史上の潮流には後期スコラ神学、とりわけオッカム主義があり、これが「新しい方法」(via moderna) と呼ばれる学問運動となり、トマス主義に立つ旧来の「古い方法」（via antiqua）に対立するようになった。一四世紀後半にヨーロッパは黒死病（ペスト）に襲われ、既述のように、二〇〇〇万人を超える死者をだす猛威のもとではトマス・アクィナスの知性的な世界観ではなく、オッカムの「神の絶対的な権能」という神観によって悲惨な現実を直視するように迫られた。ここから神学から自然科学までの分野に「新しい方法」による新しい創造の試みがなされるようになった。

宗教改革は当時の教皇政治がもたらした弊害を批判する試みであったが、よく観察すると政治の領域よりもはるかに深遠な信仰の領域から、つまり神との関係で人格的に自己を理解する心の深みである「霊」や「霊性」から起こってきた。この領域は哲学的な理性よりもむしろ神秘的な心や信仰に関わっていた。

マルティン・ルター（一四八三〜一五四六）はキリスト教の教義の改革者とこれまで考えられてきたが、実はその師シュタウピッツ（一四六九頃〜一五二四）の影響のもと中世の神秘主義から大きな影響を受けており、若い時代からこの心や霊の問題に彼は関心を寄せていた。この神秘的な霊の観点からこの時代の思想家たちは神学思想を新たに樹立していった。とりわけルターはオッカム主義の教育を受けながらも、その問題点を克服する際に、ドイツ神秘主義との共感を深めながら、信仰義認論に立って宗教改革の思想を創造した。

信仰義認（信仰によって義と認められる）というのは、従来の主たる傾向であった行為義認（行為によって義と認められる）と対立する。彼はオッカム主義の修道精神にしたがって神の前に道徳的功績を立てることによって救済に至ろうとしたが、失敗する。そこで「信仰のみによって」

(sola fide) 神の前に義人と認定されることによって救済を体験した。それは「神の義」という言葉の「新しい認識」によって実現した。つまりそれは神が裁く正義によって義と認められるのではなく、信仰によって授けられる義、つまり能動的な義ではなく、受容する義と理解した。このような思想の特質は小冊子『キリスト者の自由』によって簡潔に示される。彼はこの書の冒頭でキリスト者を相対立する次の二命題で規定する。

① 「キリスト者はすべての者の上に立つ自由な君主であり、だれにも従属しない」
② 「キリスト者はすべての者に奉仕する僕であり、だれにも従属する」

この二命題によって「自由な君主」と「奉仕する僕」の矛盾にキリスト者は立たされても、この矛盾は内的な信仰によって授けられる義による自由と、愛による外的な行為の奉仕とに分けて考察され、この書の末尾では、信仰によって自由となった者はもはや「自己のために生きるのではなく、キリストと隣人のために生きる、すなわちキリストにおいては信仰をとおして、隣人においては愛をとおして生きる」と説かれた。したがって信仰と愛こそ善いわざであり、まず信仰によって善い「人格」となった者にしてはじめて善い「わざ」をなし得る。「どんな場合にも人格が、あらゆる善い行為に先だってあらかじめ善かつ義でなければならないのであり、善い行為がこれに従い、義しい善い人格から生じる」(ルター『キリスト者の自由』石原謙訳、岩波文庫、三五頁)。こうして信仰によって自由となった人格は、隣人に対し僕として愛のわざに励むのである。

この自由の高みから愛の低さに下ってゆく落差こそ信仰の燃えるエネルギーを生みだし、やがてプロテスタンティズムの職業倫理が新しい社会を創造する基盤を獲得するようになる。

ルターによるキリスト教的霊性の定義

霊性についてこれまでも暗示的にはその意義が提示されてきたが、ルターが初めてその著作『マリアの讃歌』でこれを正確に定義するようになった。この書はルカ福音書第二章にある「マリアの讃歌」を講解したもので、ルターはパウロのⅡテサロニケ五・二三にある「霊・魂・身体」の三分法について詳しく論じ、その機能について正確に次のように定義する。

第一の部分である霊（geist）は人間の最高、最深、最貴の部分であり、人間はこれにより理解しがたく、目に見えない永遠の事物を把捉することができる。そして短くいえば、それは家（haus）であり、そこに信仰と神の言葉が内住する。……

第二の部分である魂（seele）は自然本性によればまさに同じ霊であるが、他なる働きのうちにある。すなわち魂が身体を生けるものとなし、身体をとおして活動する働きのうちにある。……そしてその技術は理解しがたい事物を把捉することではなく、理性（vornunfft）が認識し推量しうるものを把握することである。したがって、ここでは理性がこの家の光である。そして霊がより高い光である信仰によって照明し、この理性の光を統制しないならば、理性は誤謬なしにあることは決してありえない。なぜなら理性は神的事物を扱うには余りに無力であるから。……

第三の部分は身体（leip）であり、四肢を備えている。身体の働きは、魂が認識し、霊が信じるものにしたがって実行し適用するにある。（Luther, WA. 7, 550 ドイツ語は原文のまま）

ここに語られているように、霊性によって理性が導かれて初めて理性も正しく用いられるとしたら、霊性の意義はきわめて重要となる。そこで霊の概念にわたしたちはまず注目してみたい。

この「霊」についての記述の中で最初に注目すべきは、その在り方であり、まず「人間の最高、最深、最貴の部分」であると述べられ、次いでそれが「家」であると語られる。さらに「霊」の機能は不可解で不可視な永遠の事物を把握することに求められる。なお、この「永遠の事物」は御言葉により啓示された神自身であって、霊は信仰によってこれに関わる。そのことは「家」のなかに「信仰と神の言葉が内住する」という表現により示される。そして霊は理性の光も自然の陽光も照らさない、したがって暗闇の中にある、神の住まいであって、そこに内住する神の言葉の語りかけを聞いて信じるという機能を備えている。ここに記されている霊性の特質を挙げてみよう。

①霊性と理性の関係

理性が信仰内容を合理的に解明し、知識を組織的に叙述していくのに対し、霊性は理性によっては把握しがたいキリスト・神・神性との信仰による一体化を目指す。しかし、この理性と霊性との関係は、理性が霊性によって生かされている限り理性活動に誤りは生じないと説かれる。これはきわめて重要な指摘である。

②神との出会いの場としての霊

この霊・魂・身体の三重構造は、聖書の幕屋（ユダヤ教の神殿の前身）の比喩によって「至聖所・聖所・前庭」として語られ、「この象徴のなかにキリスト教的人間が描かれている」と言う。なかでも「霊」についての発言がもっとも大切な問題を含んでいる。つまり霊が聖《きよ》くないと人間は人格的破綻をきたすからである。したがって「最大の戦いと最大の危険は霊の聖さにおいて生じる。すでに述べたように霊は、〔理性が〕把捉しうる事物にかかわらないため、まったく純粋な信仰においてのみ、その聖さが存立しているからである」（Luther, WA. 7, 551）といわれる。なお不可解な「永遠の事物」というのは、その御言葉によって自己を啓示する神であり、信仰によって人間は霊という「家」で神に出会い、その御言葉に寄りすがって初めて自分の聖さを保ちうる。それゆえ霊は人間が信仰において神と邂逅する場所であり、神の語りかけをそこで信仰は聞く。この霊こそ人間が自然本性に備えられているもっとも高貴な部分であり、ルターは人間の霊を神との出会いの場として把捉する。

③霊の統制作用

次に魂は霊と自然本性上では同じであっても、働きを異にし、主として理性の自然的な光という形で活動する。この理性は認識を導く光であっても、それ自身では誤謬に陥りやすい。だからより高い霊による導きを理性は必要とする。つまり同一の人間が霊において神を信じ、より高い光に照明されてはじめて、自然の光としての理性は正しい認識をなすことができる。このように理性はいまだ自律したものとは考えられていないので、アウグスティヌス以来説かれてきた照明説が、つまり真理の光によって理性が誤りのない認識をなしうるという学説がここに影響している。

なお身体は内なる霊と魂を具体的に表現する手段であり、「実行と適用」を実現する道具であって、霊と魂の導きに従って行動する。したがって霊が神に対する信仰の場であり、霊によって理性は統制され、身体を通して生活の世界に適切な仕方で思想が実現される。

ルターの主要な関心事が時代の信仰形式の改革にあったが、人間の意志が自由であるか否かの教義問題で人文主義者エラスムスと対決するようになり、宗教改革と人文主義とが分裂する不幸が起こり、さらにはやがてルター派の教義が純粋さを求めるのに応じて、宗教改革の発展に不満をもった、非ドグマ的な霊性主義者たちが彼に反抗し、分離派を形成した。こうしてルターの宗教改革は十分な成果をあげることなく終息するが、宗教改革の第二世代を代表するジャン・カルヴァン（一五〇九～一五六四）は主著『キリスト教綱要』でもって宗教改革の思想を完成させ、その勢力は新たに改革派の運動を起こし、スイスからライン地方を経てオランダ、さらにイギリスからアメリカに発展する勢力となった。

プロテスタンティズムの思想史的意義

宗教改革の運動は、最初から政治的にヨーロッパ全体に波及する性格をもっていた。それは教皇の宗教上の指導と世俗的な利害とが結び付いた「免罪符」(贖宥状)と密接にかかわっていたことに端的に示される。ローマ教皇庁はルターを破門し、カール五世と共謀して彼を「帝国追放令」に処すれば、混乱した事態は収まると考えていた。しかし、彼がドイツに呼び起こした大きな興奮は簡単には収まらなかった。ルターを支持したドイツの諸侯がシュパイエルの国会で抗議(プロテスト)したことから、ヨーロッパに起こった改革者たちのグループは、プロテスタントと総称され、その立場はプロテスタンティズムと呼ばれた。

このプロテスタンティズムは「信仰のみ」「聖書のみ」「万人祭司性」という三つの主張のもとに改革運動を推進していった。この改革運動はルターの信仰義認の思想から興ってきたのであるが、それはまず当時のオッカム主義に対する批判となった。だが、ルターの新しい思想の背後には師シュタウピッツの神秘思想による影響があって、古代末期のアウグスティヌスの恩恵論の受容だけでなく、中世に興ったベルナールやタウラーの神秘主義の影響が認められる。ここからルターには独自な神秘的な霊性思想が実現した。

創造的な主体としての身体と霊の可視化

ルターは既述のようにキリスト者が「自由な主人」と「奉仕する僕」との矛盾した存在をまず

「内的な信仰」によって克服するが、この書物の終わりのところで、自由となったキリスト者の内実を説き明かす。彼は信仰によって神から自由を授けられると、もはや「自己自身において生きるのではなく、キリストと自己の隣人とにおいて、すなわちキリストにおいては信仰を通して、隣人においては愛を通して生きる」（Luther, op.cit.21, 1-4.）と言う。こうしてキリスト者は自分のためにも神のためにも生きないとしたら、すべてをあげて隣人のために生きざるを得なくなり、キリスト教的な自由とは結局「自己自身において生きない」（lebt nit ynn yhm selb）ような「自己からの自由」と考えられ、これなしには「信仰」も「愛」もなく、ただ自己主張のみがすべてを支配することになる。

それに対し真の信仰は愛のわざに結実する。換言すると「霊」は「身体」の運動を通して可視化される。今日プロテスタント教会に求められている最大の問題はこの「霊性の可視化」である。信仰という見えない霊の働きが身体を通して見えるものとなる。ルターは先の引用文で「第三の部分は身体（leip）であり、四肢を備えている。身体の働きは、魂が認識し、霊が信じるものにしたがって実行し適用するにある」と言う。からだが「四肢」（membrum）を備えているとは共同体における活動を意味しており、他者との密接な関係の中で生きることを意味する。そこで「霊」は共同体に関わりながら、自己の生命を可視化する。パウロは「愛の実践を伴う信仰こそ大切です」（ガラテヤ五・六）と語って、信仰が人間的な愛の関係を通して活動する実践を説いた。これが「霊と身体」をもつ人間の生き方である。

したがってパウロの言葉、愛は「自分の利益を求めない」（Iコリント一三・五）という考えはルターによって「自己のために生きない」と言い替えられる。これに反して近代的な主体性はそれ自身が自己主張欲に変質する、つまり世俗主義に変質することによって、宗教を社会から締め出す世俗化現象を引き起こすことになる。

この霊性の創造作用にこそ今日のキリスト者が求めるべき姿が認められる。宗教の力はその生命力にある。信仰の生命源は教義よりも、信仰する心の深部に求めることができる。したがって宗教改革者の教説よりも、その心や霊に求めるべきである。それは概念化できないため、示唆的にして、非明示的であるが、身体を通してそれを可視化できる。

付論　宗教改革時代の自然学

宗教改革の時代には自然学も刷新されるようになった。その最初の歩みはルターの同時代人パラケルスス（一四九三～一五四一）であり、彼によって神秘主義による自然哲学的思潮が始まった。それまでの神秘主義的な宗教体験は世間や自然の万物から人間が離反することを前提としていたが、彼以来、その反対に、自然へ、つまり被造世界の省察を通して神の存在の認識に至りうると説かれ、宗教体験のうちへと自然を組み入れることが開始した。というのは彼に続くヴァレンティン・ヴァイゲル（一五三三～一五八八）やヤーコプ・ベーメ（一五七五～一六二四）のような神秘主義者たちは、神秘主義的世界解釈を彼の世界像から導きだし、彼の自然学を作者不詳の『ドイツ神学』に結びつけようと試みたからである。

パラケルススによると自然と星辰の全体を含む大宇宙と内的世界である人間の小宇宙とは、合流と一致により相互に作用し合っており、二元性に分裂していない。ところで彼によると人間は粘土から造られた。すなわち、神は四元素と星辰（知恵、理性、技芸からなる）とから本質を抜き出して、第五の本性たる粘土を創り、それによって人間を造った。それゆえ人間は内に全被造界の本質が存在する。そこには元素体という身体と星辰体という精神が見られるが、二つとも自然に属するから滅びる。ただ神の模像の霊たる魂だけが不滅で、自然の光（理性）によっては理解されず、超自然的である。身体・精神・魂の三者は生命の中で結合し、一人の人間を形造るように秩序づけられている。このように宇宙には秩序があって、対立するものも相互に作用しながら統一を見いだし、世界は最終的には一者にして、その源泉なる神に発し、神に帰還する。だから現象や作用の多様性の中に統一が、被造物の中に神が求められ、こうして自然神秘主義への門が拓かれたのである。

パラケルススの自然学はプロテスタントの哲学者ヴァイゲルによって宗教的表象の世界に組み入れられるようになった。

ヴァイゲルは宗教の原理を外的条件から解放し、人間の内なる神の似姿である「内的言葉」に求め、「意志のうちに実現される神との神秘的合一」によってこの言葉は発現すると説いた。この主張はルター的であるが、自然や被造物を通じて語る言葉、いわば神の第二の啓示を、内的言葉と同列に置いた点に、パラケルススの自然学を受容していることが明らかである。こうして神の秩序たる自然と万象への直観によって神への道を見いだし、「自然の敬虔な観察を通じて、直接的に神自身に向かって高まる」ことができる。ヴァイゲルは人間観でもパラケルススに依存しており、自然哲学と霊的神秘主義との総合にいちおう到達してはいるが、いまだ体系的な完成にまで至っていない。それを実現したのがベーメの功績である。

一六世紀の宗教改革から生まれてきた信仰的、霊的神秘主義から自然神秘主義に移行するプロセスの中で一七世紀の初頭に活躍したベーメ（一五七五～一六二四）は両者を体系的に総合しようとする神秘主義者として登場してきた。彼の究極の関心事は神および自然の認識であり、その哲学の主題は人間存在の霊的解明と結びついていた。したがって人間の観念が、自然の外にあって自然を超越しているだけでなく、神の生命によって全自然の根底にまで拡大深化され、宗教信仰をもって自然を神秘的に体験することが起こってきた。こうして「神のうちに一切を見、一切のうちに神を見る」という神と万有との総合的認識が試みられた。このように自然と神とを総合的に捉えるベーメは、自然・神・人間の三者を神の意志の三形態による生成として把握する。これが三原理説であり、第一原理は永遠の三位一体の中にある始元の意志であって、まだ対象たる物質がないため、自ら根底を造っても、不安の衝動が電光となって発する火の世界、猛威と怒りの暗い谷を造りだす。第二原理は、神が心、生命の言葉、御子を生み、火の世界から御子の光の世界、愛と喜びが生じる。第三原理はパラケルススのいう元素と星辰とをもって外なる自然、神の似姿としての人間が現実化し、二つの原理の対立が善悪の戦いとなり、人間は悪が生じた第一原理にとどまらず、キリストの受難と死によって光の世界を自己のうちに生じさせる。これが人間の新生であり、神と一つになる永遠の聖なる誕生である。

人間は本質的にこの三つの原理を胎蔵することによってすべてを見、一切を知る。つまり光の世界を自己のうちに見る人にとって外的世界は神秘となり、魂のうちに働く内的原理となり、万有の神秘の中に自分の本質が象徴されているのを自覚する。こうして自然神秘主義が霊的神秘主義の新しい形式となり、自然が宗教体験のうちに受容されたのである。ルネサンスにより発見された新しい世界と人間は、ベーメの自然神秘主義の下で、強烈な個人的な宗教体験に基づいて自然と世界とを霊性のうちに受容することによって、統一的に把握されるに至った。もはや自然は主観性の外に立つ異質な世界ではなく、自然と自我とはその根底において同一の生命により原理的に生かされている。このような思想は科学的世界観により常に破壊される運命にさらされながらも、シェリング（一七七五～一八五四）やヘーゲル（一七七〇～一八三一）によってやがて回復されてくる。この意味でベーメは真に最初の「ドイツ哲学者」（philosophus teutonicus）と呼ばれている。

第13章 宗教改革から近代思想へ

宗教改革の運動は、前に述べたように政治的にヨーロッパ全体に波及する性格をもっていた。それは教皇の宗教上の指導と世俗的な利害とが結び付いた「免罪符」（贖宥状《しょくゆうじょう》）と密接にかかわっていたことにも示されている。ローマ教皇庁はルターを破門し、カール五世と共謀して「帝国追放令」に処すれば混乱した事態は収まると考えていたが、その影響はヨーロッパ全体に波及し、その興奮は簡単には収まらなかった。ルターを支持したドイツの諸侯がシュパイエルの帝国議会で抗議（プロテスト）したことから改革運動に参加した人たちはプロテスタントと総称され、その立場はプロテスタンティズムと呼ばれた。この運動もフランス最初の改革派教会がパリに設立された一五五五年に、アウグスブルクの宗教和議で「統治者の宗教がその領内で行なわれる」（**cuius regio, eius religio**）によって制度的な決着を見たことで、本来の信仰心がまったく衰えてしまった。では、その歴史的な成果はどこに求められるのか。

プロテスタンティズムの歴史的な成果と残された問題

宗教改革は「九五箇条の提題」やヴォルムス帝国議会での審議が有名であるが、ルターの意図したところは何であったのか。それは主として次の二点を含んでいた。第一に、カトリックの教権の基礎をなす教説、すなわち教皇の決定や公会議の決議には直接神の考えが現われている、という教説に反対するものであった。この教説と対決してルターは、当時のカトリックの教権が聖書に背馳することを主張した。第二に、ルターは聖書と一致することはすべて存続させようとしたのであって、伝統的な教説にすべて反対したのではない。いわんや、自説にもとづいて新しい教派を設立しようとはしなかった。その運動は要するに教会制度の改革であって、新しい教会を造る意図も計画もなく、公会議を開いて教会を改革する運動に過ぎなかった。当時、ラテラーノ公会議（一五一二〜一五一七年）から長いあいだ公会議は開かれず、一五四五〜一五六三年になってから初めてトリエント公会議が開催され、カトリック教会は教義を再検討し、教会を立て直すことができた。したがってルターが最初懐いた公会議開催の願望は彼が期待したのとは異なる仕方でもって実現することになった。また忘れてはならないことは、この公会議を考慮しながら、それに対抗する意味で、カルヴァンが『キリスト教綱要』を書き改めていったことである。

①宗教改革の成果

だが、ルターの宗教改革の最大の関心は、教会制度の改革だけでなく、教義問題に集中していた。それは神との関係を信仰によって確立する基本姿勢から生まれたもので、それは信仰義認論として説かれるようになった。これは当時のカトリック教会とスコラ神学と真っ正面から対決する内容のものであった。したがって神に対し行為の功績を積むことによって義と認められようとする行為義認論と対立している。つまり能動的義に対立し、神から授けられる受動的義である。「この義なる言葉は明らかに〈受動的〉であって、それによって神はあわれみをもって信仰によりわたしたちを義とする、とわたしは理解しはじめた」と彼は自伝的文章で語っている。これが「信仰のみ」（sola fide）という宗教改革の根本主張である。

ところでルターの宗教改革の最初の一歩は直接民衆に福音を告げる「説教の改革」をもって開始した。彼は当時行なわれていた説教について危惧の念を懐いており、ヴォルムスの国会（一五二一年）に召喚される以前から「説教のひな形」を提示する計画に着手し、ヴァルトブルク城の幽閉中もそれが継続され、一五二二年に「ヴァルトブルク・ポスティレ」（Wartburg-postille）とか「教会暦ポスティレ」（Kirchenpostille）と呼ばれる『標準説教集』が出版された。その他に多くの分野において改革が実行された。

この時代には中世以来発達してきた都市を中心に自由の機運が高まり、封建的な領主に対する要求が求められるようになった。「シュワーベン農民の一二の要求」などがその典型である。ところがルターは『キリスト者の自由』で、キリスト者が「自由な君主」であって同時に「奉仕する僕」であると説き、キリスト教的自由を社会的な自由から区別し、世俗内敬虔を基盤とする社会倫理を強調し、政治的な要求は専門家に委ねるように説得した。そこには優れた「職業観」が表明されており、新しい社会倫理が見いだされた。

②未解決のまま残された問題

宗教改革の運動には悲劇的とも言うべき内部分裂や未解決の問題が残された。悲劇的な分裂がエラスムスとルターとの間に起こり、宗教改革の運動が人文主義との協働に失敗し、両者の間に自由意志論争が起こり、両者は和解できずに分裂し、人文主義者の多くはルターから離れてゆき、改革運動の範囲が縮小されるようになった。

またルターの協力者の中からミュンツァー（一四八九～一五二五）のような過激な革命家が輩出し、農民戦争を引き起こした。ルターはその対応に失敗し、農民の支持を失うようになった。

さらにプロテスタントの間に内部分裂が起こり、改革運動は一五二〇年代の後半には統一力を失い、悲劇的な結末を迎えた。そのためプロテスタントの宗教改革運動は、ドイツで挫折し、その運動をヨーロッパ全体に波及させることに失敗した。つまりルターの信奉者の中からシュヴェルマー（熱狂主義者）と呼ばれたような過激な集団や、「霊性主義者たち」（Spiritualisten）と呼ばれた内面的な宗教を求める改革者たちが、制度化したルター派教会から離れ、「分離派」（ゼクテ）を形成したのである。これらの人たちの中では自由意志の必要を説いた再洗礼派が優勢となり、教義的に硬化したルター派と対決するようになった。

ところがこの分裂を契機として一つの隠された事態が明確になってきた。それは教義を生み出す根源的にして内面的な霊性の問題であった。ここから霊や霊性について再考する必要が起こって来た。この問題は宗教改革以後起こって来た世俗化の問題とも密接に関連している。

宗教改革時代になってから修道院などの教会の財産を国家が民間に譲渡したとき、「世俗化」という言葉が使われた。この言葉は教会財の「払い下げ」や反対に教会から見るとその財産の

「没収」を意味した。それは宗教が外形的には宗教的構造を保ちながらも内実が変容することを言う（詳しくは金子晴勇『近代人の宿命とキリスト教——世俗化の人間学的考察』聖学院大学出版会、二〇〇一年を参照）。元来は宗教の力が発揮される世俗化は「キリスト教信仰の合法的な結果」（ゴーガルテン）であるが、やがて変質して「世俗主義」に転落する。この現象をマックス・ヴェーバー（一八六四〜一九二〇）は職業倫理において捉え、宗教の力が失われると、人々は霊性を失い「亡霊」となり、「精神のない専門人、心情のない享楽人」と呼ばれる現代人を産み出した、と説いた（ヴェーバー『プロテスタンティズムの倫理と資本主義の精神』大塚久雄訳、岩波文庫、一九八九年改訳、三六四〜三六六頁）。これこそ現代が直面する最大の問題である。

宗教改革と近代思想との時代区分

大洋には至る所に海流が起こっているが、その深みには深海流があって海上のみならず陸地の気象にも大きな影響を及ぼしていると言われる。同様のことは思想史においても妥当するのではなかろうか。たとえばヨーロッパの中世から近代の移行期に関しても、多くの思想潮流が見られる。そこにはルネサンスと宗教改革の海流があり、新旧のスコラ神学の対流や人文主義と神秘主義の流れ、さらに様々な分離派の氾濫も起こり、続いては啓蒙思想と敬虔主義が隆盛となり、さらに自然主義・ロマン主義・古典主義といった思想の潮流が現われてくる。しかし、これら多様な海流と潮流の深みには深海流が探査され得ないであろうか。

トレルチによる時代区分

このような近代における多様な思想の潮流に対してかつてトレルチが行なった時代区分の提案はわたしたちの意表を突いたものであり、今日でもその意義を失っていないように思われる。彼は一六世紀の宗教改革を古プロテスタンティズムとして捉え、その後のプロテスタンティズムの展開を新プロテスタンティズムと呼んだ。というのも彼は一七世紀後半から起こった啓蒙思想をもって近代思想がはじまるとみなし、宗教改革と近代思想との間に断絶をおいたからである。もちろん、そこには連続面もあるが、宗教改革が近代に対して果たした役割はむしろ間接的なものであり、偶然的な副作用もしくは意図せざる結果にすぎないと彼は考える。総じて近代世界が古い宗教的な束縛の破壊という仕事を徹底的な仕方でなしたが、真に文化を総合する新しい力を生み出していないと彼は考えた。つまりキリスト教古代や中世の統一文化が果たしたような文化創造は、近代世界には生まれていないと言われる。

同様のことはトレルチの同時代人でワイマール文化の時代に活躍したマックス・シェーラー（一八七四～一九二八）によっても説かれており、近代世界は旧来の権力に対するルサンティマン（反感）の産物にすぎず、新しい文化を創造したのではないと言われる（マックス・シェーラー『ルサンティマン――愛憎の現象学と文化病理学』津田淳訳、北望社、一九七二年、一一〇頁）。さらに、ホルクハイマー（一八九五～一九七三）とアドルノ（一九〇三～一九六九）も近代ヨーロッパでの啓蒙主義は文化を創造するどころか、反対に文化を破壊しており、野蛮な時代に人類を引き戻すものとして告発した。

わたしたち日本人はこれまでヨーロッパの近代思想を人類の優れた文化遺産として受容してきたが、これらの見解はわたしたちに強く反省を迫るものではなかろうか。確かに一七世紀に始まる啓蒙思想は貴族にかわってブルジョアを、旧体制に代わって革命を、神学にかわって科学を、農村にかわって都市を、それぞれ前面に押し出した。それによって革命が次々に起こり、科学技術が振興し、大都市が建設されて、これらの力が相携えて新しい世界を造るとき、技術文明とか産業文化と呼ばれる新しい世界が一八世紀後半から一九世紀にかけて誕生したように思われた。その際、文化をこれまで導いてきたヨーロッパ的な「霊性」もしくは信仰は次第に背景に退き、これに代わって「理性」の自律化がはじまり、それが科学技術と提携することによって、霊性から切り離されて道具化した「理性」が時代を支配するようになった。

こうして「理性」はかつてもっていた「深み」を喪失し、単なる合理主義や皮相な人文主義となって全世界に広まっていった。日本が自国の文化を残しながら、「和魂洋才」の立場で、ヨーロッパの「魂」である「霊性」を抜きにして、ただヨーロッパの産業技術のみを受容していち早く近代化を達成できたのは、このような近代文化の歴史から説明することができる。

世俗化としての近代文化の特質

このような近代史のプロセスは一般的に「世俗化」として考察されている。教会の財産の世俗への払い下げを意味する世俗化には「没収」の意味が含まれており、指導的な役割を演じていた力の交替がなされたことを示している。こうしてキリスト教の代わりに啓蒙思想の合理主義が登場してきて、ヨーロッパ的な信仰の歩みに逆らい、これを追放し、自らが指導権を掌握したのである。だが、こうして理性が時代を支配したとはいえ、信仰との関連を断ち切ることによって理性は道具化し、科学技術をもって世界を創造したとしても、そこでは理性の「深み」が喪失することになった。

では、この世俗化によって失われた理性の「深み」とは何であろうか。あるいは近代思想における思想潮流にはその深みにある深海流がもはやないのであろうか。この「深み」をエックハルトに淵源し、ルターとルター派教会、中でも敬虔主義を経てドイツ観念論に至るまで貫流する神秘主義の流れの中に見出すことができる、とわたしは考える。しかも他ならぬ理性の「深み」をあらわす「根底」（Grund）もしくは「魂の根底」（Seelengrund）学説によって、あたかも隠された地下水脈のように、深海流が滔々と流れていることを明瞭に把握することができるのではなかろうか。

この「根底」概念によってエックハルトはその中心思想を表現しており、それが魂の高級能力として「魂の閃光」（Fünklein）とか「神の像」（imago dei）また「諸力の根」（Würzel）と一緒に用いられた。それがタウラーでは全説教を貫く中心概念となり、彼の神秘思想がこれによって表明されるようになった。この根底は「魂の根底」と一般に呼ばれているように、魂のいっそう深く、かつ、いっそう高級な能力であって、身体と魂とから成る人間存在の最も高貴で深淵な部分を指している。

ルターはタウラーから根底思想を受容したとき、『七つの悔い改めの詩編講解』（一五一七年）で、それを霊概念に置き換えることができた。さらにこの概念によってドイツ敬虔主義は啓蒙思想と対決するようになった。

近代を中世から分かつ「深い溝」

カトリックの歴史家ドーソンは宗教改革によってキリスト教の統一が失われた点に世俗化の端緒を捉えていた。この点をプロテスタントの歴史家たちも認めており、世俗化現象が宗教改革を実現した諸国と関わりをもっていることに注目し、世俗化した社会の人間学的な基盤に起こった変化を「キリスト教共同体」（corpus Christianum）の崩壊という現象と結びつけて研究した。それは西欧の信仰の分裂に由来する教派的な対立と戦争の時代に起こった。つまり「キリスト教共同体」は中世のヨーロッパ文化の中で生まれ、続いてキリスト教的な中世においても「神聖ローマ帝国」として維持され、宗教によって社会での人間像が形成されており、すべての人間にとって一致した意識の基盤となっていたものである。

このことを最初に指摘し、歴史的に実証したのは本書第Ⅱ部の終わりに指摘したように、アメリカの歴史家セオドア・K・ラブである。彼はプリンストン大学出版局から一九七五年に、第二次世界大戦以来のさまざまな歴史研究の成果を集めた書物を著わし、ヨーロッパにおける一六、一七世紀における危機や一七世紀中葉以後の時代の変革と新しい出発とを論じた。こうして彼は一七世紀の後半、つまり教派戦争の終わりの段階で、とりわけドイツにおける三〇年戦争の時代に、全ヨーロッパ史の進展における「深い溝」が生じたという結論を慎重に定式化するに至った。すなわちこの溝の後、人間学に関する根本的に新しい態度が、「宗教的な不寛容の後退」によって規定された態度が生じたと説いた（ラブの学説についてはパネンベルク『近代世界とキリスト教』深井智朗訳、五二～五四頁、一〇三～一〇四頁の叙述に依る）。

ヨーロッパで一七世紀に起こった人間学的な変化というのは、人間の共通本性についての新しい思想であった。こうした思想における大きな変化がまずは人間の根本的に新しい態度や理解に、とりわけ宗教的な非寛容の放棄ということに見いだされた。つまり狭い意味での近代の開始にとって、一六四二年から四八年までのイギリス革命がもっている時代区分上の意義は、イギリスを越えてこの時代のすべてのヨーロッパの歴史にも妥当する。したがって宗教戦争によって、人間社会の政治的、法的な生活形態の基盤として宗教が有効であったというような時代が終わりを告げていた。そこにはあらゆることが人間の本性に従うという新しい態度が生じたのであった。この歴史の裂け目は、社会秩序が制度的に宗教の影響のもとに規定されていた時代が終わったことを意味する。このことは「キリスト教的共同体」の終焉であって、キリスト教的な中世全体の終わりを意味した。フランス革命はこのような古い共同体の最終的な終焉を宣告した（パネンベルク前掲訳書、一〇三～一〇五頁）。

伝統的な宗教的権威に代わる自然的宗教の意義

世俗化のプロセスの解明にとってさらに重要な点は、パネンベルクが近代の人間学の誕生に関して指摘した根本的変化の内容である。その際、注目すべき点は一七世紀になってフーゴ・グロティウス（一五八三〜一六四五）やチャーベリーのハーバート（一五八二〜一六四八）のような思想家が輩出し、社会の基盤や諸国家間の平和の基盤を宗教にではなく、自然法によって基礎づける努力がなされたことである。そこから同時に全人類に共通なものとして自然的宗教を想定するような方向が定められた。ヴィルヘルム・ディルタイ（一八三三〜一九一一）はこの傾向を精神科学の「自然的な体系化」と名づけた。すなわち法・宗教・道徳・政治の根本概念は、全人類や人間の「本性」に基づいて新たに定式化された。ここからパネンベルクは「伝統的な権威に基づく宗教に代わって、全人類に共通な人間の〈本性〉が公共の秩序と社会の自由の基盤とされたのであった。このことがヨーロッパにおける世俗化された文化の発展の出発点となった」（パネンベルク、前掲訳書、四八頁）と説いた。

パネンベルクはここに世俗化へ向かう根本的変化を捉えている。彼によるとこれまでの領邦国家体制に何か根本的な変化が起こったのである。それは一五五五年のアウグスブルク宗教和議の決定である「統治者の宗教がその領域内で行われる」の原則に示されていたが、これによって根本的な変化が生じた。たとえばトマス・ホッブズ（一五八八〜一六七九）はその著作『リヴァイアサン』において、国家宗教が統治者によって決定されると定式化する必要を感じたのであるが、このことはアウグスブルク宗教和議に基づいていた。事実、この時代に生じた変化は「自然権」や「万人の万人に対する戦い」といった新しい自然法と新しい人間学の基礎に立ってそのことを正当化する試みであった。それゆえパネンベルクは言う、「自然法と結びついた政治的主権の教説は、人間学という基盤を必要としたので、ここでも既に原理的には社会と公共文化とを基礎づけるものは、宗教ではなく一般的人間概念から引き出されるという転換が起こったのであった」と。新しい近代の人間学こそ世俗化の最大の原因なのである。つまり人権やすべての個々人に共通な本性という人間概念が、今日の世俗化した社会においては、少なくとも西洋的なデモクラシー社会においてはかつては宗教によって担われていた位置を得ているのである（パネンベルク、前掲訳書、四八～四九頁）。この指摘は近代ヨーロッパの思想的な特質を捉える上で極めて重要な指摘である。

第14章
近代的自我の確立

ヨーロッパの近代思想の特質は何であろうか。この時代には多くの優れた思想家が輩出し、近代的な人間を創造する偉大な思想を残した。その中でも近代思想にもっとも大きな影響を与えた思想家はデカルト、カント、ヘーゲルの三者であって、わたしたちはそこに近代思想の特質がみごとに実現していると言っても決して過言ではない。彼らは近代的な合理的な思考の典型でもあって、ヨーロッパの思想界に与えた影響から見ても、たえず熟考すべき思想家であると言えよう。この三人は人間が備えている哲学的思考の三つの基本的な類型を提供した。それはつまりデカルト的明証説、カント的構成説、ヘーゲル的弁証法であって、それらは現代に至るまでヨーロッパ的思惟の基本となっており、今でもその価値が十分に認められるばかりか、哲学的思索を修得するのに最も適切な導きを与えている。

これらの学説がヨーロッパの思想界で近代的人間のエートス（基本性格）を形成してきたので、その思想を体得することは、今日においても依然として近代思想を学ぶにあたって、不可欠の前提となっている。この三人の哲学者は近代市民社会の成立と発展に伴って出現し、この社会で人々を指導し、育成する代表的な思想家として活躍した。したがって、わたしたちはそこに近代的理念を体現する人間の姿を明瞭に捉えることができる。

それでは近代を他の時代から隔てる基本的理念は一体何であろうか。そこには少なくとも次にあげる三つの特色が考えられる。それは、①近代自然科学の成立による自然の発見、②中世教権組織の社会的絆を断ち切った自主独立せる個人による自我の確立、さらに、③自我が自然に働きかけて形成する近代文化の理念である。

デカルトからカントを経てヘーゲルに至る思想史も、この理念の強調点の移動や推移によって解明できるであろう。だが、本章ではこの三者のうちデカルトのみを問題にし、カントとヘーゲルはそれ以後の章で扱うことにしたい。

近代精神史の三つの出来事

近代文化はヨーロッパの歴史の中でも人間的な生命が全面的に開化し、発展を遂げたものであり、この時代を唯一絶対の価値ある時代と考える人の目には、輝かしい文化の発展にもとづく楽観的見方しかないように思われるであろう。しかし近代の終末をむかえている現在では、そのような見方にとどまることはもはやできないのであって、ヨーロッパ近代という時代がもっている根本的な性格を思想史の全体的な流れから捉え直さなければならない。近代史は一般に社会・文化・政治・経済の側面から考察されているが、近代史の背後に隠されている精神の思想史から見てきわめて重要な三つの出来事をわたしたちは見過ごすわけにはいかない。この三つの出来事はこれまでの古代・中世的な世界を崩壊させた、破壊的で否定的な現象として起こったと考えられる。これは先の近代文化の理念の肯定的な側面に伏在し、隠された形で存在するものである。

①宇宙論的次元での出来事、つまりコスモスの崩壊

コペルニクスの地動説から発してケプラーやガリレイに至る自然の発見は、同時に伝統的世界像としてのコスモスが、同時併発的に、すでに崩壊していることを意味する。人間をとりまく世界住居としての有限なる被造世界は、このようにして突破され、等質な連続量として捉えられた無限の宇宙空間は、ブルーノ(一五四八~一六〇〇)のような無限への感激の熱情をもって讃美されはしたものの、一〇〇年後のパスカル(一六二三~一六六二)に至ると、宇宙空間は人間的に反省され、「この無限の空間の永遠の沈黙はわたしをおそれしめる」と語られたように、世界はコスモスとして人間がもはや安住できる場ではなくなり、無限空間の中にあって人間は不安と孤独に苦しめられるようになった。

②社会学的次元での出来事、つまり社会共同体の崩壊

このように自然に向かった人間は、中世的な教権や他の社会的で歴史的な絆をふりすて、自己の自由を獲得した。確かに個人が自主的に独立したことは、同時に歴史的な制約である共同体から自己を解放したことを意味する。したがって旧体制は封建的なるものとしてふりすてられた。しかし、そのようにして出現した個人は、単なる欲望だけを追求する主体、つまり利己主義的な人間に他ならなかった(カール・マルクス〔一八一八~一八八三〕がこの点を明瞭に捉えていた。マ

ルクスの初期の論文『ユダヤ人問題に寄せて』を参照)。それゆえに絶えず進行する共同体の崩壊を新たに発見された人間的理性と市民の見地から克服しようとする試みが提出されるようになった。つまり歴史と社会への反省によって新しい共同体を確立しようとする願望が起こってきた。ここから歴史学と社会科学が近代の新しい学問として成立したが、共同体の崩壊は、その再建への努力にもかかわらず、なお進行している。そのため社会的にも人間の孤立と絶望が深まっている。

③人格的次元における出来事、つまりニヒリズムの到来

人間の特性である理性的な自律性もしくは個人の尊厳は、共同体と切り離された個人に求められたが、このことが返って、個人の他者に対する関係を喪失させることになり、それが反転して、人間自身の生きる意味の喪失を来たすことになった。そのためこれまで支配してきたキリスト教的ヨーロッパの価値体系は崩壊し、それまで支配していた最高価値である神を否定しニヒリズムの世紀に入り、人間は無意味性の不安に襲われるようになった。こうして人格の中心に起こった崩壊現象によってわたしたちは自己分裂の苦悩に苛まれるようになり、キルケゴール(一八一三〜一八五五)に発する実存哲学がここに発生し、人間は自己の内奥でいっそう深まりゆく孤独を感じるようになった。

ここに述べた三重の世界の崩壊は古代ギリシア哲学に見られるコスモス・ポリス・プシュケーの、同心円的三重構造の世界が全面的に瓦解し、潰え去ったことを意味する。このことは近代的自我が神や他者との関係を断ち切って、自らの理性によってのみ立ち、自己を絶対視することに

よって発生したのであって、そこに近代の精神史の必然的歩みが見られる。わたしたちはこのようなヨーロッパの歴史とその思想の歩みを自ら親しく追体験し、思索をこれに集中させ、この事態を正しく理解すべきである。このような観点から近代ヨーロッパ思想史をまずは一七世紀を代表するデカルトとその批判者パスカルとを合わせて正しく把握するように努めよう。

デカルトのコギトと哲学の出発点

デカルト（一五九六～一六五〇）は一七世紀のヨーロッパ思想を代表する哲学者となった。彼はその哲学の根本思想を見いだした歩みを名高い著作『方法序説』で平明に、かつ、具体的に語りながら、その哲学の第一原理を有名な言葉「わたしは考える、それゆえにわたしは有る」（Cogito ergo sum）によって簡潔に表明した。そこに至るまでの彼の歩みのなかでまず重要と思われる彼の思想の特徴を考えておく必要がある。そこで最初に①「良識」について、②「方法の四教則」について、③「日常道徳」と「真理の探求」について考えておかねばならない。

①良識について

平明に、かつ、厳密に、しかも遺漏なく叙述された『方法序説』の冒頭を飾るのは次のような有名な言葉である。

良識（bon sens）はこの世のものでもっとも公平に配分されている。なぜというに、だれにしてもこれを十分にそなえているつもりであるし、ひどく気むずかしく、他のいかなる事にも満足せぬ人々さえ、すでに持っている以上にはこれを持とうと思わぬのが一般である。……このことはかえって適切にも良識あるいは理性（raison）と呼ばれ、真実と虚偽とを見わけて正しく判断する力が、人々すべてが生まれながら平等であることを証明する。そこでまたこのことが、わたしどもの意見の多様なのはある者が他の者よりもよけいに理性を具えたところからくるのではなく、わたしどもが思想をいろいろとちがった道でみちびくところから、同じようなことを考えるわけでもないところからくるのである。そもそも、良き精神を持つだけではまだ不完全であって、良き精神を正しく働かせることが大切である。（デカルト『方法序説』落合太郎訳、岩波文庫、一九六七年改版、一二頁）

デカルトが良識について語り始める最初の一節は、彼の思想をみごとに言い表している。それに続けて彼の哲学と思索の特質が明瞭に説き明かされているので、それを要約して示すと、次のようになろう。良識はまた理性とも呼ばれ、真偽を判断する能力であると規定される。一般的にいって常識が万人がもっている通俗性や受け身の受容姿勢であるのとは相違して、良識は理性による批判を通った批判的精神によって体得される。この意味で哲学は常識への抗議であって、常識の通念を批判することによって良識を体得するといえよう。

この良識もしくは理性が万人に公平に配分されているため、人間は本質的に平等である、と主張される。わたしたちはここに彼の人権宣言を見ることができる。理性が多いか少ないかというような量的な視点は偶然的なものであって、人間の本性に関係がない。「理性あるいは良識がわたしどもを人間たらしめるもの、わたしどもを動物と区別する唯一のものであるかぎりは、それは完全にひとりひとりにそなわるとわたしは考えたい」（デカルト前掲訳書、一三頁）。ここに近代的人間は理性的自律に立つ自由な主体として確立される。

彼によると意見や思想が多様なのは理性の量によるのではなく、理性を導く「方法」、すなわち「道」による。「方法」（meta-hodos）とは「道に従う」を意味する。彼は理性を正しく導き開発する道として方法を説こうとし、「さればわたしの計画は人々がその理性を正しく導くために従わねばならぬ方法を教えようとするのではない。ただ単にどんなふうにわたしの理性をわたしは導こうと努めたかを示したいだけである」（前掲訳書、一四頁）と彼は語って、一つの実例として自分の方法を語り始める。

最後のところでデカルトは良い精神を所有するだけでは不完全で、これを活動させなければならないと言う。近代的精神の特質は理性の活動的で行為的な性格に求められる。それは自然に働きかけ、理性による精神文化を創造する活動の中に、したがってホモ・ファーベル（工作人）の中にある。行為的理性こそ近代的精神の特質である。

②「方法の四教則」

このデカルトの良識は、学問研究の方法にまで具体的に進展していくが、彼による方法の発見はこのように懐疑を懐くようになるよりも前の時代に、従来の学問の方法が実に無力であったことからくる。彼はひどい落胆を経験し、「人文学」（書物による学問）から近代の自然科学、とくに幾何学的な方法による学問へと転換することに新しい方法が成立する。それに先立って彼は「書物による学問」をやめ「世間という大きな書物」から学ぼうとして旅に出る。これがデカルトの旅立ちである。旅をして初めて痛感したことは、「世間」に行き渡っている習俗（風俗習慣）が多様であり、かつ相対的であることである。そこで社会の通念や一般常識から解放され、理性によってのみ「自己の中に」探求の目を向けるようになる。彼は言う、「このように数年をついやして世間という書物の中で研究し、多少の経験を積もうと努力した後のある日のこと、わたし自身によってもまた本気で考えよう、そして辿るべき道を選ぶためにわたしの精神の全力を尽くそうとわたしは堅く決心した」（前掲訳書、二二頁）と。このようにしてドイツの都市ウルム近郊の一寒村に引きこもり、思索を重ね、幾何学的方法によって学問を再建する確信をもつにいたった。「方法の四教則」といわれるものがそれである。重要なものであるから紹介しよう。

　論理学を構成させた多くの教則の代りに、守ることをただの一度も怠らぬという堅固一徹な決心をもってしたならば、次の四つで十分であるとわたしは確信した。

　第一は、明証的に真であると認めることなしには、いかなる事をも真であるとして受けとらぬこと、すなわち、よく注意して速断と偏見を避けること、そうして、それを疑ういかなる隙もないほど、それほどこまでも明晰に、それほどまでも判明に、わたしの心に現われるものの他は何ものをもわたしの判断に取り入れぬということ。

第二は、わたしの研究しようとする問題のおのおのを、できうるかぎり多くの、そうして、それらのものをよりよく解決するために求められるかぎり細かな、小部分に分割すること。

第三は、わたしの思索を順序に従ってみちびくこと、知るに最も単純で、最も容易であるものからはじめて、最も複雑なものの認識へまで少しずつ、だんだん登りゆき、なお、それ自体としては互いになんの順序も無い対象のあいだに順序を仮定しながら。

最後のものは何一つわたしはとり落さなかったと保証されるほど、どの部分についても完全な枚挙を全般にわたって余すところなき再検査をあらゆる場合に行うこと。（デカルト『方法の四教則』野田又夫訳、岩波文庫）

この方法の四教則の第一は公理の明証性を、第二は分割法、つまり分析的な思考方法の確実さを、第三は公理から定理の論証への推論の明晰性と仮説的方法を、第四は枚挙の完全性、つまり幾何学的な吟味を、それぞれ意味する。ここではデカルトの方法の特質を第一の教則にかぎって明らかにしてみよう。

デカルトの認識論は「明証説」と一般に呼ばれる。すなわち真理の規準が「明証性」に求められる。だから第一教則では明証的に真でないものを真とみなしてはならないと語られる。この明証性に達するためには「注意」を集中し、「速断と偏見」を避け、「事柄そのもの」の姿が心の中に明らかに刻みつけられるまで待たなければならない。そして「明断」がその精度を増して他のものと十分に区別がつく「判明」に至ってはじめて、つまり明晰判明に至ってはじめて、明証性の真理認識が獲得される。それゆえ「明晰判明に認識されたものが真理である」という命題は、明証説の立場を述べたものであるが、理性の認識作用を明晰性や明証的確実性におくデカルト学派は、今日の現象学に至るまで認識論的に有力な理論となったのである。ただし、この理論で問題になるのは、明証性が認識する主観の心理学的能力に依存しているため、客観的でないという点にあり、この点を論理的にいかに補強するかが問題になっている。後にカントがそれを実行するようになった。

③「日常の道徳」と「真理の探求」

デカルトは「日常の道徳」と「真理の探求」とを区別し、前者では蓋然性や相対性にとどまったが、後者では少しでも疑わしいものはすべて虚偽とみなすという徹底した態度を貫いた。そこで、デカルトが「哲学の第一原理」の発見に至るあいだの「日常の道徳」について述べている点を考えてみたい。デカルトはそこに四つの暫定的道徳を立てる。第一は宗教・道徳・法律について、それらを尊重し服従するという原則である。彼は絶対的究極の真理を探求することを目指すため、現在の宗教・道徳・法律を相対化し、より良いもので一応満足する。これは実用主義でも現実肯定でもない。相対的なものには相対的に、絶対的なものには絶対的に関係すると説いたキルケゴールにほぼ近い態度と見てよい。現実社会の変革を意図し、悪を破壊するだけで、現実には何の具体的計画もないような行動は良識に反すると、彼は考えた。デカルトは価値あるものを重んじる合理的な立場に立っている。ここに彼の合理主義が垣間見られるが、彼の合理主義の特徴は第二の行動の原則にははっきりと示される。

わたしの第二の格率はわたしの平生の行動の上ではわたしに可能であるかぎり、どこまでも志を堅くして、断じて迷わぬこと、そうしていかに疑わしい意見であるにせよ一たびそれとみずから決定した以上は、それがきわめて確実なものであったかのように、どこまでも忠実にそれに従うということであった。このことをわたしは旅人になぞらえたのであった。彼らが森の中で道に迷ったならば、もちろん一か所に立ちどまっていてはならないばかりでなく、あちこちとさまよい歩いてはならぬ、絶えず同じ方角へとできるだけ真直ぐに歩くべきである。たとえ、最初に彼らをしてこの方角を選ぶに至らしめたものがおそらく偶然のみであったにもせよ、薄弱な理由のゆえにこれを変えてはならない。なぜなら、このようにするならば、彼らの望む地点にうまく出られぬにしても、ついには少なくともどこかに辿りつくであろうし、それは確かに森の中にたたずむよりもよかろうから。（デカルト『方法序説』前掲訳書、三六頁）

この原則は「森の中のデカルト」と呼ばれる。そのもっともデカルトらしい点は、道を選んだのが偶然であったとしても、それをあたかも必然と考えて、意志堅固にこれを終りまで貫き通すところにある。進学、就職、結婚すべて然りである。デカルト的合理主義は偶然をも必然とみなす強い意志に支えられている。だから単なる主知主義では決してなく、むしろ主意主義ともいうべき性格がそこにはみられる。

第三の原則は「運命によりはむしろ自分自身にうち勝とう、世界の秩序をよりはむしろ自分の欲望を変えよう」（前掲訳書、三七頁）と努めることであって、きわめてストア的な道徳である。だが、ここにデカルト的な合理主義の極限とともに限界が示される。デカルトは単なる運命論者ではなく、自己の最善を尽して後に運を天に委ねる。それがストア的であるというのは、自己の内にある思想だけが自由であると考える点にある。こうして自己の内に閉じこもるため、彼の世界から他者が消失することになる。個人というものは現実には決して他者から独立しているのではない。自己に閉じこもった人は単に自由であると考えているだけである。実際、デカルトの世界には他者が不在である。また、デカルトの合理主義の極限の姿は「病気のときに健康を、牢獄にあるときに自由を羨ましく思うべきでない」という言葉に示される。ここにいたると合理主義は厳粛主義（リゴリスムス）となり、非人間的になっている。

第四の行動の原則は職業選択に関するものである。職業は自己の理性を開発し、自己の思想を前進させる手段として選ぶべきであると説かれる。デカルトは青年貴族として社交界に出るか、学究生活に入ろうかと人間的に迷い、ストア的な厳格主義をとり入れた。ここに人間デカルトの厳しい一面を見るような気がする。

「日常道徳」の中にデカルト的な合理主義の特質がよく示される。だが同時にその欠陥も露呈している。なかでも顕著なのは孤立した個人の姿である。個人の自主独立性は近代的自我の特徴であるにしても、個人は身体を通して他者と交渉をもち、決して孤立したり、独立したりできない。

ところがデカルトは学究生活を人々から隠れるようにして続け、パリの社交界から逃れて、オランダの地を転々として隠れ続けた。このようにデカルトは孤立して生きているが、そこには人間らしい孤独の苦悩が見当たらない。孤立は他者との関係を断ち切ることであるが、孤独には他者との本来的関係からの逸脱や疎外によって苦しみ、真の関係を志す苦悩が伴われている。だから孤独には人間的苦悩が認められるが、孤立は非人間的なるもの、冷たい権力意志が潜んでいたかもしれない。彼は孤立して生き、人間の世界を離れ、自然の世界を理性によって支配しようとした。ここにデカルト的合理主義が成立する。

④「哲学の第一原理」

デカルトは先に挙げた「方法の四教則」にもとづき、自己流の「日常道徳」に裏打ちされ、絶対的明証性を求めて探求を続け、遂に「わたしは考える、それゆえにわたしは有る」という「哲学の第一原理」に到達した。デカルトは『哲学の原理』という書物で、哲学は知恵の探求を意味するが、本来の意味で哲学するとは、「最初の原因としての原理」の探究から始めなければならないと言い、この原理には次のような二つの条件が必要であると主張した。①原理が明白で自証的であって、精神が注意深く考察するとき、その真理性を疑いえないほどであること。②この原理に他の事物認識が依存し、原理は事物なしに認識できるが、原理なしに事物は認識されず、原理から事物認識を演繹し、不明なものは残さないこと。デカルトはこのような第一原理をそれ自体で自明な直証的な命題の中で把握した。

その際、彼は「日常道徳」と「真理の探求」とを区別し、後者の真理の探求に邁進するに当たって絶対的に疑うべからざる原理へと進んでゆく。まず、感覚はときに欺くものであるから、感覚があるように思わせるものは虚偽であるとみなす。次に、もっとも信頼される幾何学上の証明も、時に証明をまちがえたり、反論されたりすることもありうるので、確実と思われる論証もすべて虚偽とみなして放棄する。さらに目ざめた時の思想が夢にも現われることがあるので、夢の幻影と同様にそれが真でないと仮定しようと決心する。

けれどもそう決心するや否や、わたしがそんなふうに一切を虚偽であると考えようと欲するかぎり、そのように考えている「わたし」は必然的に何ものかであらねばならぬことに気づいた。そして「わたしは考える、それ故にわたしは有る」というこの真理がきわめて堅固であり、きわめて確実であって、懐疑論者らの無法きわまる仮定をことごとく束ねてかかってもこれを揺るがすことのできないのを見て、これをわたしの探究しつつあった哲学の第一原理として、ためらうことなく受けとることができる、とわたしは判断した。(前掲訳書、四五頁)

このようなデカルトの懐疑は方法的懐疑と呼ばれる。それは絶対的な明証性に達する方法として遂行された。つまり、彼は疑おうと意志する。もちろん疑うことは「考える」一様式であって、疑う人は必ず考えている。したがって、疑っている行為者自身、つまり「考えている自我」(ego cogitans）は自証的に有ることになる。人間の心の働きである「意識」は一般には何かについての意識である。つまり「対象意識」である。ところが意識が対象に向かって捉える内容が感覚・知覚物、抽象的思惟物（数学的対象）、思想一般のいっさいをふくめて、すべて虚偽なるものとして除去された場合、その意識は必然的に自己自身に向かわざるをえない。こうして自己へと意識を集中させることによって、意識は「自己意識」として存在を獲得する。彼は疑うことを意志し、自己に意識を集中して「自意識」としての「自我」を確立する。したがってデカルトのコギト（わたしは考える）は意識に直証的に明らかなものであるが、このコギトこそ人間の精神を純粋思惟として抽象的に捉え、哲学的思考の出発点である、哲学の第一原理として立てられる。デカルトはコギトにおいて「思考する自我」（ego cogitans）を「思考するもの」（res cogitans）とし、この自我に対して広がっている世界を「延長しているもの」（res extensa）と規定した。けだし世界の事物はすべて「延長」をもって延び広がっており、その本質的属性が「延長」に他ならないからである。このようにして物心二元論が説かれるようになった。

パスカルの問いと人間の理解

パスカル（一六二三～一六六二）はデカルトの同時代人としてその明証説の影響を受けながらも、人間を「考える葦」であると説き、デカルトとは正反対の立場をとるようになった。パスカルはデカルトと同じく偉大な数学者にして物理学者であり、『幾何学的精神について』の中で幾何学的な完全論証による方法の八規則を説き、明晰な認識を追究した。ところがパスカルは人間が現実には無限空間の中に置かれている点に、しかも人間が二つの無限、つまり無限大と無限小の直中にある点に、驚異の目を向けた。パスカルの目は無限にひらかれた世界の新しい事実よりもさらに強力な人間の新しい現実に立ち向かったのである。それは新たに拓かれた世界の直中《ただなか》での人間としての自覚から起こった。パスカルにおける人間の自覚を、①宇宙における人間の位置、②道徳における人間の現実という二つの点にかぎってここではとりあげてみたい。

①「考える葦」としての人間の偉大さ

パスカルは宇宙空間の驚異によって恐れと未曾有の孤独感に襲われた。「この無限の空間の永遠の沈黙はわたしをおそれしめる」（パスカル『パンセ』断章二〇六、前田陽一・由木康訳、『世界の名著24』所収、中央公論社、一九六六年、一五六頁）と彼は『パンセ』の中で語っている。科学者の精神を満たしている宇宙は、人間の心情に何も語っていないので、無限大の宇宙に対し人間は微小なはかない存在にすぎない。何も語ってこない宇宙の無限に曝され、孤独に耐えているパスカルは、思惟する人間の自覚によって宇宙における人間の地位を明らかにする。これが「考える葦」としての人間の自覚である。

人間はひとくきの葦にすぎない。自然のなかで最も弱いものである。だが、それは考える葦である。彼をおしつぶすために、宇宙全体が武装するには及ばない。蒸気や一滴の水でも彼を殺すのに十分である。だが、たとい宇宙が彼をおしつぶしても、人間は彼を殺すものより尊いだろう。なぜなら、彼は自分が死ぬことと、宇宙の自分に対する優勢とを知っているからである。宇宙は何も知らない。だから、われわれの尊厳のすべては、考えることのなかにある。われわれはそこから立ち上がらなければならないのであって、われわれが満たすことのできない空間や時間からではない。だから、よく考えることを努めよう。ここに道徳の原理がある。(前掲訳書、断章三四七、二〇四頁)

この有名な断章でパスカルの人間の捉え方が端的に示されている。「考える葦」という人間の定義は「葦」がか弱い存在に対する比喩であることを補足すればすぐれた規定である。「葦」という表象は旧約聖書の「傷ついた葦を折ることなく」(イザヤ四二・三)という聖句に由来する。人間は少し雨が降り、洪水に襲われると溺死することがあるほど、「一滴の水」でもろくも破壊されるほどにか弱い。この弱い「葦」はしかし「考える」点で偉大である、と彼は言う。人間は自己の悲惨さを知り、宇宙の優勢がわかっても、宇宙自身は何も知らないのであるから、思惟にこそ人間の偉大さと尊厳がある。ここに宇宙の無限空間の中で自己の存在の場を失った人格の新しい自覚がある。彼は続く断章でこの点を次のように明確に説く。すなわち「わたしがわたしの尊厳を求めなければならないのは空間からではなく、わたしの考えの規整からである。……空間によって宇宙はわたしをつつみ、一つの点のようにのみこむ。考えることによって、わたしが宇宙をつつむ」(前掲訳書、断章三四八、二〇四頁)と。このことに関してカントは、空間と時間がそれ自体で成立するのではなく、人間の感性から離れると存在しない、したがってそれは人間の感性の形式にすぎないと後に説いた。カントがこのようにパスカルの問いに対し、回答したことは興味深い。

人間は自然に対面している。だがデカルトが考えたように、自然と人間の精神とは二元論的に対置されているのではない。問題なのは自然の中で人間が現実的にどのように考えられているかである。パスカルの言う無限の空間は、デカルト的観念に現われた「延長」ではなく、人間を圧倒し、惨めな意識を呼び起こすのである。それでも人間にはその思考によって宇宙に優る尊厳が認められる。このような自然に対する人間の認識する能力からカントの批判哲学の「超越論的方法」が生まれてくるからである。

②道徳の領域におけるパスカルの人間的自覚

それはまことに瞠目すべき洞察に満ちている。パスカルは人間の本性が二つの無限の中間者として不断の動態の中にあり、気ばらしと倦怠に陥っていると指摘する。「倦怠。人間にとって、完全な休息のうちにあり、情念もなく、仕事もなく、気ばらしもなく、集中することもなしでいるほど堪えがたいことはない。すると自己の虚無、孤独、不足、従属、無力、空虚が感じられてくる。たちまちにして、彼の魂の奥底から、倦怠、暗黒、悲哀、傷心、憤懣《ふんまん》、絶望がわき出るだろう」（前掲訳書、断章一三一、一二〇頁）。パスカルの努力は人間が自己自身の存在に正しく出会うことに向けられた。というのも人間は自己自身から絶えず逃走し、転落した状態にあり、自己を考えず、本来的在り方を忘れているからである。したがって人間はいつも二つの地平の上に生きている。つまり、彼は決して意識することのない自己の真の存在の地平と、自ら招き欲した欺瞞的な平均人としての地平とにまたがって生きる。

人間の本性は、二通りに考察される。一つは、その目的においてであり、その場合は偉大で比類がない。他は多数のあり方においてであり、……その場合は人間は下賤で卑劣である。人間に対して異なった判断を下させ、哲学者たちをあのように論争させる原因となる二つの道が、ここにあるのである。(前掲訳書、断章四一五、二二三頁)

しかし、この対立する二つの地平は一つに落ち合っている。すなわち、人間の自覚において一つに結びつく。続く断章でパスカルは次のように言う。「要するに、人間は自分が惨めであることを知っている。だから、彼は惨めである。なぜなら、事実そうなのだから。だが、彼は、実に偉大である。なぜなら惨めであることを知っているから」と(前掲訳書、断章三九七、二二三〜四頁)。この自知としての自覚は現実の悲惨さの認識を通して、逆説的に本来的自己の偉大さを証明している。つまり否定的事態は何かの否定であって、否定はそれが否定である本来の肯定を間接的に示している。わたしたちはこれを「否定を通しての間接証明」と見なすことができる。この証明の仕方はあの「廃王の悲惨」についての断章から立証できる。

人間の偉大さ。人間の偉大さは、その惨めさからさえ引き出されるほどに明白である。なぜならわれわれは、獣においては自然なことを、人間においては惨めさと呼ぶからである。そこで、われわれは、人間の本性が今日では獣のそれと似ている以上、人間は、かつては彼にとって固有なものであったもっと善い本性から、堕ちたのであるということを認めるのである。なぜなら、位を奪われた王でないかぎり、だれがいったい王でないことを不幸だと思うだろう。(前掲訳書、断章四〇九、二二二頁)

ここで「位を奪われた王」というのは「廃王」のことで、廃王でなかったら自分が王でないことを誰も嘆いたりしない。このようにパスカルが人間本性の壊敗について嘆くとき、ヤンセニズムによって当時説かれたパウロ的・アウグスティヌス的伝統に彼は立っていた。だが、パスカルは人間の悲惨だけでなく、同時にその偉大さを語ることによって、人間の矛盾した在り方を捉え、キリスト教的善悪の二元論を超えて、それを深めた形で継承している。それは矛盾における人間の現実であって、ここからキリスト教人間学に入ってゆく。こうした人間の悲惨と偉大の逆説的同時性の主張は、ルターの「義人にして同時に罪人」の捉え方に近づくものであり、宗教改革者的な特性を帯びている。彼は次のように言う。

では人間とはいったい何という怪物だろう。何という新奇なもの、何という妖怪、何という混沌、何という矛盾の主体、何という驚異であろう。あらゆるものの審判者であり、愚かなみみず。真理の保管者であり、不確実と誤謬との掃きだめ。宇宙の栄光であり、屑。……そうだとしたら、尊大な人間よ、君は君自身にとって何という逆説であるかを知れ。へりくだれ、無力な理性よ。だまれ、愚かな本性よ。人間は人間を無限に超えるものであるということを知れ。(前掲訳書、断章四三四、二三七〜二三八頁)

このような人間は自己認識の深みから再度、自己を無限に超越した永遠者なる神を求めるようになる。こうしてパスカルはデカルトと対決するようになった。

デカルトとパスカル

デカルトは人間を理性的自律な存在として説いた。しかしパスカルは、人間が自律的でなく、自己に満足せず、他の存在のように自然に与えられた素質だけを発展させていくわけにはいかなくなった。現実の人間の条件を顧みることによって彼はたえず自己を超えるものを目ざし、脱自的に現実を超越すべきであると説いた。もし自己を超えて生存しないならば、自己のはるか下方に転落していくことになる。これこそキリスト教の説く「堕罪」の本来的意味である。この自己は単なる自然的な性質に帰せられることのない「人格」である。一般的に観察すると、人々は人格に付帯しているさまざまな「性質」のゆえに他者を愛しているのであって、他者の現実における実質のゆえに愛しているのではない。

デカルト哲学はこの種の現実の中でうごめいている「自己」の実質を掘り当てていない。というのも「考える自我」という認識主観は、純粋思惟というガラス張りの透明な抽象物にすぎないからである。この観点からは人間の究極の謎を哲学は解くことができない。哲学の支配領域は有限的で、安定した一義的なものとなっており、無限的で、流動的で、両義的な現実が脱落している。それに対してパスカルは「幾何学的精神」の対極に位置する「繊細な精神」を強調した。無限の多様性を秘めた人間の精神はこの第二の方法によって取り扱わねばならない。というのも人間を真に特徴づけているものは、この人間性の繊細さ、多様性および自己矛盾なのであるから。

わたしたちは近代ヨーロッパが生んだ、二人の偉大な哲学者の思想を考察することができた。とりわけ彼らによって示された自己理解、つまり「自我」の共通点と相違点とがそこで指摘された。こうした対立する二つの類型はヨーロッパ思想史ではさらに大きく発展して、ドイツ観念論と実存哲学の対決としていっそう大がかりに展開することになる。

第15章
啓蒙思想と敬虔主義

一八世紀は啓蒙主義の時代である。啓蒙とは旧来の権威や偏見、俗信のもつ無知蒙昧から理性により自己を解放し、自由な批判的精神に生きることをいう。イギリスのロック（一六三二〜一七〇四）やヒューム（一七一一〜一七七六）、フランスのルソー（一七一二〜一七七八）やヴォルテール（一六九四〜一七七八）、ドイツのレッシング（一七二九〜一七八一）やカントがこの時代を代表する偉大な思想家である。このような啓蒙思想はヨーロッパ思想史のもっとも魅力ある展開であって、これらの思想を体得することによって人間としての生き方を学ぶだけでなく、社会を古い束縛から解放し、新しい文化が築かれたことを学ぶことができる。しかしわたしたちは、啓蒙思想には初めからそれに対決する敬虔主義があったことを忘れてはならない。そこに理性に立脚する華やかな文化形成に対決する深遠な思想の流れが見いだせるのである。これまで我が国における近代ヨーロッパ思想史の研究は、啓蒙主義だけに偏向しており、それに対決する敬虔主義の存在を知らずに見過ごしてきてしまった。それでは歴史の正しい理解とは決して言えない。啓蒙主義の理性には敬虔主義の霊性が対決していた。

啓蒙とは何か

ヨーロッパ近代文化は近代思想によって開花する。それは合理主義と個人主義という二つの基本的特質を備えもっている。それは一般には「啓蒙」（Aufklärung, enlightenment）と呼ばれる思想運動となって現われているが、これから考察するようにヨーロッパの国ごとに異なる展開を見せている。とりあえずその特質をここではドイツ啓蒙思想を代表するカント（一七二四〜一八〇四）によって捉えてみよう。彼は封建的な領邦国家の分立状態が続いたため近代市民社会が発達できないでいたドイツに、現実の政治革命ならぬ「思想の天空で行なわれた市民革命」（ハイネ）を導入し、批判哲学者にふさわしい思想を生むに至った。彼はヒュームにより「独断の微睡《まどろみ》」から目ざめさせられ、ルソーにより人間の自由と尊厳を教えられて、理性の批判的検討と自律的市民の自由とによって啓蒙思想を樹立した。『啓蒙とは何か』においてカントは次のように啓蒙を定義している。

啓蒙とは人間が自己の未成年状態を脱却することである。しかし、この状態は人間自らが招いたものであるから、人間自身にその責めがある。未成年とは、他者の指導がなければ自己の悟性を使用し得ない状態である。また、かかる未成年状態にあることは人間自身に責めがあるというのは、未成年の原因が悟性の欠少にあるのではなくて、他者の指導がなくても自分からあえて悟性を使用しようとする決意と勇気とを欠くところに存するからである。それ

だから **sapere aude**「あえて賢かれ」、「自己みずからの悟性を使用する勇気をもて」——これが啓蒙の標語である。……ところでかかる啓蒙を成就するに必要なものはまったく自由にほかならない。なかんずく、およそ自由と称せられるもののうちで最も無害なもの、すなわちあらゆる事柄について理性を公的に使用する自由である。（カント『啓蒙とは何か 他四篇』篠田英雄訳、岩波文庫、一九七四年改訳、七〜一〇頁）

カントのいう「理性の公的使用」が政治家の現実的政策には適応できず、むしろ学問的吟味において有効に発揮されるため、彼は理念的体系をめざし、理念から現実を批判的に吟味するという理想主義的な特色をもっている。

イギリスの啓蒙思想

イギリスの啓蒙思想はホッブズとロックによって開幕する。ホッブズはその主著『リヴァイアサン』を「一方ではあまりに大きな自由を主張し、他方ではあまりに多くの権威を主張する人々」との間にあって「保護と服従の相互関係を明らかにしようと」してピューリタン革命のさなかの一六五一年に出版した。彼は人間が本来平等であるという前提から出発する。「自然は人間を心身の諸能力において平等につくった」。この「能力の平等」から目的達成にさいしての「希望の平等」が生じる。そこで、二人のものが同一のものを欲し、同時にそれを享受できないと、敵となり、相手を滅ぼすか屈服させようとする。こうして生じる相互不信から自己を守るためには機先を制して相手を支配するしかない。このような人間の本性の競争・不信・自負によって戦争状態が生じている。そこから彼の有名になった言葉、「万人の万人に対する戦争」（Bellum omnium contra omnes.）また、「人間は人間に対し狼である」（Homo homini lupus est.）が発せられる。それゆえ本能的な欲望である自然権を放棄し、平和について理性が示す戒律と諸条項に関し協定を結ぶように導かれる。これが社会契約であって、「戦争は人間生来の諸情念から必然的に引き起こされるものであり、実際、何か恐ろしい力が目に見えて存在し、人間がその力を畏れ、懲罰に対する恐怖から諸契約を履行し、自然法を遵守しないかぎり、避けられないものである」。したがって、自然法だけでは平和は達成されがたく、「剣を伴わない契約」は無意味である。この契約により万人が一つの人格に結合され、コモンウェルスつまりキウィタスという「地上の神」なる「リヴァイアサン」（大怪獣）が誕生する。この人格を担うものが主権者であり、それ以外はその国民である。

ところがホッブズが最善の国家形態とした絶対君主制は、ロックの時代になると市民社会と矛盾するものとなり、契約も立憲君主制における「信託的権力」と「抵抗権」の主張へと移っている。国家の最高権としての立法権について「立法権は、ある特定の目的のために行動する信託的権力にすぎない。立法権がその与えられた信任に違背して行為したと人民が考える場合には、立法権を排除または変更し得る最高権が依然としてなお人民の手に残されているのである」（『市民政府論』鵜飼信成訳、岩波文庫、一四九節）。

さらに、国家に対する抵抗権もしくは革命権も主張されるようになる。一般的にいって国民の福祉である共通善が最高の法であり、これが暴力によって阻まれる場合には、国民には抵抗権があるとロックは説き、自己保存のため契約によって成立した社会を維持するという目的のためには、統治の解体もあり得ることが宣言された。そこには政治的な統治に対する市民社会の優位が明らかに主張されている。また、このような社会思想の根底には「自己保存の神聖不可変な根本法」がはっきりと語られており、自己保存のために契約を結んで市民社会を組織し、この社会の自己保存のためには政治的統治形態の変革を認める「革命権」が主張された。近代的人間の主体性は所有権という経済的自由の確立に具体的に表明されており、ここにわたしたちはイギリス啓蒙思想が市民革命にまで発展している姿を見ることができる。

フランスの啓蒙思想

啓蒙思想の革命的な働きはフランスにおいても実現した。ジュネーヴ生まれの啓蒙思想家ルソー（一七一二〜一七七八）はロックの社会契約の考えを受け継ぎ、それをいっそうラディカルに発展させ、彼の思想はブルボン王朝の圧政下に苦しむフランスにおいてフランス革命、とりわけジャコバン党の指導原理となったといわれる。かつてホッブズが主権を絶対君主に求めたのに対し、ルソーは人民主権の絶対性を力説して、人民は主権者であり、同時に臣民でもあると言う。この臣民という言葉と主権者という言葉とは盾の両面であって、この二つの言葉は、市民という一語に合一する。そもそも国家というものは人為の所産に過ぎず、人の命はかぎりがあっても、国家の構成を最善に改革することによって、長寿を全うできる。しかも国家は廃止され得ないいかなる理由もないのであるから、人間の理想状態たる自然に向かって帰ることはできる。これが「自然に帰れ」のスローガンとなる。

このようにルソーの革命権の主張はロックよりも遥かにラディカルなものとなっている。しかも全体意志を否定して一般意志（全体意志の総和から過大と過少とを差し引いたもの）に主権を置いたことは、代議制を否定して直接民主制に移行していることを表わし、ロックには見られなかった革命的独裁の思想を明らかに読み取ることができる。「執行権をまかされた人々は、決して人民の主人ではなく、その公僕であること、人民は好きなときに、彼らを任命し、解任しうること」という主張のなかにこの傾向はすでに明白になっている。したがってルソーの思想は、元来ジュネーヴのような小都市国家を念頭においていたにもかかわらず、大国のフランスにおいては、ロックの立憲君主制に立つ思想よりも遥かにラディカルな人民共和制をめざす、革命的民主主義としてフランス大革命を導く中心思想となった。

もちろん、イギリスとフランスとでは同じヨーロッパに属しているとしても、国民性・伝統・宗教・政治の歴史が相違している。イギリスはマグナ・カルタ以来王権を縮小することにより議会制の拡大に努めてきた。そこにイギリス貴族の政治的貢献が認められる。ロックはそのような貴族の秘書として活躍し、彼の思想はイギリス社会に受け入れられ、近代市民社会の代表的思想家となった。ところがフランスでは事情はまったく違い、ブルボン王朝は強大であり、貴族は王権の側に原則として立ち、第三身分たる人民を搾取したため、人民との身分的・経済的格差は大きく広がるばかりであった。こうして多くの国民のルサンティマンは高まってゆき、ついに性格的に同質のルサンティマン的なルソーによって点火され、過激な暴力革命に突入することになった。

ドイツの啓蒙思想

ドイツ啓蒙主義の代表者はレッシングであった。彼は小都市の図書館員であったとき、歴史家ライマールス（一六九四～一七六八）の遺作『無名氏の断片』や『イエスと彼の弟子たちの目的について』を出版し、キリスト教史上最も大きな嵐の一つをまき起こした。これにより史的イエスの問題が生じたのであるが、シュヴァイツァー（一八七五～一九六五）の『イエス伝研究史』によるとライマールスの説は次のようである。イエスの「目的」は弟子たちのそれと相違していた。「わが神わが神」との十字架上の叫びからイエスの目的が挫折したことを理解すべきである。つまり政治的メシアとして外国の支配からの解放を彼は自己の目的としたが、失敗に終わった。それに対し弟子たちの目的のほうはこれと違っていた。彼らはその夢が破れたのち、もとの仕事に戻る気持はなく、イエスの死体を盗んで、復活と再臨とのメッセージを作り、仲間を集めた。だから弟子たちがキリスト像の創作者である。

ライマールスは歴史上のイエスと宣教されたキリストが同一でないこと、歴史と教義とは別であることを説いた。これにより大きな興奮と憎悪が生じたが、啓蒙主義の批判的精神は定着するようになった。レッシングがこの遺作を発表した勇気は彼を偉大にした。こうして歴史学的研究によって聖書も歴史的に制約された一文献であることを示し、正統主義の聖書無謬説に攻撃を加えた。彼はまた『人類の教育』で人類がいまや理性の時代に達したことを、哲学と宗教における歴史的進展の思想によって明らかにした。自律的な理性は神の霊によって教えられるもので、理性の時代は聖霊の時代の実現である。彼はまた『賢者ナータン』で回教とキリスト教とユダヤ教の出会いを扱い、諸宗教の相対性を説き、キリスト教の本質はすべての真の宗教と同一であり、それが愛であると主張した。

啓蒙主義の最大の代表者はカントであった。彼はデカルトの流れをくむライプニッツ（一六四六～一七一六）やヴォルフ（一六七九～一七五四）の合理主義の哲学を批判的に継承し、理性万能の見方に対し、理性自身の認識能力に対する学問的な批判と検討を欠くゆえに、独断的形而上学に陥っている点を指摘した。こうして彼は人間理性の有限性を力説し、「信仰に場所を与えるために、〔誤った〕知識をとり除かねばならなかった」と『純粋理性批判』第二版の序文に述べているように、合理主義の思弁的越権行為を批判し、キリスト教信仰への道を開くと共に、自らは道徳的命法の無制約性に立って有限性を突破する道徳形而上学を確立した。

カントはプロテスタンティズムの哲学者であると言われる。それはギリシア正教の哲学者にプラトンが、ローマ・カトリックの哲学者にアリストテレスが当たるのと比較される。カントのカテゴリー論は人間理性の有限性を説き、弁証論は理性の超自然的領域への適用の誤りを指摘し、とくに神の存在証明の無意味であることを明らかにし、ただ信仰によってのみ永遠なるものに達しうることが説かれている点で、彼はプロテスタント的である。また道徳哲学において善を「善意志」という主体性に求め、外面的な「合法性」や偶然的な「傾向性」を排除し、義務のために義務を負う動機の純粋性に道徳的価値をおいた点で、信仰義認論の影響が明白である。

さらにカントは『宗教論』で人間の現実の意志が歪曲している事実を「根本悪」として捉え、キリスト教の原罪の教えに同意している。根本悪とは道徳法則を行動の動機とするか、それとも感性的衝動を動機とするかを意志が選択する際に、どちらを他方の制約にするかという従属関係によって意志は善でもあり悪ともなりうるが、正しい従属関係に立つ道徳秩序を転倒することによって悪は自然的性癖となって人間の本性にまで根づいている事実をいう。この根本悪の主張はゲーテ（一七四九～一八三二）のような啓蒙主義を越えた人びとにさえカントは哲学のマントをけがしたと嫌悪されたものであったが、ここにルターの「自己自身へ歪曲した心」という原罪の理解への共感が見いだされるといえよう。カントはいう、「しかし、こんなに歪曲した材木から完全に真直ぐなものが造られるとどうして期待しえようか」と。

しかし、カントの『宗教論』における宗教思想は道徳的宗教にすぎなかった。「宗教とはわしたちの義務のすべてを神の命令として認識することである」と定義される。あることを義務として承認する以前にそれを神の命令として学ばねばならないのが啓示宗教であり、神の命令として知る以前にそれを義務として知らねばならないのが自然宗教である。神の愛と隣人愛とを義務として知るキリスト教は自然宗教であり、キリストが二つの愛を教えるから啓示宗教でもあるが、奇蹟、神秘、恩恵の手段などを信じるのは迷信である。祭儀的経験的教会は理性に立つ本質的教会の規準により批判され、現実の教会を否定するほど彼の宗教論はラディカルなものであった。

敬虔主義の覚醒運動

敬虔主義は一七世紀の終わりから一八世紀にわたって起こったドイツとイギリスにおける信仰の覚醒運動である。創始者はシュペーナー（一六三五〜一七〇五）であって、その『敬虔なる願望』はルター派教会の霊的な改革を提案したものであり、これによって敬虔主義が発足したといわれる。彼の敬虔主義では「再生」（Wiedergeburt）がその中枢をなす概念であり、ルターの宗教改革理念の根幹であった「義認」（Rechtfertigung）に代わるものである。義認が法廷的な無罪放免として把握されると、自己自身の変革が見失われ、どうしても外面的となり、そこから教義の体系化と信仰の形骸化が生まれ、倫理的な形成力が衰退するがゆえに、義認を再生の内に組みいれ、再生に最大の重点が置かれるに至ったのである。彼は、再生によって人間が、来世においてのみならず、すでに現世においても救済される可能性を見出した。彼の敬虔主義はまさにこの可能性を現実化する方法の探求と実践であった、と言うことができよう。こうして「内面に深まることが同時に外に向かって活動する実践を生み出している」。つまり内面性の深化が力強い実践への原動力となっている。

彼はルターの「『ローマ人への手紙』の序言」において生活の改善を実現する信仰が「心の根底」（Herzengrund）から生じていると説かれている点を指摘している。しかし、彼によりこの言葉が使用されてはいても、その本来の意味ではもはや使われていない。というのは彼がこの書の序文でも語っているように、ドイツ神秘主義の影響を人がそこに見て、異端であるとの批判を避けるためである。そこで彼は「われわれのキリスト教全体は、まったく〈内なる人あるいは新しい人〉(inner oder neuer mensch)において成立し、このような人の魂こそが信仰であり、このような人の働きが生命の果実であるから、説教は総じてこのことを目ざしてなされるべきである」と説いた。つまり異端の嫌疑を回避すべく、彼は「心の根底」の内の「根底」を避けて「心」概念のほうを使用している。

したがってシュペーナーに始まるドイツ敬虔主義においては「内なる人」とか「心」概念によってまた信仰の内的な再生力によって実践的な活動が強力に押し進められた。それに対しルターには教義の改革者という側面がやがて前面に現われてきて、ルター派教会は正統主義に傾いていった。それゆえドイツ敬虔主義はルター派教会と全面的に対決するに至った。ところが時代が進むとドイツ敬虔主義は同様に内面的な傾向が強かったが、内面性の原理が相違する啓蒙思想と対決するようになった。前者が信仰と霊性に立っているのに対して、後者は理性と自己確信に立脚していた。

さて、ドイツ敬虔主義者ツィンツェンドルフ伯(一七〇〇~一七六〇)の時代は、ドイツ思想史において啓蒙主義が支配権をにぎった時期であって、合理主義的にすべてを解明し、宗教を道徳に還元して解消しようとする傾向が強かった。伯爵はこの風潮がイギリスの理神論から派生していることを明瞭に洞察していた。これに対決して彼は敬虔主義的な情熱を燃やして次のように語っている。「宗教の領域でみなが救い主について語るのを恥じる時が来るならば、それは大いなる誘惑の時である。そしていま、非常な勢いでそうなろうとしている。……そういうわけで、道徳、徳目、ある種の義務、神の本質、創造といった高級なテーマで立派な説教がなされるときは、教区監督や正牧師が説教するであろう。だが受難の説教や救い主の誕生の説教のときは神学生にやらせるであろう」（シュミット『ドイツ敬虔主義』小林謙一訳、教文館、一八〇～一八一頁からの引用）。

こういった宗教を道徳へ還元する傾向は続くカントの啓蒙主義において事実起こっている事態である。これは「宗教とはわたしたちの［道徳的］義務のすべてを神の命令として認識することである」とカントは定義しているところを見ても明白である。ツィンツェンドルフ伯が正確に予測していたこういう状況に直面して、彼は断固、歴史的信仰に固執すると宣言する。それだけでなく彼は、歴史的信仰こそ現在もっとも必要な指針であることを強調した。歴史また歴史的現実こそ、彼にはキリスト教の核心であった。こうしてヘルンフート派は単純な聖書信仰を啓蒙時代をつらぬいて保持することができた。そして彼にとらえられ、深く影響を受けた一九世紀最大の神学者シュライアマッハー（一七六八～一八三四）はヘルンフート派から決定的な影響を受けており、『宗教論』において根本的にはツィンツェンドルフ伯に従っており、先に引用した宗教を道徳に還元する時代の傾向を批判した伯爵の予言を実現した「遺言執行人」であるといえよう。

シュライアマッハーの『宗教論』

ここでは彼の宗教の本質の理解がドイツ敬虔主義から生じている点を宗教の本質理解から明らかにしてみたい。

①宗教の本質的な理解

『宗教論』では「宗教の本質は知識でも行為でもなく、直観と感情である」（Über die Religion, Phil. Bibl. S.255）と簡潔に語られている。したがって、宗教は知識や哲学でもなく、行為や道徳でもない。とくに啓蒙主義者が蔑視するような幼稚な哲学でも、カントが説いたように道徳の付録でもない。哲学は実在しているものを考察して対象化し、「自分自身の中から世界の実在性と世界の法則とを紡いで」（ibid., 24）、観念的世界を造りだしている。それに対し宗教は人間が能動的に産出するものを超えたもの、「人間がそれに対し根源的に受動的なものとみずから感じるもの」によって「子どものような受動性で捉えられ、満たされようとする」。これが宇宙として捉えられた実在に根拠を置く「高次の実在主義」である（ibid., 29, 31）。

この実在をとらえる働きがシュライアマッハーにより「直観」（Anschauen）とか「感情」（Gefühl）といわれるものである。この直観は受動的なものであるから、高次の実在の側からの作用によって生じる。「あらゆる直観は、直観されるもの〔対象〕の直観するもの〔主観〕への影響から、すなわち直観されるものの本源的にして独立せる行為からでてくる。こうして直観するものは、直観されるものの行為を直観されるものの性質に従って受け取り、総括しかつ会得する」（ibid., 31）。また直観は主体における有意義な体験となって生じるので「感情」とも呼ばれている。さらにこの直観の対象はロマン主義の概念によって「宇宙」また、「一者」「全体」「無限者」「永遠の世界」「天上のもの」「世界精神」とも呼ばれる。それは万有に働きかける創造的主体としての神性を意味し、有限なる存在が自己の有限性の自覚によってこの無限者なる神性と合一するところに、宗教は成立する。ここに神秘的合一を目指すドイツ神秘主義のモチーフが見出される。

「宗教は宇宙を直観しようとする」（Anschauen will sie［Religon］das Universum）ものであり（ibid., 29）、この宇宙を直観できる「人間は生まれながら、いろいろな他の素質をもっているように、宗教的素質をも具えている」（ibid., 80）。この宗教的素質は一般には人間の「霊」の作用に求められるが、ヘルンフートの敬虔主義によって育てられたシュライアマッハーにあっては「心情」（Gemüt）に求められた。ドイツ神秘主義の伝統において「霊」は「魂の根底」として探究されてきたが、ドイツ敬虔主義では「根底」よりも「心情」において把握してきた。彼は啓蒙主義が風靡する時代にあって秘密に満ちた「宇宙」もしくは「神性」の活動を内面的な「心情」において受容し、福音主義の伝統にしたがって新しい神学の基礎をつくりあげた。宗教の根源が心情に置かれることによって、宗教は形式主義や信条主義から解放されたのである。

②ドイツ敬虔主義の影響

シュライアマッハーが青年時代に受けた敬虔主義の影響は、カントとその啓蒙主義の洗礼を受けることによっても消えることなく、彼によって宗教は心情という人間存在の根底に認められる運動によって捉えられている。このことは『宗教論』の中で青年時代に宗教的な懐疑に陥ったときのことを回顧した文章に明らかである。「わたしは人間として人間性の聖なる神秘について自分が考えることを語りたい。それはわたしがまだ青春の激情の中で、未知のものを追い求めていたとき、すでにわたしの内にあったものである。それは、わたしが思索し生活するようになってからも、わたしの存在の最も奥深い内的な動因となったものであり、時代と人類の激動がいかなる仕方でわたしを揺り動かそうとも、それはわたしにとって永遠に最高のものとして留まるであろう」(ibid., 3)。しかもこの宗教的な内面の動きは父祖の敬虔主義に由来するものであって、啓蒙思想の洗礼を受けたときにも失われることなく厳に存在していたものである。

したがって、啓蒙思想の合理主義によって神や不死といった思想が批判されても、宗教はそのような理念や教えとまったく異なる次元に、つまり自己の存在の根底に位置するものであった。その場所は神秘主義の用語をもって「聖なる暗闇」(heiliges Dunkel) とか「人間性の神聖な秘義」(heilige Mysterien der Menschheit) とか呼ばれた。この種の体験は各人に固有にして直接的な体験であって、概念によって一般化できない個別的な内的性質のものであり、それは「心情」という固有な領域に求められた。

③「心情」の宗教

それゆえ心情 (Gemüt) がどのように理解されているかを考えてみよう。まずわたしたちは心情の場所的表現が『宗教論』の冒頭部分に示されていることに注目すべきである。心情の場所的な表現こそドイツ神秘主義の「魂の根底」に代わるものを示唆しているように思われる。

このような宗教的な「心情」は人間存在の「深み」「神殿」「根底」として把握される。この根底なる心情で起こる出来事は魂と永遠者との婚姻という「神秘的な合一」である。この崇高な瞬間は大転換を引き起こすカイロス（決断の時）となっている（S.148）。こうして心情と宇宙とが合一する神秘的な経験は「心情が宇宙に初めて歓迎され抱擁された状態」として語られる。この神秘的な合一は「無限者の有限者との婚姻」とも、「自己の精神生活の誕生日」とも言われる（ibid., 149）。

このようにして心情において無限者なる神と出会い、その創造の全体が宇宙としてその真実なる相貌において現われ、人がそれに感応するとき、「超越論的な生命の根源」（transzendentaler Lebensgrund）としての内的感情が湧きだし、この感情に支えられて、自己存在、知識、行為、判断などが生まれ、「存在し得るすべてのものは、宗教にとって真実で、不可欠な無限者の形象」となる。それゆえ「敬虔な心情の持ち主にとっては、宗教はすべてのものを、神聖でないものの、卑俗なものさえも神聖にし、価値あるものにする」（ibid., 37）。ここには敬虔主義的な心情が表明されているが、それを誤って心理学的な主観主義と解釈してはならない。

シュライアマッハーの説く心情は、ドイツ神秘主義の「根底」学説に見られるような神や神性が現臨する場所であって、そこでは神の啓示を受容する作用として理解された。この意味で彼はカントと啓蒙主義の影響を受けながらも、宗教の独自の意義を説き明かした近代神学の父であるのみならず、霊性の真の復興者にして提唱者であった。

第16章
ヘーゲルの思想体系

これまで近代社会の形成過程にあらわれた思想を啓蒙時代の哲学者カントに至るまで検討してきたが、いまだ近代市民社会と国家との区別は明瞭には意識されていなかった。近代の市民社会が産業資本主義として完成し、それまでの自然的・本性的な共同社会と対立して捉えられるようになるのは、ヘーゲルに始まるといえよう（ドイツ観念論とはカントの影響を受けたフィヒテ〔一七六二～一八一四〕、シェリング〔一七七五～一八五四〕、ヘーゲルの哲学思想を総括する概念である。この概念を広義に解して、これらの哲学者により影響を受けているか、あるいは著作に観念論的モチーフをもっている同時代の思想家・著述家をもいう場合がある）。こうして資本主義以前の共同社会と対比して市民社会は「利益社会」としての特徴が与えられるようになり、市民社会が「近代社会」と呼ばれたのに対して、それ以前の社会は「伝統社会」と称せられ、近代社会と並んで、ときにはその背後に隠れながらも、今日にいたるまで存続してきている。それゆえ、古代社会以来、否、それ以前からすでに存在していた地縁的・血縁的な共同社会は氏族や部族さらに民族として拡大し、国家として組織され、小都市の規模から時に大帝国にまで膨張しながら発展してきたのである。このように共同体の規模が拡張されるに応じてその権力は増大していった反面、村や小都市に見られる強い拘束力がゆるんで行き、個人は相対的に自由を獲得していったのである。中世の封建社会において個人の意識および自由の意識は次第に成長し、一四世紀の後半から一六世紀に入る頃には個人の自覚は強まるようになった（C・モリス『個人の発見――一〇五〇～一二〇〇年』古田暁訳、日本基督教団出版局、一九八三年参照）。そして人々は近代人に特有な主観性に基づいて個人主義と合理主義とを徹底的に追求した結果、個人が社会に先行し、個人の社会契約の行為によって社会状態が造り出されると考え、人間の力によって新しい社会を形成しようと試みるに至った。今や理性による啓蒙の時代から政治的な革命の時代に人々は突入していき、ついにアメリカ革命やフランス革命が勃発するのである。

ヘーゲルとフランス大革命

ヘーゲル（一七七〇～一八三一）は大学時代にフランス革命のニュースを聞き、フランス人の手本にならい友人と一緒に自由の樹を植え、その周りを輪舞するほどの影響を受けた。またイェーナで教鞭をとっているときナポレオンの姿を目にして自由を実現する「世界精神」の歩みを見て捉えている。さらに、新たに起こってきた歴史学の強い影響のもとに社会的な意識をもって哲学を開始している。彼によって初めて社会と歴史が哲学の中心に位置するようになり、人間存在の本質的社会性と共同性とが説かれるようになった。彼はイェーナ時代の若き日に「人格と人格との共同は、本質的には個体の真の自由の制限ではなくて、その拡大とみなされなくてはならない。……最高の共同は最高の自由である」（ヘーゲル『理性の復権――フィヒテとシェリングの哲学体系の差異』山口祐弘・星野勉・山田忠彰訳、批評社、一九九八年、八五頁）と語っている。このことは例えば「命名する意識」としての「言語」や「老獪な意識」としての「労働」によって解明されており、さらには『精神現象学』の有名な一節「主人と奴隷の弁証法」における「労働の自由」の主張によって見事に解明され、マルクスに決定的な影響を与えた。

①フランス革命に先行するアメリカ革命の人権思想

ヘーゲルが大きな影響を受けたフランス革命に先立って、アメリカ革命が先行しており、独立戦争が続く一七七六年に合衆国の独立を宣言したことが甚大な影響を与えることになった。彼が生まれた頃にはイギリスとの対決は最終的に武力衝突に突き進んでおり、この闘争を支えたトマス・ジェファソン（一七四三～一八二六）が起草した「独立宣言」（一七七六年）に示されているように、ロックの自然権の思想が大きく影響した。だが、イギリスの思想家トマス・ペイン（一七三七～一八〇九）が独立の前に発表した有名な『コモン・センス』でのイギリスの国家批判も大きく影響していた。イギリスからの独立こそが植民地人にとっての世俗的な利益となるというのが、コモン・センス（常識）を形成したからである。こうして今や王侯貴族を排除した議会政治による共和国が求められた。ペインは代議制と民主政によって、それが大規模な形で実現が可能であると説いた。

②近代的な人権の特質

そこでわたしたちは近代市民憲法における人権の特色について考えてみたい。この憲法の精神はアメリカ革命とフランス革命を通して実現されたものであり、その後の人権保障の体制の先駆として近代市民憲法に登場してくる。まず人権の目的と権力の手段についてアメリカの独立宣言（一七七六年）は次のように明瞭に提示した。

われわれは、自明の真理として、すべての人は平等に造られ、造物主によって、一定の奪いがたい天賦の権利を付与され、そのなかに生命、自由および幸福の追求の含まれることを信ずる。また、これらの権利を確保するために人類のあいだに政府が組織されたこと、そしてその正当な権力は被治者の同意に由来するものであることを信ずる。（高木八尺・末延三次・宮沢俊義編『人権宣言集』岩波文庫、一九五七年、一一四頁）

このような人権思想はすでに、デカルトの始まり、ジョン・ロックや、ルソーによって説かれていたものであった。アウグスティヌスの『神の国』の国家学説を研究したフィジス（一八六六〜一九一九）がかつて語ったように、「あなたがどんなに高くルソーを評価したとしても、彼がフランス革命を起こしたのではなかった。それは長い間活動してきていた力の結果であった。ルソーはマッチをすって、火薬庫に火を付けたかもしれない。だが、彼は火薬を造ったわけではない」（J.N.Figgis, *The political Apects of St. Augustine's 'City of God,'* p.81.）。そこには他の多くの原因がそれに結合して初めて、歴史上重大な結果を生み出したといえよう。

③フランスの人権宣言

次にアメリカ革命によって大きな影響を受けた、フランスの人権宣言(一七八九年)を取り上げてみよう。そこには「あらゆる政治的結合の目的は、人間の自然的で時効によって消滅することのない権利を保全することである」(第二条)と述べられている。こうして人々は封建的な支配から自由となって人権の所有者となり、政治の目的がそれを保証するように仕向けた。したがって政府は、人権を維持し擁護するためにのみ認められており、その権力を行使することができるが、それを担当する者自身の利益のために権力を行使することはできない。

その際、人権の不可侵性が人間が生まれながらもっている権利、つまり自然権として認められた。それゆえ、いかなる権力といえどもこれを侵すことができないという不可侵性が強調された。このことをアメリカの独立宣言は「造物主によって一定の不可譲の天賦の権利」と表現し、フランスの人権宣言は「所有権は、一つの神聖で不可侵の権利である」(第一七条)と主張した(前掲訳書、一二三頁)。もちろん他の国民も不可侵の人権をもっているから、人権の名においても、他人の人権を侵害することはできない。したがって不可侵の人権にも、それに伴われる制約がある。それゆえ、フランス人権宣言第四条は「自由は、他人を害しないすべてをなし得ることに存する。その結果各人の自然権の行使は、社会の他の構成員にこれら同種の権利の享受を確保すること以外の限界をもたない。これらの限界は、法律によってのみ、規定することができる」(前掲訳書、一三一頁）と説いたのである。

このような人権宣言の淵源と精神的背景を、ハイデルベルク大学の教授ゲオルク・イェリネック（一八五一～一九一一）の『人権宣言論』（一八九五年）は宗教改革に求めている。彼は次のように説く。

個人のもつ、譲り渡すことのできない、生来の神聖な諸権利を法律によって確定せんとする観念は、その淵源からして、政治的なものではなく、宗教的なものである。従来、革命の成せるわざであると考えられていたものは、実は、宗教改革とその闘いの結果なのである。宗教改革の最初の使徒はラ・ファイエットではなくロジャー・ウィリアムズである。彼は力強く、また深い宗教的熱情に駆られて、信仰の自由に基づく国家を建設せんと荒野に移り住むのであり、今日もなおアメリカ人は深甚なる畏敬の念をもってその名を呼んでいるのである。

（初宿正典編訳『人権宣言論争』みすず書房、一九八一年、九九頁）

イェリネックのこの書は、フランスのブトミーとの間に論争を巻き起こすのであるが、この著書によってアメリカにおけるピューリタン時代の人権論者ロジャー・ウィリアムズ（一六〇三～一六八三）の存在が人権思想に対し重要な意味を担っていたことが知られる。このような人権思想の背景にある「人間の尊厳」と宗教的な人間観との関連は多くの人によって指摘されている（杉原泰雄『人権の歴史』岩波書店、一九九二年、三一頁。久保田泰夫『ロジャー・ウィリアムズ――ニユーイングランドの政教分離と異文化共存』彩流社、一九九八年参照)。

ヘーゲルの『精神現象学』

ヘーゲルの『精神現象学』について語る前に、彼はカントの二元論(現象と物自体、感性界と可想界、理論理性と実践理性)を批判し、それを一元化する統一的思想を目指したことを指摘しなければならない。彼によって批判されたカント哲学の問題点は何であったのか。カント哲学の何を彼が批判しようとしたのかを通して彼の思考の根本的性格をあげてみたい。

ⓐカント哲学は分析的であり、デカルト以来の自然科学的思考の影響下になおあり、分割・比較・総合という悟性の反省的立場に立っている。悟性は必然的に部分的確実性を目指し、物を固定して外から観察する客観性に固執するが、ヘーゲルによれば「真理は全体である」として批判される。

ⓑ次には質を捨象した形式主義が批判され、生ける形式は超越論的に主体に備わっているのみならず、生きる内容によって規定されて形式が現われてこなければならないといわれる。

ⓒカント哲学は主観的であり、物そのもの(物自体 Ding an sich)は認識できず、物の意識への現象、つまり対象ではなく対象性を扱っているにすぎない。したがって主観と客観が対置され、主観は客観を世界として対象となし、距離をおいて冷静に観察する。ところが現実には主観も物もすべて運動する歴史的世界の中にあってその発展的過程を歩んでいる。ヘーゲルは主観・客観

の分離を後に説明する実体＝主体学説によって克服しようと試みる。

ⓓカントのカテゴリーは形式論理学的に、つまり論理学の判断表から導き出され厳密ではあるが狭く限られており、弁証法の論理によってカテゴリーは拡大され、生ける実在に深くかかわるものとならなければならない。ヘーゲルは歴史のもろもろのカテゴリーの導出をとくに強調している。

ⓔカントは倫理学で動機の純粋性を説く心情倫理学に立っているが、義務のゆえに義務を負うといっても義務の間にも対立と抗争があり、実際には義務は多元的である。個人的義務の意識や主観的自由のみならず、社会での義務間の葛藤とその現実に実現している自由、つまり政治の領域での自由を問題にしなければならない。こうしてカントの義務論的倫理学からヘーゲルは人倫的社会倫理学へと発展している。

啓蒙時代の特徴は合理主義であり、この基底に自律としての自由が存在することがカントによってこれまで解明されてきた。だがそのような自由は当為の基礎にある内面的なる理念であったが、カントからヘーゲルに至ると、フランス革命による現実的政治的自由が前面に現われてくる。つまり、自由はカントのように頭の中で考えられた理念ではなく、国家という形で現に実現している自由として問題となっている。加うるに当時成立してきた歴史学の影響を受けて、ヘーゲルにおいては歴史的思惟が哲学の中心にまで定着してきた。彼自身すぐれた歴史家であり、歴史に深く沈潜して生ける精神を動的に把握することによって弁証法が確立される。弁証法は生ける現実の動きを捉える思惟であり、ヘーゲルの観念的体系に優ってこの思惟そのものをわたしたちは彼から学ばねばならない。

①『精神現象学』の根本思想

ヘーゲルは彼の主著『精神現象学』でシェリングの批判をも含めた彼の哲学を展開している。真の絶対者は初めから有限者を自己の契機として含み、みずから有限者として変化しながら動的に発展する。このような絶対者の「弁証法的運動」、それが「真理」であり「全体」であるが、この全体としての真理を把握するのが「学問」である。そして非学問的意識を学問にまで導くことがこの著作のテーマである。それゆえ「意識の経験の学」ともいわれ、「自然的対象的意識」が、「感覚的確信」「知覚」「悟性」を経て、「自己意識」に至り、さらに「理性」「精神」「宗教」という段階を通って、「絶対知」に至るにおよんで、哲学的精神の最高段階にまで達する意識の発展的過程が叙述されている。意識は発展的過程の各段階においてすべての事物の中にただ自己自身を再び見いだすという「経験」をなし、ついに絶対知において一切の対象を純粋な洞察へと止揚し、まさにそれによって自己自身を「精神」として完全に知るに至る。ここに意識はあらゆる知識を自己自身から展開することができる。

この書でヘーゲルが主張した思想の要点を挙げると次の三点に絞られる。

②「実体は主体である」

弁証法は本来思弁的（洞察的）思惟として対象を、それにかかわる関連のすべてと合わせて、つねに考察する。ある事がらの諸関連とは、それに対し単に外的にかかわるようなものではない。というわけは、ヘーゲルが言うように「実体はまた同じく主体として」把握されるべきであるから。つまり、すべての関連とは何かに「自己が関係する」ことなのである。したがってある事がらを特定の概念でもって規定しても、わたしたちがそれに関係し、反省を加えると、そのような概念的規定は抽象的であり、その対立と否定に出会う。だからこう言われる。「精神は否定的なものに直面し、これを見つめることによって、その死滅の中に自分を見いだす力である。この見つめることが否定的なものを肯定に、すなわち有に転じる魔力である。この魔力こそ精神の主体である」と。

精神は矛盾や否定の対立に出会うと初めの直接的即自存在に対し「他在」へ、またこの他在の中での反省として対自存在へと、したがって自己を外化する自己疎外へと移行するのであるが、この自己疎外の中で自己自身を新たに発見することにより、つまり他在としての客体へ自己を投入することによって自己自身に復帰する。客体の中に自己を沈下させることにより（subiecere）、客体の本質なる実体（substantia）を自己のものとして精神の主体は把握する。これが「実体は主体である」という意味であり、「主人と奴隷の弁証法」の中にとくに明確に展開している。

③「真理は全体である」

カントの分析的真理観と異なって、ヘーゲルは真理を全体的に総合的に捉えている。ある事がらのもつ真理はその「全体」にあって、全体が所有する諸規定と諸関連との全系列を精神が通過することによってのみ、われわれに全体は知られる。「真理とはいずれの人〔項・部分〕とても酔わぬことなき〔誤っている〕バッカスの祭りの人々〔全体〕の狂乱である」。真理認識の過程には誤謬・矛盾・不完全さの狂乱が前提され、精神はこの渦の中で共演しつつ真理に向かうゆえに、この狂乱という矛盾こそ全体的真理の本質的契機となっている。人間理性は有限的であり、一挙に全体としての真理を把握し得ない。したがって、試行錯誤を通って少しずつ真理に近づき得るのみである。ここから弁証法的思惟は肯定・否定・絶対肯定という三段階のリズムをとって運動することが明らかになる（詳しくは後述の「弁証法とは何か」を参照）。

④「精神とは我々なる我であり、我なる我々である」

ヘーゲルは自我の本質を相互的承認の関係の中にある社会的人倫的自己として把握する。この精神は著しく行為的、実践的性格を帯びてきている。カントは自己意識、つまり「我思う」が対象意識に伴うと考えているが、ヘーゲルになると対象意識から自己意識へと精神は弁証法的に発展し、この自己意識は他の自己意識と相対することにより、精神としての自覚に発展する。『精神現象学』の自己意識を論じたところで彼は次のように言う。「こうして〈我々〉に対してはすでに精神（Geist）の概念が現存している。今後意識が認めるに至るところのものは、精神が何であるかについての経験にほかならない。すなわち、相対立する両項の、各自別々に存在し、相違する自己意識のまったき自由と豊かさとをそなえた両項の統一であるところの精神という絶対的実体が、換言すれば、我々なる我であり、我なる我々であるところの精神が何であるかについての経験なのである」（ヘーゲル『精神の現象学』上巻、金子武蔵訳、岩波書店、一九七一年、一八二頁）。

この相互承認において精神は互いに独立し自由でありながら、まったく一つの統合体を具体的に形成していく社会的、人倫的なものである。このように精神は全現実の中に入りゆき、他在を介して自己に帰還する運動の主体となる。現実の中で出会ういっそう普遍的なものによって否定され、前進的自己変革の原理となるが、自己内復帰を通して、全体としての真理の完結性を目ざす。前者によって前進的革命思想が、後者によって保守的回顧的性格が示されているといえよう。

ところがここに展開する意識の経験は、主体の自己意識が強くなりすぎると、他の自己意識を奴隷として行使する主人のように振る舞うことになる。だが現実には主人はその生活で奴隷に依存することで成り立っていることを認識すると、主人が没落し、奴隷が主人となる逆転が生じる。ここに主人と奴隷の弁証法が確立し、意識の発展から歴史の革命が起こってくる（マルクーゼ『理性と革命』桝田啓三郎・中島盛夫・向来道男共訳、岩波書店、一九六一年、一二四〜一三四頁参照）。

こうした経験を経て意識は自己を精神として自覚し、揺るぎない絶対知に到達する。これがヘーゲルの『論理学』の世界であり、「論理の学」は自然および有限的精神の創造以前の神の叙述とされ、神の自己外化としての『自然哲学』とこれから復帰する運動としての『精神哲学』の叙述をもって、彼の体系は完結している。

このようにヘーゲルは彼の哲学体系からフィヒテ、シェリングの行なった試みを批判する。とくに彼らが哲学大系を演繹するに際し、「知的直観」へと飛躍をなし、出発点が体系のために不十分なものとなっている点を批判する。この点に限っていえば、ヘーゲルの体系のほうが内的な徹底性と完結性をもっている。

弁証法とは何か

ドイツ観念論において「哲学すること」が行なわれたのは主として弁証法の形式によってである。「弁証法」（Dialektik）という概念はカントでは「仮象の論理」として論理上の「誤謬推理」であって「弁証論」と訳された。ところがヘーゲルでは「弁証法」は本来思弁的思惟として対象を、それにかかわる関連のすべてと合わせて、つねに考察する。ある事がらの諸関連とは、それに対し、たんに「外的」にかかわるようなものではない。というわけはヘーゲルがいうように「実体はまた同じく主体として」把握されるべきであるから。すなわちすべて関連とは何かに「自己が関係する」ことなのである。したがってある事がらを特定の概念でもって規定しても、わたしたちがそれに関係し、反省を加えると、そのような概念規定は一面的で、抽象的であることが明らかになる。こうして概念はそれ自身を超えて先に向かう。それは事がらのもつ真理がその「全体」にあって、全体が所有する諸規定と諸関連との全系列を通過することによってのみ、わたしたちに全体は知られるからである。

ここから弁証法的思惟は三段階のリズムをとって運動することが明らかになる。第一の段階は「即自的」（an sich）で、直接的肯定の段階であり、第二の段階は「対自的」（für sich）で、否定の段階であり、第三の段階は「即且《かつ》対自的」（an und für sich）であり、否定の否定として第一と第二の段階を総合統一し、より高次の意味での肯定の段階である。このようなヘーゲルの弁証法は歴史の考察で最も明瞭になる。

「絶対者」は歴史のうちに現われるから、歴史は絶対者がその本質をしだいに明瞭にする過程にほかならない。それゆえ真理は、たえず変化する歴史的状況の形態において、現実的であり、この状況のおのおのは、ある限定された仕方で真理である。まさにこのことが、あらゆる立場は勝利をおさめたとき、一面的なものとして自らを証明するという、進行する歴史の弁証法的過程を形成する。この歴史の弁証法的過程において真理は同時に克服され、かつ保有される。すなわち真理は後の局面において「止揚」されるのである。このように歴史が弁証法的過程として把握されているのは、ヘーゲルが無制約的絶対者を有限的な制約されたものと対立するとはみなさないからである。もし対立しているとすれば、その対立のゆえに絶対者は制約された者になるであろう。そうではなく絶対者は有限性にまでくだり、有限的なるものを自己の有限性において経験し、かくて同時に自己を克服する限り、ただその限り絶対者は存在する。ここに絶対者と有限なるものとの媒介が成立する。ヘーゲルのそのような思想はキリスト教の三位一体の教義にもとづいていることは、容易に理解される。

ヘーゲル『法の哲学』の共同体論

これまで人々は地縁的で血縁的な共同社会の中で生活してきたが、大規模の工場生産が行なわれるようになると、家族が一緒に畑に出て働いていたそれまでの生活から離れて、農村から大都市に移って資本家と契約を結んで賃金労働の生活に入っていった。ここにこれまでの家族や村落、または国家と本質的に相違した近代市民社会が成立している。ここから生じた伝統社会と近代社会との区別に立ってヘーゲルは、共同体を家族・市民社会・国家の三形態によって詳論する。そこでまずヘーゲルの共同体に関する基本的な理論を要約して示しておきたい。

ヘーゲルの社会思想の全体像は『法の哲学』において体系的に示される。彼にとって人間精神の本質は自由であり、精神はその行為によって自己を実現する。つまり精神は自己を世界に向けて外化し、客体化して自由を実現するのである。この書物の序論で言われているように「理性的なものは現実的であり、現実的なものは理性的である」。理性的なものと現実的なものとの間にあるのは、行為的な理性たる精神による「生成」であり、精神は歴史のなかで生成しながら自己の本質たる自由を実現するのである。こうして実現された自由は具体的には「法」として現われており、この法という客観的な形のなかで主観的な精神は自己を発展させて、客観的精神となっている。

この法の第一の形態は抽象法であり、客観的に立てられた法律ではあるがなお直接的なもので、個と普遍との総合は物件と所有との関係に求められる。第二の形態は道徳性であり、ここでは法が主観の内に内面化され、カントの法則倫理学がこれに当たる。第三の形態は人倫であり、第一の客観性と第二の主観性との統一として具体的普遍の段階である。この人倫的共同体は、①家族の場合、普遍性が主であり、個別性は従となっている。だが、②市民社会の場合は逆に個別性が主となっていて、個の在り方から善が成立している。ところが、③国家の場合には①と②の総合が成り立ち、真の共同体が形成されている。

市民社会は個人の意志の法的普遍化によって生産が向上するが、富が少数者に集中することによって賤民を生み出し、過剰生産に陥り、「それ自身の弁証法によって駆り立てられ」植民地への進出に向かわせられる（ヘーゲル『法の哲学』藤野渉・赤澤正敏訳、『世界の名著35』所収、中央公論社、一九六七年、四七一頁）。市民社会におけるばらばらな個人を相互扶助によって結合しているのは、労働組織による組合「職業団体」であり、これによって市民社会の分裂態が止揚されて、家族とともに国家にまで進展する。

国家は倫理的理念が現実化したものであり、市民社会のように個人の利益によって形成されるものではない。反対に個人は国家の一員として初めてその倫理性と真理性とをえている。個々の主体性を認めた上で、同時に普遍性を求めてゆき、対立を含む合一に達したのが国家の形態である。その意味で国家は「即自かつ対自的に理性的なものである」。つまり絶対的に理性的であり、「絶対不動の自己目的」であって、「自由の現実態」といわれる。このような国家の理念は国内法・国際公法・世界史という三段階をとって展開している（ヘーゲルは共同体をその構造契機である「普遍・特殊・具体的普遍」、または「実体・主観・客観」の展開相にもとづいて家族・市民社会・国家という三段階の発展のプロセスから弁証法的に捉えた）。次に国家共同体の歴史的展開相に基づく弁証法を考察してみよう。

歴史の弁証法とその影響

このようにヘーゲルの弁証法は歴史の考察で最も明瞭になる。なかでも国家理念の世界史における弁証法的展開は『歴史哲学』において詳論される。ヘーゲルはキリスト教の歴史観「神の摂理が歴史を支配している」という命題を哲学に翻訳し、「理性が世界を支配している」とみなし、「世界史が理性的に行なわれて来たのであって、世界史は世界精神の理性的で、必然的な行程であった」また「世界史とは自由の意識の進歩を意味する」といった歴史哲学の根本思想を説き明かした(ヘーゲル『歴史哲学』上、武市健人訳、岩波文庫、一九七一年、六五・六九・七九頁)。この自由の意識は世界史では三段階の発展をとり、国家形態もそれにしたがって弁証法的な展開をなしていると主張した。すなわち、①一人の君主のみが自由であって、他のすべてはその奴隷にすぎない、東洋的専制政治から始まり、②少数の者が自由であり、他はみな奴隷であったギリシア・ローマの少数政治を経て、③すべての者が「人間が人間として自由である」という意識に達したキリスト教的ゲルマンの立憲政治にまで弁証法的に発展した。この思想は大変有名であるから次にその全文を引用しておきたい。

東洋人は、精神そのもの、あるいは、人間そのものが、それ自体で自由であることを知らない。自由であることを知らないから、自由ではないのです。かれらは、ひとりが自由であることを知るだけです。が、ひとりだけの自由とは、恣意と激情と愚鈍な情熱にほかならず、ときに、おとなしくおだやかな情熱であることもあるが、それも気質の気まぐれか悪意にすぎません。だから、このひとりは専制君主であるほかなく、自由な人間ではありません。

――ギリシャ人においてはじめて自由の意識が登場してくるので、だから、ギリシャ人は自由です。しかし、かれらは、ローマ人と同様、特定の人間が自由であることを知っていただけで、人間そのものが自由であることは知らなかった。プラトンやアリストテレスでさえ、知らなかった。だから、ギリシャ人は奴隷を所有し、奴隷によって美しい自由な生活と生存を保証されていたし、自由そのものも、偶然の、はかない、局部的な花にすぎず、同時に、人間的なものをきびしい隷属状態におくものでもあったのです。——ゲルマン国家のうけいれたキリスト教においてはじめて、人間そのものが自由であり、精神の自由こそが人間のもっとも固有の本性をなすことが意識されました。この意識は、まずはじめに、精神のもっとも内面的な領域である宗教のうちにあらわれましたが、この原理を世俗の世界にもうちたてることがさらなる課題であって、その解決と実行には、困難な長い文化的労苦が必要とされました。(ヘーゲル『歴史哲学講義』上、長谷川宏訳、岩波文庫、一九九四年、三九~四〇頁)

このような歴史の弁証法的発展で最大の問題点となったのは「理性の策略」(**List der Vernunft**)という思想である。ここではこの点のみを考えてみたい。理性の策略というのは普遍的な自由の理念は個人の情熱の特殊的な関心とは不可分であり、世界史的な偉業は情熱なしには実現しなかったとヘーゲルは力説する。こうして特殊的なものが互いに闘争に巻き込まれて危険に曝されているのに、普遍的な理念はその背後に控えていて自己を巧みに実現している事態が「理性の策略」と言われる。すなわち「一般理念が情熱の活動を拱手傍観し、一般理念の実現に寄与するものが損害や被害をうけても平然としているさまは、理性の策略とよぶにふさわしい」

（ヘーゲル、前掲訳書、六三頁）。こうしてヘーゲルは歴史を民族の幸福・国家の知恵・個人の徳がことごとく犠牲に供せられる「屠殺台」であると語ったが、彼は理念の実現が同時に人間の疎外でもあることを知っていたといえよう。このように彼は歴史の内実を巧みに語ったが、彼の批判者からは歴史の現実に見られる不幸・悲惨・戦争、したがって人間疎外の事実を言い逃れていると批判された。たとえばマルクスはこの点を批判し、人間疎外の現実を「疎外された労働」の経済学的分析から徹底的に追求し、新しい共同体の理解に向かった。

ヘーゲルの思想にはこのように歴史を通してキリスト教と哲学との総合が意図され、歴史の発展過程から弁証法に把握されたのは、先に述べたように、ヘーゲルが無制約的絶対者を有限的な制約されたものと対立しているとはみなさないからである。彼によると絶対者は有限のものと対立しているどころか、有限性の下にまでくだり、それを経験し、同時に自己を克服する限り、絶対者は人間にとって存在する。このようなヘーゲルの思想はキリスト教の受肉と三位一体の教義にもとづいている。ここにはヘーゲルによる哲学とキリスト教との文化総合が企図されていると言えよう。

終わりに、ドイツ観念論の宗教観について総括的に述べておきたい。フィヒテ、シェリング、ヘーゲルはともに福音主義の神学者として出発し、生涯プロテスタントとしてとどまった。彼らの哲学はプロテスタンティズムのなかで信仰と知識、つまり霊性と理性とを調停しようとする最大の試みであった。とりわけ三位一体論的思弁は哲学の中心に据えられ、卓越した位置をしめている。神の存在の証明は、カントの批判にもかかわらず、再びヘーゲルによって真剣に考察されているし、神学的「和解」の概念は対立を解消する「媒介」概念の背後に立っている。また宗教史は救済史的に理解された歴史哲学の核心をなしている。使徒ヨハネは哲学と宗教との宥和の象徴となっている。とくにヘーゲルのもとでキリスト教信仰の根本思想を哲学的に解釈しようとする主張がなされる（たとえばヘーゲルで啓示宗教は絶対知にいたる「表象」の立場とされている）。しかも、それがたんに哲学の一部門としての宗教哲学においてではなく、哲学的な思弁の中枢で遂行された。この態度の真摯さは疑うことができない。それゆえわたしたちは彼の試みを近代における哲学とキリスト教思想との総合の試みとして見なすことができよう。したがって、これを近代哲学による理性と霊性との文化総合の試みとして是認できるのではないかと思われる。

ところがヘーゲル学派は彼の死後、二つに分裂してしまった。このことはヨーロッパ思想史における注目すべき現象である。まず、シュトラウス（一八〇八〜一八七四）の著作『イエス伝』が出るにおよんでヘーゲル学派は統一を失い、一方はヘーゲル哲学とキリスト教の教義との一致を信じ、ヘーゲル哲学にとどまったが、他方はヘーゲル哲学の非キリスト教的要素を強調し、先鋭化して行った。前者は「ヘーゲル右派」と呼ばれ、後者は「ヘーゲル左派」と呼ばれる。「ヘーゲル左派」にはシュトラウスをはじめフォイエルバッハ（一八〇四〜一八七二）、シュティルナー（一八〇六〜一八五六）、ラッサール（一八二五〜一八六四）、マルクス、エンゲルス（一八二〇〜一八九五）などが属している。

それに対しヘーゲル自身の宗教を含めた総合的な批判はいまだ行なわれていないといえよう。

しばしばなされる汎神論という批判は必ずしも妥当していないし、神を道徳法則とみなす純粋な「理性宗教」の思想も、カントの影響の強かったドイツ観念論の初期の段階にしか当てはまらない。この初期には道徳の問題は論ぜられたが、ヘーゲルに至ると、たんに理念を実現すべきであると考える道徳の立場よりも、社会や国家という客観的に実現している理念としての「人倫の立場」が重んぜられた。道徳に代わって歴史問題と政治理論が重要なテーマとなった。

しかしドイツ観念論は直接的にも間接的にも、その後の思想史に決定的影響を与えた。また、それはたんに学問の領域ばかりではない。フィヒテは『ドイツ国民に告ぐ』（一八〇七〜八年）でもって国家的人物になったし、ヘーゲルもベルリン時代の活動によってプロイセンの歴史で重要な役目をはたした。

第17章 ヘーゲル体系の批判と解体

ヘーゲルの思想体系は、歴史的にはフランス革命の自由の精神と新しい歴史学の影響を受け、弁証法の方法によって確立され、ヨーロッパ思想史に巨大な足跡を残した。その大系はその意図の壮大さからいうと、理性と霊性とを総合する一大殿堂のように思われた。とりわけ世界史の弁証法的発展を説く歴史哲学は、もはや人間から出発するのではなく、むしろ人間は世界理性の自己実現のための道具とみなされた。ヘーゲルは弁証法的に発展する歴史、時間的に予見される直線的な時間の中に人間の新しい世界住居を建てようとした。しかし、現実の不幸を見、この人間の不幸を犠牲にして発展する理性の歩みを「理性の策略」で説明したのは、疎外の現実を言い逃れしているとの批判を免れない。こうして、かつて人間の安住の地であった宇宙(コスモス)はコペルニクスの無限空間によって突破され、精神が自己実現できる歴史=時間は安住の住みかではないことが判明した。この住居を喪失した疎外された人間の現実を、マルクスは社会的例外者であるプロレタリアートの中に、キルケゴールは例外者的実存である単独者の中に見いだし、ヘーゲルの思想体系を徹底的に解体していく。

こうした思想史の段階をキルケゴールは「解体の時代」と呼んだ(キルケゴール『わが著作活動

の視点』田淵義三郎訳、『キルケゴール選集 第八巻』所収、創元文庫、一九五四年、一六四頁)。そこには主として次の三つの方向が見られる。①フォイエルバッハによる人間学的解体、②マルクスによる弁証法的唯物論への解体、③キルケゴールによる実存への解体である。わたしたちはその解体過程を次にフォイエルバッハとマルクスとキルケゴールの学説によって考察したい。

フォイエルバッハの人間学的解体

フォイエルバッハは『将来の哲学の根本命題』の中で「神学の秘密は人間学である」(フォイエルバッハ『将来の哲学の根本命題』村松一人・和田楽訳、岩波文庫、一九六七年、九七頁)と言う。彼によると宗教とは人間の幸福を欲する本能から考えられたものであり、この願望をかなえてくれるものが神である。全知全能を願う人間の願望が作りだし、人間の欲する自己の姿を理想化したものが神であるから、神学とは実は人間学なのである。このように彼は神学を人間学に還元し、キリスト教と結びついたヘーゲルの神学的形而上学を人間学に解体する。たとえばキリスト教が、「神は他者のために苦しむ」という場合、主語と述語を交換し、「他人のために苦しむのは神的なことである」とすれば正しい意味になる。このように神学の仮面ははぎとられ人間学が説かれた。それゆえ彼はこの書の冒頭で「近世の課題は、神の現実化と人間化——神学の人間学への転化と解消であった」(前掲訳書、八頁)と記し、人間学への解体を開始する。

フォイエルバッハの宗教論のもう一つの大きな意義は、宗教を人間の自己疎外の形態として捉えている点である。すなわち、人間は自己の理想的姿を神として立て、自分が作ったものの前にひれ伏し、自己の造ったものの奴隷になっているのであるから、これは明らかに人間の自己疎外である。真の神ならぬ偶像礼拝は事実このようなものであるが、フォイエルバッハは本来の宗教的なものに対し盲目であり、神をその王座からひきずりおろすことよりも人間を高めることを強調し、人間賛美を結果としてもたらすことになった。ここから人間は願望の充足を彼岸でなく、此岸で実現する方向をとるようになった。この点をマルクスが継承し、『ヘーゲル法哲学批判』の中で、「こうして天上の批判は地上の批判にかわり、宗教の批判は法の批判に、神学の批判は政治の批判にかわる」と語って、現実の社会における自己疎外の仮面をあばく批判へ向かっている。

フォイエルバッハはもはや世界から、もしくはヘーゲルのように世界理性から、またデカルトやカントのように人間理性から出発するのではなく、具体的人間から哲学を開始した。彼の人間学は『将来の哲学の根本命題』の中で、人間的現存在の事実に立つ人間学的哲学に新しい出発点を与えている。「新しい哲学は人間の土台としての自然をも含めた人間を、哲学の唯一の、普遍的な、最高の対象とする。だから人間学を、自然の学をも含めて、普遍学とする」(前掲訳書、九二頁)。このように人間学的還元を彼は進めているが、彼の人間学の新しい点は人間を他者との生ける共同性において捉え、「我と汝」との対話にもとづく人格的関係を説いていることである。彼は言う、「単独な個人は、人間の本質を、道徳的存在としての自分のうちにも、思考する存在としての自分のうちにももたない。人間の本質は、ただ協同体のうちに、すなわち、人間と人間との統一のうちにのみ含まれている。この統一は、しかし、私と君の区別の実在性にのみ支えられている」（前掲訳書、九四頁）と。

さらに「絶対的な哲学者は、絶対君主の〈国家、それはわたしである〉と絶対的な神の〈存在、それはわたしである〉とに似て、自己――もちろん思考する人間としての自己で、人間としての自分ではない――について、〈真理、それはわたしである〉と言うか、あるいは少なくともそう考えた。これに反して、人間的な哲学者は〈わたしは思考においても、また哲学者としても、人間とともにある人間である〉と言う」（前掲訳書、九四～九五頁）と。それゆえ「真の弁証法は、孤独な思想家の自分自身との独白ではない。それはわたしと君の間の対話である」（前掲訳書、九五頁）と言われる。

だが、フォイエルバッハはこの新しい哲学をさらに発展させたわけではないし、彼が捉えた人間もマルクスやキルケゴールが見た問題を担った現実ではなく、人間そのものが関心を集中させ、主題として問題的になることがないような、単なる感覚的素朴な一般的人間が考えられているにすぎないといえよう。

マルクスのヘーゲル批判と史的唯物論

フォイエルバッハの宗教批判を現実の政治・経済の批判に向けたのがマルクスである。それはなによりも近代的市民社会の問題に集中しており、哲学のすべての営みを社会学的に還元しようとする大きな試みであった。

マルクス（一八一八～一八八三）の共同体論はヘーゲルの受容と批判から形成された。ヘーゲルでも人間が精神としての自己を形成するにあたって、言語と労働は初期の著作以来、もっとも重要な要素とみなされてきた。精神は言語の普遍性によってその共同性を、労働の生産性によってその創造性を獲得してきた。とりわけ労働の意義は『精神現象学』の有名な一節「主人と奴隷の弁証法」によって古代社会を反映した意識の問題として取り上げられ、歴史を変革する革命的作用が力説された。ヘーゲルが意識の中に読み取った労働の疎外された形態をマルクスは現実の社会に起こっている労働の経済的に疎外された状況に当てはめていった。マルクスは、フォイエルバッハがヘーゲルの宗教思想を批判して感覚的唯物論へ解体していったことを継承し、それをいっそう発展させ、その宗教批判を現実の政治経済の批判に向け、すべてを史的唯物論へ解体していった。ここではヘーゲルが人間の疎外を認めながら「理性の策略」をもって説明した問題をマルクスがいかに克服しようとしたかという点に絞ってその共同体論を扱ってみたい。

その際、マルクスの共同体論を構成している弁証法的契機について①その人間観、②その疎外観、③そのイデオロギー論、④その唯物史観に基づいてあらかじめ考察しておかなければならない。

①マルクスの人間観

それは初期の論文『ユダヤ人問題によせて』のなかで近代社会という新しい共同体の成立過程を解明し、その基底に利己主義的欲望の主体たる人間が依然として存在していることを指摘したときに、すでにその一面がかなり明確になっていた。つまり封建社会から近代社会への解放は、単にこの利己主義的人間を解放したにすぎなかったのであって、このような人間こそ疎外を生み出している元凶なのである。この点はヘーゲルが市民社会を構成している人間を「欲望の主体」と規定したことと同様である。ところが近代市民社会では自由が重んじられても、抽象的な公民としての権利だけが認められており、市民としては貨幣の獲得が自己目的となって、他人を自己の欲望の手段にまで貶めている。このような「公民」と「市民」との矛盾こそ、「人間による人間の自己疎外」を生み出している。

②自己疎外論

この人間の自己疎外の実体は、『経済学・哲学草稿』の有名な一節「疎外された労働」の分析で見事に摘出された。そこには四つの疎外形態が指摘される。①労働者に対し力をもつ、疎遠な対象としての「労働の生産物」からの疎外、②労働の内部にある「生産行為」における疎外、つまり楽しいはずの労働が苦痛となっている。③労働の成果が少数の有産者の所有に帰することによって、疎外された労働は人間的な「類的（普遍的・全体的）本質」を疎外する。④「人間が彼の労働の生産物から、彼の生命活動から、彼の類的存在から、疎外されているということから生じる直接の帰結の一つは、人間からの人間の疎外である」（マルクス『経済学・哲学草稿』城塚登・田中吉六訳、岩波文庫、一九六四年、九八頁）。これが自己疎外に他ならない。この人間の疎外を克服するために彼は「人間主義的共産主義」が不可欠であることを説き、「自然の人間的本質は、社会的人間にとって初めて現存する。それゆえ社会は、人間と自然との完成された本質統一であり、自然の真の復活であり、人間の貫徹された自然主義であり、また自然の貫徹された人間主義である」と主張した（前掲訳書、一三三頁）。

③共産主義による疎外の克服

このことを実現するものは市民社会から疎外された、社会の矛盾を一身に担っているプロレタリアートであって、その実現のための理論がイデオロギー論と唯物史観である。マルクスはその著作『ドイツ・イデオロギー』でヘーゲルの観念論と対決し、法律・政治・思想・精神・意識は経済的・社会的下部構造の上に立った「観念的上部構造」として解釈され、それが「イデオロギー」つまり「観念形態」と呼ばれた。そして「意識が生活を規定するのではなく、生活が意識を規定する」と主張された（マルクス『ドイツ・イデオロギー』古在由重訳、岩波文庫、一九五六年、三三頁）。

④唯物史観の展開

この社会・経済的下部構造が歴史の発展といかに関係するかを述べているのが、唯物史観であって、「理念が世界史を支配する」と説いたヘーゲルの観念論は逆転される。『経済学批判』の序文には唯物史観の公式が次のように語られている。

物質的生活の生産様式によって、社会的・政治的および精神的生活過程一般がどうなるかがきまる。人間の意識が人間の存在を決めるのではなく、反対に、人間の社会的存在が人間の意識を決めるのである。社会の物質的生産諸力は、その発展がある段階に達すると、自分がそれまでそのなかで動いていた現存の生産諸関係と、あるいはその法律的表現にすぎないが、所有諸関係と矛盾に陥る。これらの諸関係は、生産諸力の発展の形態であったのに、それを縛りつけるものに変わる。こうして社会変革の時期がはじまる。(マルクス『マルクス・エンゲルス選集第七巻 経済学批判』向坂逸郎訳、新潮社、一九五九年、五四頁)

このように歴史はその物質的基底へ、社会的生産の下部構造へ、つまり物質的生産力と生産関係から展開する、歴史的に理解された「物質」へ還元されている。神の「摂理」がヘーゲルによって世俗化されて「理念」の自己展開となり、さらにこの理念が「物質」へ還元されて唯物史観が成立した。

キルケゴールによる哲学の実存的還元

キルケゴールの時代批判の書『現代の批判』は、マルクスの『共産党宣言』と前後して世に問われたものであるが、そこには著しい対応が認められ、共通点とともに相違点も明らかである。キルケゴールは言う、「現代は本質的に分別の時代であり、反省の時代であり、情熱のない時代であり、束の間の感激に沸き立つことがあっても、やがて、抜け目なく無感動の状態におさまってしまうといった時代である」(キルケゴール『現代の批判』桝田啓三郎訳、岩波文庫、一九八一年、二三頁）と。

分別と反省にあけくれて、決断を欠いた無感動のまどろみのなかにあって、個人としての性格を失った無性格と水平化（画一化・非個性化・大衆化）が生じている点を彼は指摘する。同じくマルクスは『ルイ・ボナパルトのブリュメール十八日』でブルジョワ革命には熱情がなく、その時代の最高の掟は「決断の欠如」であると言い、『共産党宣言』はその結語では万国のプロレタリアートの団結への決断を促す。マルクスは歴史の将来を担う主体としてプロレタリアートという社会的例外者を立てているのに対し、キルケゴールは「単独者」という例外者をとらえ、経済的社会的政治的破産よりも精神の上でいっそう決定的な危機を見ぬいていた。むしろキルケゴールにとって数学的平等性に向かう階級は水平化を促進するものなのだ。ただ、神の前に立つ単独者によってのみ真の自己たることが与えられるのである。それゆえ「社会性という、現代において偶像化されている積極的な原理こそ、人心を腐蝕し退廃させるもので、だから人々は反省の奴隷となって美徳をさえ輝かしい悪徳にしてしまうのだ。こういう事態になるというのも、個人個人が宗教的な意味で永遠の責任を負って、ひとりひとり別々に神の前に立っているということが見のがされているからのことでなくてなんであろう」（前掲訳書、六二頁）。

キルケゴールが捉えている人間は、このような単独者としての「実存」であり、この実存へ向けてヘーゲルの哲学を解体してゆく。

マルクスが属していたヘーゲル左派がヘーゲル哲学の中の批判的で非キリスト教的要素を強調したのに対し、ヘーゲル右派はヘーゲル哲学とキリスト教の教義との一致を信じた。デンマークの監督マルテンセン（一八〇八〜一八八四）は、ヘーゲル主義とルター派の教義を総合しようとした。これに対し攻撃を加えたのがキルケゴールであり、すべての人がキリスト者であるような世界においていかにしてキリスト者となるかを彼は自己の課題として立てた。

キルケゴールの実存思想は独自の実存的体験から出発する。苦悩と憂愁に閉された青年時代の体験はギーレライエの手記によって思想的な結実を見いだす。

わたしにとって真理であるような真理を発見し、わたしがそれのために生き、そして死にたいと思うようなイデーを発見することが必要なのだ。いわゆる客観的真理などをさがし出してみたところで、それがわたしに何の役に立つだろう。……わたしに欠けていたのは、完全に人間らしい生活を送るということだった。単に認識の生活を送ることではなかったのだ。かくしてのみ、わたしはわたしの思想の展開を、客観的と呼ばれるもののうえに、いな、断じてわたし自身のものでもないもののうえに基礎づけることなく、わたしの実存の最も深い根源とつながるもの、それによってわたしが神的なもののなかにいわば根をおろして、たとえ全世界が崩れ落ちようともそれに絡みついて離れることのないようなもののうえに基礎づけることができるのだ。（桝田啓三郎「キルケゴールの生涯と著作活動」『世界の名著40 キルケゴール』所収、中央公論社、一九六六年、二〇〜二一頁）

「真理は主体性である」という彼の根本主張がすでにこの手記にもうかがわれるが、真理をつねに人格の主体性に求める彼は、近代思想を次々に批判し、自己の思想を形成してゆく。

①客観的真理の思弁的理解への批判

まず、ヘーゲル的概念の立場は客観的真理を思弁的に冷静に考察していると自負していても、思弁的思惟は一般者や概念を問題にしても、個体にかかわらない。それが在るという個別的事実としての生き方はわたしやあなたの人間的存在の事実における個別性をいい、これこそ彼の唯一の現実である。ヘーゲルは理性的なものと現実的なものとをその生成において一致するとし、存在と本質を一つに理解した。マルクスがこのヘーゲル的な理性的な本質としての原理の現実化を批判しているのに対し、キルケゴールはそのような現実化の原理そのものに欠陥を見ている。彼はカントに従い、本質と存在との間の原理的区別を主張し、物の本質はその一般的本性にかかわり、概念においてとらえられるが、物の存在は現実存在として、つまり実存として概念によって把捉されることはない。とくに人間的存在におけるその個別的在り方は普遍的類（人類）に対し無限に優っていると彼は主張したのである。

②ロマン主義的審美主義の批判

次に彼はこのような批判をとおして美的実存から倫理的実存への自覚による発展を語る。初期の著作『あれか、これか』において、とくに「人格形成における美学的なものと倫理的なものの均衡」という論文においてこの点が詳述される。さらに、神を道徳法則におきかえたような道徳主義や普遍的倫理にたつ倫理的実存を批判する。『おそれとおののき』ではこの点が「倫理的なるものの目的論的停止」の可能性として問われ、普遍倫理を超出する宗教的実存が明らかにされている。

③単独者という宗教的実存の概念

それは「神の前に立つ個人」をいう。実存とは「単独者」、つまりひとりひとりの個人を意味する。ところがこの個人はカント的な自律せる個人であっても、論理的また道徳的主観というような普遍的一般者ではなく、憂愁・不安・絶望・罪の中に閉じ込められた実存している個人である。この個人は、大衆化し平均化された一般公衆に対しては「例外者」的存在であり、社会から疎外され孤独な生の中にあるが、社会に対立する否定的極として対決するソクラテス的な生き方である。

キルケゴールは一九世紀の前半に属しながら、すでに近代の終末現象である大衆社会の怖るべき内実を熟知していた。このような現実の中で人間はいかにして自己の実存に至るのかと彼は問う。実存は神によって与えられ、信仰によって飛躍的に達せられる。この自己の実存に至る道を彼は質的・飛躍的・実存的弁証法と言い、ヘーゲルの弁証法と区別する。ヘーゲルの弁証法は量的・連続的・思弁的であり、とくに世界歴史の考察において自他のいっさいは同質的に均等化され、量的相違と展開のみを問題とする。そこには自己の質的独自性と差異、自己自身の発展、倫理的真摯な態度が撥無《はつむ》される。ヘーゲルは人間としてもっとも重要なこと、つまり自己自身の問題を忘れ、「世界史的に吼《ほ》え、体系的に断《いなな》いている」。

このようにキルケゴールは人間の本質を思弁的「認識」にも、道徳主義的「行為」にも、ロマン主義的「体験」にも求めないで、主体的「信仰」によってとらえ直そうとする。彼は代表著作『死にいたる病』の本論の初めのところで人間的実存を「関係としての自己」として捉え、次のごとく述べている。

人間は精神である。しかし、精神とは何であるか。精神とは自己である。しかし、自己とは何であるか。自己とは、ひとつの関係、その関係それ自身に関係する関係である。あるいは、その関係がそれ自身に関係するということ、そのことである。自己とは関係そのものではなくて、関係がそれ自身に関係するということなのである。人間は無限性と有限性との、時間的なものと永遠なものとの、自由と必然との総合、要するにひとつの総合である。総合というのは、ふたつのもののあいだの関係である。このように考えたのでは、人間はまだ自己ではない。（キルケゴール『死にいたる病』桝田啓三郎訳、『世界の名著40』所収、中央公論社、一九六六年、四三五～四三六頁）

「自己」の規定には自己が「無限性と有限性」、「時間的なものと永遠的なもの」、「自由と必然」との関係という自己の内なる要素の静的把捉と、この関係が行為的主体的なかかわりとして自己の内面的態度決定、つまり決断として、関係するという動態とがここに語られる。この自己内関係において自己とは、自己自身に対する一定の態度決定をするものである。それは対象に対して距離をおいて冷静に知的に観察する主観（見る者）のようなデカルト的自我、「思惟するもの」ではない。自己は「もの」としての実体ではない。そうではなく「関係する」行為者、つまり主体性として把捉される。キルケゴールの人間学的前提からすると、人間は身体と魂の総合としての精神である。この「精神」こそ「自己」として語られているものであるが、『死にいたる病』では、精神が自己の内なる関係において不均衡に落ち込むと、絶望の状態が生じる。精神は身体と魂に対し、総合する第三者ではあるが、このような関係に精神を置いた永遠者、つまり神との関係において、絶望を克服することが可能になる。この神的可能性が「信仰」にほかならない。

したがって、キルケゴールの「関係としての自己」には「自己内関係」と「神との超越的関係」との二面があり、前者の心理学的な解明から後者の「神の前」での神学的で実存的な解明に進んでいる。こうして自己が決断の主体的行為によって本来的自己となることは、永遠者なる神との関係の中で遂行される。この宗教的実存で絶望が根絶された状態は、「自己自身に関係し、自己自身であろうと欲することにおいて、自己は自己を措定した力のうちに透明に根拠をおいている」と定義され、これはまた「信仰の定義」でもあると説かれた（『死にいたる病』の末尾）。「神の前に立つ個人」という宗教的実存、すなわち「信仰」は神に対する人格的関係であるが、このような単独者の道はひるがえって他者を隣人として愛する実践に向かう。この隣人はすべての者を等しく隣人として、自らが他者に対して隣人となる主体的行為であり、なによりも隣人が神との信仰の関係を回復するように働きかける。これが「愛のわざ」である。これに対し、自然的な愛は美的直接性として快楽を追求するがゆえに、自己否定的な愛によって拒否される。そのわけは人間の愛の関係の中に、いまや超越者にして永遠者なる神が中間規定として介入してきているからである。

キルケゴールの実存思想の意義は、概念の立場からは決して捉えられない単独者としての人間を主題として哲学的思索をなしている点に求められる。憂愁・不安・絶望・罪・死によって人間は、全体として重苦しい気分の中に規定される。キルケゴールの天才的能力はこのように気分づけられている人間の存在を美的・倫理的・宗教的実存の三段階的な発展の形で明瞭な規定を与えたところに発揮される。こうしてヘーゲルの概念的思弁哲学は実存へ解体されることになる。それゆえ、キルケゴールの実存思想の強調点は単独者、ひとりひとりの個人となる点におかれたのである。このように個人の実存的な自己となることを求めている限り、それは個人の自主独立性、もしくは自我の発見に出発した近代思想の極致であるが、そこには個人の人格性が、彼が「公衆」と呼んだ大衆の水平化による挫折をくぐりぬけ、それを突破して、本来的存在へと回復されることが試みられた。

このような単独者の主張は単独者それ自身を決して自己目的としているのではなく、単独者が自覚的に神の前に立つため、また神および他者との本来的人間関係を回復するため、という一つの明瞭な目的をもっていた。単独者となることは、この目的に至るために通過しなければならない条件なのである。「子供の結婚は醜い」と彼が語っているのはまさにそのことを指しているのであって、他者との社会的関係には人間的自己の成熟が、単独者の生成が前提条件になっているからである。

このようにキルケゴールの実存思想の特質は、近代の終末を物語る大衆の出現を預言者的洞察の下に見ぬき、大衆社会の中に埋没し、「実存なき現存在」（ヤスパース）としての自己を喪失している現代人がその人格の尊厳を取りもどそうと激しい戦いを挑んだ点にあるといえよう。ここに強調点が据えられたので、個人主義的な主観主義の傾向が見られ、共同性の主張や社会倫理が前面に現われないで終わらざるを得なかった。

単独者への問いとその克服の道

キルケゴールの単独者の思想は後の実存哲学に対して決定的影響を与えている。その際、実存は社会的公共性、もしくは日常性の否定によって一般者の外に立つ存在として説かれる。しかし、人間と人間との社会的関係の問題性のゆえに、人が社会から離脱すること、もしくは社会性を否定することは正しくない。フォイエルバッハとマルクスが説いているように、人間は本来共同的に生きるべき社会的存在である。マルクスとキルケゴールとの対立はヘーゲルにおいて統合されていたものの分裂でもあった。ヘーゲルは「人格と人格との共同は本質的には個体の真の自由の制限ではなくて、その拡大とみなされなくてはならない。……最高の共同は最高の自由である」（ヘーゲル『理性の復権』前出、八五頁）と言う。個と普遍の統合としての社会性は個人の共同性の自覚によって成立するも、個と普遍、したがって個人と社会との対立は歴史の発展過程の中で次第に変質し、今日では個我主義と集団主義の対立となった。個我主義は社会を構成している最小単位としての孤立した人間を捉えているのに対し、集団主義はきわめて皮相な社会集団に属する部分としての人間を捉えているにすぎず、両者とも真に全体である人間を捉えていない。だから、集団主義の立場から見れば個我とか単独者というのは風変わりな異常者であり、個我（人）主義の側から見れば、社会主義者の自己献身の行為はどうでもよいような自己の部分の放棄にすぎない。このような分裂を真に克服する道はいかに求められるのであろうか。

西洋のマルクス主義において特筆すべき点は、歴史の唯物史観にもとづく解釈では解明し尽くされない「個人」の問題がたえず反省されてきたことである。ルカーチ（一八八五～一九七一）の『歴史と階級意識』やサルトル（一九〇五～一九八〇）の『弁証法的理性批判』の中にそのような試みを見ることができる。プロレタリアートの意識が社会的発展的過程の意識にまで進展すべきことが説かれたり、教条主義化したマルクス主義に対して人間の現実を回復させるために実存主義との結合が説かれたりする。集団が意識するのではなく、意識したり思考したりするのは個人なのであるから当然のことであるといえよう。

他方、実存主義の中でも単独者の主張が結果する主観主義的傾向に対し、決定的方向転換をなす試みが次第に行なわれるようになった。たとえば、マルティン・ブーバー（一八七八～一九六五）はその名著『我と汝』において決定的に新しい方向に踏み切った。「我と汝」は「我とそれ」から区別され、前者が人格的な汝関係を後者が非人格的（非人称的）な利害関係を表わす。汝関係では関係の二者性、他者との生ける交わりの領域、つまり他者とともに在る自己が解明され、自己が本質的に社会的であることが力説される。また人格概念はカントが以前説いた人間の品位とや尊厳の上にのみおかれず、人格間の根源的な距離の上にかけられた交互的関係として把握され、人格間の応答的責任を負う自己が解明されることによって実存主義の個我的側面の徹底的超克が試みられた。

第18章
近代ヨーロッパ文学の人間観——近代の宿命とその根源

近代の宿命

歴史を学ぶ者にとって時代区分は重要であり、ヨーロッパ近代の初めは一六世紀であって、この頃には古代や中世と異なった新しい人間観が誕生したと一般には考えられていた。しかし歴史研究が進んだ今日では、ヨーロッパの近代は一七世紀の後半に起こった啓蒙主義に始まると考えられるようになった。もちろんそのような傾向はすでに一六世紀ルネサンスにもすでに見られるように思われるが、時代を支配する主流とはならなかった。中世までの霊性思想が近代に受け継がれているならば、近代の宿命と言われるニヒリズムはヨーロッパに起こりはしなかったであろう。ここではヨーロッパ近代文学の歩みを辿ることによって近代の宿命とその根源とを考えてみたい。

ルネサンスは最初一四世紀後半のイタリアに始まり、一六世紀の初めまで続いた文化運動であって、すでに述べたように、その中心思想を「人間の尊厳」に求めることができる。この主題も一般には人間中心の思想を表現していると考えられた。多くの歴史家たちはルネサンスをこのいわゆるヒューマニズム的な傾向のために高く評価し、そこに啓蒙主義や近代思想へ導いた知的進歩の最初の段階を見たのではなかろうか。したがってジルソン（一八八四〜一九七八）が洞察した、図式、つまりルネサンスとは中世から神をとりのぞいたもの、「ルネサンス＝中世引く（マイナス）神」といった極端な図式がまかり通ったが、これに対する批判はホイジンガの『中世の秋』以来継続されてきており、今日では中世と近代との連続面が強調されるようになった。この点を再度ペトラルカとエラスムスのもとで考えてみよう。

ペトラルカの懊悩

一四世紀を代表する桂冠詩人ペトラルカは時代を代表する優れた文学者であり、なかでも恋人ラウラとの出会いにより、ロマンティックな愛の詩人ともなった。彼が父の訃報に接しアヴィニヨンに帰ったとき、聖クララ教会堂で偶然フランス生まれの美しい人妻ラウラと運命的に出会い、彼女が彼にとって久遠の女性となった。その日は受難節であったのに忘れがたい運命の日ともなった。

その創造主《つくりぬし》の受難をいたみ
陽《ひ》の光さえいろあせた日《とき》
はからずも私はとりことなった。
げに恋人よ、美しいきみのひとみにしばられて。

（近藤恒一『ペトラルカ研究』創文社、一九八四年、六七頁）

ここで「虜となった」という現象は、神ならぬ偶像に心が奪われる霊性に特有な現象であって、このラウラとの出会いはペトラルカにとって詩作の源泉となったが、同時に深い罪責感をも生みだした。このような自由な恋愛のため詩作の精神が高揚したとしても、彼の作品に登場する対話者アウグスティヌスの批判を受け彼は大きな悩みに陥り、懊悩を深めた。つまり詩の精神によって女性の讃美者となり、ラウラという「この世で最も美しい形をつくりたもうた創造主の技術のみを賞讃し」たとしても、彼は創造主自身への愛をないがしろにしている、ともっとも信頼を寄せているアウグスティヌスによって批判された。そしてこの内心の懊悩は良心の苦悩となった。ここに近代人としての在り方と近代文学に通底する気分の萌芽が見えてくる（『わが秘密』前出、参照）。

しかも彼を襲った内心の分裂は、高貴な魂だけに起こる経験であり、「魂が高貴な本性ゆえに天上を目指して昇ってゆけばゆくほど、当然、それだけ肉体の重みや地上の誘惑はひどくなってくる」。そこから人は混沌たる罪の汚泥と無秩序に陥るが、絶望から容易に抜け出せないがゆえに、自暴自棄となり、遂には「倦怠」（accidia）が生じ、「悲しみ」（dolor）に沈んでしまう。彼によると「近代人はこれを鬱病と呼び、古代人は煩悶と呼んだ」。このような憂愁の直中にあっても、「魂の高貴さ」を想起するように言われる。それはキケロの「人間の尊厳」と同義語であり、これによって現世を蔑視し、「自己の本性を忘れぬ思慮深い人間」となるように勧告される。

こうして、このことはルネサンスの「人間の尊厳」という主題を先取りして、歴史や文化を新しく創造する活動を起こした。

エラスムスの『痴愚神礼讃』

エラスムスは一六世紀の最初の二五年間をその言論によって世界を導いた優れた人文主義者であった。その文学作品『痴愚神礼讃』（一五一一年）は実に彼の本領を発揮させるものとなった。彼はこの作品のなかで古代人の知恵の精髄を摘出し、時代の狂気に染まった精神を風刺しながら批判し、決して饒舌でなく、人生の豊かさを適正、流麗、軽快、明朗に描きだした。そこには実に近代人らしい自由奔放な空想が古典的な厳しい形式によって抑制され、全体としてルネサンスの心髄である調和の完璧な表現となった。だから、もうすでに近代は始まっているではないかとさえ思われる。

もう少し詳しく彼の言うことに耳を傾けてみたい。彼はこの書物の中でわたしたちの人生と社会には痴愚が不可欠であって、これを痴愚女神の自己礼讃の愚かさを通して語りだす。それゆえ痴愚と思われていることが実は真の智であり、智と思われていることが逆に痴愚である。この点が実に軽妙に摘出される。こうして真の知恵は「健康な痴愚」の中に認められ、うぬぼれた知恵は死にいたる疾病であることが説かれた。そこで、このような人生と社会にとって不可欠な要素である痴愚について考えてみよう。エラスムスは人生がお芝居であって、このような人生喜劇の仮面を剝ぐ者はみんなによって追い出されると言う（エラスムス『痴愚神礼拝』渡辺一夫・二宮敬

訳、『世界の名著17』所収、中央公論社、一九六九年、九四頁)。

このような痴愚女神に支配され、欺されることは不幸であると哲学者は言うが、この抗議に対し、誤るのは「人間らしい人間」であり、「あるがままの人間でいて不幸なことは何もありますまい。……なぜなら、痴愚は人間の本性にぴったり合っているからです」とエラスムスは反論する(前掲訳書、一〇〇頁参照)。

ところが彼は愚かさという人間の限界を飛び越えて、人間であることを忘れて、至高の神々に成り上がろうとしたり、学芸を武器にして自然に挑戦する「純粋な痴愚」に対しては、鋭く風刺するのみならず、直接非難する。もちろん、軽い喜劇の筆致を失わず、神学者、修道士、司教、枢機卿、教皇、また君主と廷臣への批判は、露骨な冒瀆と不敬に陥らず、たくみな弁論の綱渡りをしている点、さすがに無類の芸術作品である。ところがその批判的精神(霊)の神髄は「キリストとどんな関係があるのか」という言葉に示される聖なるものに対する主体的な精神であって、ここに近代主観性の発祥を誰でも認めることができる。

近代ヨーロッパ文化の特質

このようにヨーロッパ近代初頭のルネサンス文学にあらわれた精神的な特徴は、近代的な自由な精神であって、やがて一〇〇年の眠りの後、一七世紀後半になってから啓蒙の精神の特徴である個人主義と合理主義として結実し、この二つの特質が近代ヨーロッパ文化の特質となった。その要点をここではまず考えてみよう。

近代ヨーロッパ文化の第一の特質である個人主義は、近代的人間像の中核を形成している「個人的な自由」として追求され、それはエラスムスが説いた「自律的な人間」(homo per se)に典型的に示されていた(金子晴勇『宗教改革の精神』講談社学術文庫、二〇〇一年、一五八頁以下参照)。ここにある「自らに由る」(per se)というのは「自律」を意味する。自律というのは人間が理性によって自分の行動を定めることができる事実を指しており、「理性的自律」を意味する(カント『人倫の形而上学の基礎づけ』野田又夫訳、『世界の名著32』中央公論社、一九七二年、二九九頁参照)。したがって理性以外のさまざまな作用、たとえば傾向性や衝動、また快・不快、自愛、幸福追求などによって行動が導かれると、それは「他律」(Heteronomie)と呼ばれる。

だが、すでにエラスムスの『自由意志論』では自由意志は次のように定義されていた。「わたしたちはここで自由意志を、それによって人間が、永遠の救いへと導くものに自己自身を適応させたり、あるいはそのようなものから離反したりし得る人間の意志の力であると考える」(エラスムス『評論自由意志について』I, b, 10)と。これと真っ正面から対決したルターの「奴隷的意志」の主張といえども日常生活や精神的営み、さらに恩恵の受容力としての自由意志の働きは認めており、魂の救済という宗教の核心においてのみ否定されたのであった(金子晴勇『近代自由思想の源流』創文社、一九八七年、四五二頁参照)。ところでエラスムスもルターも神を信じて行動する人間を考察し、神によって意志が導かれていると考えたので、それは「神律」(Theonomie)という性格をもっていた(神律については金子晴勇『人間学講義』知泉書館、二〇〇三年、一四四〜一四七頁参照)。

続く一七世紀にはこの自律と神律との間に論争がまずモリナ（一五三五〜一六〇〇）とパスカル、ピエール・ベール（一六四七〜一七〇六）とライプニッツの間に起こり、一八世紀にはカントの倫理学は他律を排斥して自律に徹することによって確立され、この論争は終息した。したがって近代的な自由をそれ以前から分かつ最大の特徴は、人間が理性以外のすべてを退けて、理性にのみ立つ「理性的自律」に求められ、従来の信仰を他律として徹底的に退けることによって実現した。

近代ヨーロッパ文化の第二の特質は、神や世界から人間を位置づけるのではなく、人間の世界経験からすべてを合理的に解明していくところに現われている。つまり、人間が宇宙の中心に立って自律的に世界に向かい立つ「主観」としての自覚と、理性的に世界と自己とを解明する、合理主義にこそ第二の特質が求められる。それはすでに考察したように一七世紀の哲学者デカルトによって実現された。彼はこの「主観的思惟」（cogito）からすべてを探求し、近代思想の創始者となった。この合理主義はさらにカントによって完全に実現されることになった。

では、この合理化の末路はどうなったのか。社会学者マックス・ヴェーバーによると理性的な生き方は、宗教の生命を枯渇させ、資本主義の「精神」（霊性）を信仰の生命が死滅した「亡霊」となし、「精神のない専門人、心情のない享楽人」に転落させたのである（ヴェーバー『プロテスタンティズムの倫理と資本主義の精神』大塚久雄訳、岩波文庫、一九八九年改訳、三六六頁参照）。

次にこのような近代的人間の変化がヨーロッパ文学にどのように反映しているか考えてみよう。

近代ヨーロッパ文学の黄金時代

近代ヨーロッパ文学はその時代に生きて働く精神を象徴的に表現し、時代の理念もしくは時代を導く生活の原動力ともなり、注目すべき人間像を生み出した。ここにヨーロッパ近代文学の黄金時代が出現する。この人間像を典型的に表現する作品をいくつかあげてみよう。まず、シェイクスピア(一五六四～一六一六)の『ハムレット』、次いでゲーテ(一七四九～一八三二)の『ファウスト』、終わりにドストエフスキー(一八二一～一八八一)の『カラマーゾフの兄弟』を採りあげることにしたい。これらの文学に現われた群像はあたかもオリュンポスの神々のように、近代ヨーロッパ世界に君臨しており、その精神文化の本質を端的に提示している。

①シェイクスピアの『ハムレット』

とても名高いこの作品では当時流行した仇討ちの流血劇によって、さまざまな困難を乗り越えて最後に敵を討つが、同時に自分も滅びるという、通俗的な主題が展開する。しかも問題はその困難さにあって、それは外的な障害よりも、ハムレット自身の内部に潜んでいる主体性が問題になっている。それゆえ悲劇『ロメオとジュリエット』のような家族間の衝突といった外的な障害はないが、ハムレットの王子としての社会的意識が彼個人を左右する点が重要である。なかでも第一幕では殺害された父の亡霊が出て来て、ハムレットに復讐を誓わせる。この亡霊は旧来の伝統文化の圧力として、自由に生き恋愛もしたいと願っている彼に臨んで来ている。だが、現実的な周囲の社会情勢がそれを許さない。そこでレアーティーズは妹のオフィーリアに言う、「くれぐれもわきまえておかねばならぬことはハムレット様の御身分。お考えも自分のものであって、自分のものではない。御身分に随《したが》わねばならぬのだ」（『ハムレット』福田恒存訳、新潮文庫、二九頁）と。オフィーリアの独白にも「一国の精華とあがめられ、流行の鑑《かがみ》、礼儀の手本、あらゆる人の讃美の的だったハムレット様が、あんなにもみじめなお姿に」（前掲訳書、八六頁）とある。これがイギリス人特有の社会的意識である。こうして彼は旧来の伝統文化の意識、現実の社会意識、個人としての自由の意識という三者の衝突と相克に悩まされ、ついには絶望の深淵に転落していく。

ギリシア悲劇オレステース三部作も同様な主題を追求したが、父親を殺害されたオレステースには殺害の主犯である母に対する復讐にはこのような内心の苦悩はなかった。ハムレットの場合には母は共犯者ではなく、叔父の犯行が疑われても確たる証拠がない上に、殺害にともなう良心の警告が決断を鈍らせてしまう。この内面にこそ最大の障害があったのだ。それに北国的な憂愁さが性格的に加わり、絶望の深淵の中に転落しそうになり、生と死の狭間に宙ぶらりんになってしまう。彼のような良心的な人間は主体的に理性を働かせて分別をもてばもつほど、ますます行動に移れなくなる。ここには自殺さえもできないという絶望がある。こうして良心は理性の声のみにしたがう自律的なものではなく、死後の神の裁きの法廷をも意識しているから、絶望に転落しながらも、それに身を委ねることもできないのである。ここに近代的人間の意識の構造が顕著に示されているのではなかろうか。

②ゲーテの『ファウスト』

この作品に登場する主人公ファウストは一六世紀の伝説的人物であり、この作品のはじめに書斎で独白するところにその人物像がはっきり示される。「ああ、こうしておれは哲学も、法学も医学も、いまいましいことには役にもたたぬ神学まで、あらんかぎりの力を絞って、底の底まで研究した」（ゲーテ『ファウスト悲劇第一部』手塚富雄訳、中公文庫、一九七四年、三五頁）。ここにあげられている学問は中世の大学の全学部に相当する。彼はこの知識を引っさげて学生たちに巨匠のごとく君臨していた。ここにはルネサンスに特有の万能人の姿が浮き上がってくる。しかし知識がどんなに広大で深遠であろうとも、理性だけで人は生きることはできない。心中に感性と欲望とが渦巻いていてこそ、人間といえるであろう。したがって一方には理性が、他方には感性が、ファウストの心を引き裂くことになる。こうした二元的に分裂した人間像こそファウストの中に見られる姿である。

確かに理性は神からの光であっても、現実には人間はその正反対な生き方に転落し、理性と獣性（感性）とに引き裂かれた人間像が生まれる。ファウストは次のように言う。

> ああ、おれの胸には二つのたましいが住んでいる。その二つが折り合うことなく、たがいに相手から離れようとしている。一方のたましいは荒々しい情念の支配に身をまかして、現世にしがみついて離れない。もう一つのたましいは、無理にも埃っぽい下界から飛び立って、至高の先人たちの住む精神の世界へ昇っていこうとする。（前掲訳書、八三頁）

ところでファウストは魔法の力を使って精神の高みに上昇しようとしても、大地の霊に「お前はおれに似ていない」と言われて、絶望し、自殺を決意する。そのとき復活節の鐘の音を聞いて、死を思い止まり、祭りに出かけた帰り道に、むく犬の姿を借りて近づいてきた悪魔と結託し、世俗の世界に入っていく。彼が悪魔と契約した次のことばに近代人の本質が美事に表明されている。

おれには快楽が問題ではない。おれは陶酔に身をゆだねたいのだ。悩みに充ちた享楽もいい、恋に盲《めし》いた憎悪もいい、吐き気のくるほどの歓楽もいい、さっぱりと知識欲を投げすててしまったこの胸は、これからどんな苦痛もこばみはせぬ。そして全人類が受けるべきものを、おれは内なる自我によって味わいつくしたい。おれの精神で、人類の達した最高最深のものをつかみ、人間の幸福と嘆きのすべてをこの胸に受けとめ、こうしておれの自我を人類の自我にまで拡大し、そして人類そのものと運命を共にして、ついにはおれも砕けよう。(前掲訳書、一二五頁)

ファウスト的人間像はここに内なる自我の激烈な衝動に駆られて自律する姿とそこから生じる運命に基づいて描かれる。しかもこの自我は、本質において力であり、不断に拡大して止まない膨張力であって、これこそ近代資本主義社会を推進させている経済力に固有なものであり、これによって経済と人間とを結ぶ運命が近代人に宿ることになる。しかも彼はこの運命を予感し、

「ついにはおれも砕けよう」と語って、この宿命を自己の意志によって内に招き入れようとする。近代人の自我は実に人類大にまで膨張し、その可能性のすべてを味わい尽くして、自己破壊を引き起こすほどの恐るべき力をもっていることが語られる。ファウストの悲劇は自己の欲望によって引き寄せられるものである。ここには近代人の歩みが典型的に描かれている。

ファウストにはハムレットやドン・キホーテが意識した社会が欠如し、代わって果てしない自己追求が前面に現われる。無限の自己実現こそ彼の願いであり、それが事件小説のように破綻し、この滅亡の深淵から宗教的な救済が求められる。こうして自己を超越した宗教的な次元、つまり人間の垂直的な高みが霊性として甦ってくる。伝説上のファウストは知識を利己的な目的のために利用した学者で、魔術や妖術までも行使する人物として言い伝えられていた（マーロウはその『ファウスト』で人間としての分を超えた理性に生きる「出過ぎた才子」として描いている）。

③ドストエフスキーの『カラマーゾフの兄弟』

この作品に登場するニヒリストのイワンに注目し、その人間の姿を考えてみよう。ここではイワンが作成した「大審問官物語」に限定して人間の理解を考えてみたい。

大審問官は一六世紀のカトリック教会の化身である。彼はカトリックの教権組織によって保証された自由を与えようとするが、それはキリストが与えようとした良心の自由とは本質的に相違する。彼は人間性の邪悪なこと、それが無力で背徳的であり、「謀逆を性《さが》とする存在」であることを力説し、これに対処する最善の方法は「パンと奇跡と権力支配」であると主張する。しかし、キリストは荒野の誘惑で悪魔から試みられたとき、これらをすべて退けたのであった。ところが大審問官は悪魔と結託し、キリストの事業に訂正を加え、良心の自由は大衆には理解できず、かえって敵対を買うだけだと言う。なぜなら謀逆を性とする人間性の奴隷状態のゆえに、良心の自由は選択の自由として大衆を悩ますので、大衆に良心の平安を与えるためには教権組織によって良心を拘束し、権力支配を確立しなければならないからである。イワンは人生を悲惨に満ちた墓場で、人生の苦悩は癒されるものではないと考え、邪悪な人間性の限界内で政治組織と権力支配によって幸福を勝ちとろうとする。それに対しアリョーシャは神への信仰によって邪悪な欲望から解放され、良心の自由を得て、世界を新しく見直し、人生そのものから学んでいこうとする。

この劇詩でもってドストエフスキーは近代的人間の宿命を描いた。近代人の信仰である「自律」、つまり「行動の主人」としての自由は、やがては無神論的なヒューマニズムを生み出し、それは結局のところ権力主義に陥り、人間の自由が隷従に転落せざるを得ない。それゆえ彼は無神論を最終的な帰結にまで導いていき、イワンは発狂し、自滅に至る運命を徹底的に追求した。ここに自由の両義性と人間存在の悲劇性とが明瞭に認識されている。

神の前に立つ良心

これまで考察してきた近代ヨーロッパ文学の特質のなかで最も注目すべき点は、人間の心が最深の根底まで掘り下げられて、把握されていることである。人は理性によって自律できないとの自覚に到達すると、さまざまな挫折を経験しながらも、神の前での良心の自由を問題にする。この「神の前に立つ良心」こそヨーロッパ的な霊性の特質なのである。ハムレットの苦悩も、ファウストの救済も、ドストエフスキーの自由も、すべて神の前における良心の事実として理解されていた。そこでは良心という人間の最深部における自己の罪深い姿が徹底的に追求される。シェイクスピアの『リチャード三世』が捉えた良心の苦悩、ゲーテの『ファウスト』に描かれたグレーチェンの聖堂での祈り、ドストエフスキーの『悪霊』におけるスタヴローギンの告白などにはこの事態がみごとに捉えられている。

かつて文化人類学者ルース・ベネディクトは『菊と刀――日本文化の型』の中で日本文化を「恥の文化」と規定し、それに対し西欧およびアメリカの文化を「罪の文化」として対立させ、日本文化に対する鋭い批判を行なったことがあった。つまり「さまざまな文化の人類学的研究において重要なことは、恥を基調とする文化と、罪を基調とする文化とを区別することである。道徳の絶対的標準を説き、良心の啓発を頼みにする社会は、罪の文化 'guilt culture' と定義することができる」(『定訳菊と刀(全)』長谷川松治訳、現代教養文庫、一九六七年、二五七頁)。

この問題をめぐって多くの見解が発表され、反論もなされたが、それでもこの批判がわたしたちの自己理解に貢献した点は認められなければならない。恥は社会的な関係でも起こっており、習俗に染まった良心に対しても時代を支配する社会規範によっても起こるが、やはり神の前にこそ最も強烈に自覚される。これまで考察してきたように、ヨーロッパ文学ではこうした人間の心の最深の根底、つまり霊性の深みにまで掘り下げた探求がなされてきた。それに導かれたわたし自身も人間について探求を続けてきた。そして良心や人間の心の最深部である霊性から人間の全体像を再考し、かつ、再建すべきであると考えるようになった。

Ⅳ　現代

第19章
現代ヨーロッパの思想状況

　ヨーロッパ思想史で近代と現代とを分かつ境界線があるとしたら、それは第一次世界大戦が終結した一九一八年であろう。というのはこの時点で人々の価値観は根本から変化したからである。それまでの比較的安定した歴史の中で、確実だと予想されていた未来像がもはや通用しないものとなった。一七世紀のヨーロッパに始まる「啓蒙」思想は貴族にかわってブルジョアを、旧体制にかわって革命を、神学にかわって科学を、農村にかわって都市を、それぞれ前面に押し出してきた。資本主義社会が次第に発展し、ブルジョアジーの力によって革命が次々に起こり、科学技術が振興し、大都市が建設されて、これらの力が相携えて新しい世界を造るとき、技術文明とか産業文化と呼ばれる新しい文化が一八世紀後半から一九世紀にかけて現われはじめた。

　その際、文化をこれまで導いてきたヨーロッパ的な「霊性」は次第に背景に退き、これに代わって「理性」が自律しはじめ、科学技術と提携することによって、霊性から切り離されて道具化した「理性」が時代を支配するようになった。こうして「理性」はかつてもっていた「深み」を喪失し、単なる合理主義となって全世界に広まっていった。日本が自国の文化を残しながら、「和魂洋才」の立場で、ヨーロッパの「魂」である「霊性」を抜きにして、ただヨーロッパの産業技術のみを受容することができたのは、このような近代文化の歴史から説明することができる。

第一次世界大戦後の思想状況

そこで現代ヨーロッパ思想の主たる傾向をまず概観しておきたい。そこには多くの問題があってそれが多くの思想家によって摘発され、新しい文化の形成が要望されていたのである。この点を少しずつ説き明かしてみよう。

①啓蒙の「進歩」思想の問題

しかし、「霊性」を欠いたままで単なる「理性」に立脚する合理主義には大問題が隠されていた。それは特に「進歩思想」において明瞭となる。実際、「啓蒙」思想の根底には、新しいものは古いものに優るという「進歩」(progress)の観念が存在している。この進歩という観念は近代に特有のもので、中世にはなかった。神が宇宙の創造者として万物を完全な姿に造られたとしたら、人間は神の造りたもうたものに何も加えることはできないし、ましてや人間の手による進歩など考えられなかった。ところが近代に移ると人間は神のように自然に働きかけてそこから文化の世界を創造していった。ここから「進歩」の観念が生じ、科学技術を駆使して近代の技術文明と産業文明を作り上げた。しかし、その結果はどうであったか。科学と技術は人間の幸福を招来するかのように装いながらも、実際は自然という環境の破壊と科学兵器による人類の自己破壊を引き起こしている。これがヨーロッパを中心として戦われた「第一次世界大戦」(一九一四〜一九一八）とそれに引き続き戦われた「第二次世界大戦」（一九三七〜一九四五）であった。

そこには単なる「理性」に基づく啓蒙が生み出した結末、つまりヨーロッパの近代化によって生じた末路が見いだされる。この時代の矛盾を身をもって経験した哲学者ホルクハイマーが『理性の腐食』の中で次のように発言していることは事態の本質に的中しているといえよう。「人類の希望は、初めてそれがヒューマニストたちによって語られた手探りの時代よりも、その成就にはほど遠いように見える。技術的知識が人間の思惟や活動の地平を拡大するにつれ、個人としての人間の自律性、巨大化する大衆操作の装置に抵抗する能力、想像力、独立的判断といったものは衰えていくように思われる。啓蒙のための技術的手段の進歩には非人間化の過程が付きまとっている。かくて進歩は、まさに実現が目指されている当の目標、人間の観念を破壊する」。（山口祐弘訳、せりか書房、一九七〇年）同様に文学者のシュテファン・ツヴァイク（一八八一〜一九四二）も『昨日の世界』で次のように述べている。「自分たち自身の生存というものには、我々の父祖がもっていたような宗教、すなわち人間性はすみやかに持続的に向上していくものだという信仰はないものと思いあきらめてしまった」（原田義人訳、みすず書房、一九九九年、二〇頁）。

②シュペングラーの『西洋の没落』

このような進歩への懐疑と相まって、ヨーロッパ世界の没落が強く意識され始めた。ドイツ敗戦の年に、シュペングラー（一八八〇〜一九三六）が『西洋の没落』（一九一八）を書き、大きな影響を与えたのも第一次世界大戦後の暗い終末意識が人びとの心を支配していたからである。彼はその書の序文の中で、この書は「歴史についての新しい見解であり、運命の哲学である」と述べているが、この哲学は世界史の比較形態学の方法で展開される。こうして全地球上に広がっているヨーロッパ文化の没落を分析しはじめる。その際、彼はヘルダー（一七四四〜一八〇三）、ゲーテ、またニーチェなどに影響されるとともに、歴史家ブルクハルトのペシミスティックな文明の見方に大きく影響されて、ヨーロッパ文明は、今や「成長」「成熟」の段階をすでに経過して「衰退」の段階にはいり、「没落」が単に個々の国家のみでなく、全ヨーロッパを包み込んでいると考えた。シュペングラーは文化の歴史を千年の周期をもって回帰する有機体であると考え、それを植物の生成発達に擬した。すなわち文化には寿命と発達のリズムがあって、老年期にはいると衰微し、文化は没落するのである。

この時代には「没落」の意識が支配し、過激な破壊主義、実存主義の文学や思想が流行するようになる。こうした時代傾向はワイマール文化において典型的に見られたので、次にこれを問題にしてみよう。

ワイマール文化

ワイマール文化についてピーター・ゲイ（一九二三〜二〇一五）は『ワイマール文化』の「序」で次のようにその印象を明快簡潔に述べている。「ワイマールについて考える時、われわれは美術や文学や思想における革新（モダニティ）について考える。例えば、父親に対する息子の、伝統美術に対するダダイズムの、肥った俗物に対するベルリン子の、古いタイプの道徳家に対する放蕩者の反抗のことを、あるいは『三文オペラ』、〔映画の〕『カリガリ博士』、『魔の山』、バウハウスと〔女優〕マルレーネ・ディートリヒのことを考える。そして、とりわけ、世界のいたる所にワイマール文化が輸出した亡命者たちのことを考えるのである」（『ワイマール文化』亀崎庸一訳、みすず書房、iii頁）と。この文化は第一次世界大戦の敗戦後にドイツで起こった現象で、ドイツの歴史上はじめて共和国が造られ、古い文化の観念を打破するような文化運動が沸き上がった。

①革新運動

　この運動は大戦中からの反戦活動と関連のあるドイツ表現主義運動が出発点となって、すべての文化領域を巻き込み、絵画・彫刻・建築・音楽・文学（ドラマ、詩、小説）・オペラなどにおいて、既成の諸形式に対する大胆な破壊活動を行なった。その活動の有様は映画ともなった『カリガリ博士』に典型をみることができる。これを生み出した「表現主義者たちは、その才能を通じて革命への貢献に最善をつくしたが、他方で、彼らは総じて非政治的な、あるいは少なくとも具体性を欠いた革命家であった」（前掲訳書、一二六頁）とゲイは言う。したがって表現主義運動は従来の文化のすべてを拒否する「掃除」をし、来るべき文化のために、自由な空間を作ったのである。この時代を身をもって生きたベンヤミン（一八九二〜一九四〇）はその論文『破壊的性格』（これは「フランクフルト新聞」に一九三一年に掲載されたもののようである）の中で「破壊的性格がかかげるのは、〈場所をあける〉というスローガンだけであり、その行動も、〈除去作業〉のほかにはない。さわやかな空気と自由な空間への渇望は、いかなる憎悪よりも強い」（ベンヤミン「破壊的性格」、高原定平訳、『ヴァルター・ベンヤミン著作集1　暴力批判論』高原宏平・野村修編集解説、晶文社、一九六九年、九二頁）と指摘している。

②大衆文化

このワイマール共和国は、プロイセンの軍国主義、ドイツではないもう一つのドイツ、ゲーテやカントなどで代表される文化国家ドイツを体現したインテリと文化人の国であった。それゆえ「ワイマール文化は時代の流れによって内側へと駆り立てられたアウトサイダーがつくった、眩惑的なまでにはかない瞬間の作品であった」（ピーター・ゲイ前掲訳書、ⅳ頁）といわれる。それは過酷な政治・経済的な混乱状況とは裏腹に、多彩な成果をあげ、一九二〇年代には「黄金の二〇年代」と呼ばれる文化的繁栄期を迎え、都市の中流サラリーマン階層に行き渡った「大衆文化」が現出し、ベルリンはロンドン・パリ・ニューヨークを越えて大衆文化の中心地となった。

こうした新旧文化の交代は世代間の葛藤を生みだし、父の世代に対抗する息子の世代という図式で表現される演劇、たとえば「父親殺し」のテーマの演劇を多数残した。また次第に没落していく家族の運命が当時の文学の主題となっている。つまり、一九世紀末の「創業者時代」に経済的基礎を築き、その富を第一次世界大戦で使い果たした父親の世代に対して、息子の世代が反発し、すべてが崩壊していくことが物語られる。たとえば、トーマス・マン（一八七五〜一九五五）の『ブッデンブローク家の人々』はこの崩壊を先取りした作品であって、北ドイツのブルジョア階級の四世代にわたる栄枯盛衰を追跡している物語である。このような歴史の流れの中で、人々は、既成の思想に懐疑の念を抱き、それを破壊しながら、自己と社会とを認識し、新しい思考と行動への地平を拓いていった。

実存思想と現象学

このような時代に人々の心を捉えたのが実存思想と現象学であった。

①実存思想

実存思想は第一次世界大戦後に、戦争の基礎経験によって根本的に規定されている中でキルケゴールを再発見し、彼の説いた基本概念である不安・絶望・死・つまずき・孤独・単独者・瞬間・反復・水平化・公衆などの観念を継承し発展させた。ハイデガー（一八八九〜一九七六）の「死への先駆」とか、ヤスパース（一八八三〜一九六九）の「限界状況」はそのような基礎経験の表出であって、彼らは独自の生活経験から出発し、世界や人間について客観的に論じる伝統的思考から転じ、もっぱら「実存」を主題として追究しているのであって、不変の存在・価値・意味といったものを理論的に問うのではない。

「実存」という言葉は「現実存在」に由来し、それは世界における人間のありのままの現実から出発していって、この現実にとどまりながら真の自己存在を確立しようとする態度を意味する。もちろんラテン語の「現実存在」（existentia）は「本質存在」（essentia）との区別に拠って、後者と対立的に理解されていることも知っておかなければならない。すなわち本質存在というのは、ものの本質、つまりものの一般的、普遍的意味を問題にし、概念的に理解される存在を指している。これに対し現実存在のほうは、ものが現に個別的にある在り方に向かっている。本質は「類」という「一般者」にかかわり、現実は「個」という「個別者」にかかわっている。したがって人間は「類」の概念によって定義できないものであり、科学的に人間の一般的性質をどのように考察しても、それによっては「個」としての人間自身は解明できない。そのため「実存は本質に先立つ」(サルトル)といわれる。じっさい個性こそ人間に具わっている基本的特質であるから、わたしたちは自由な主体性を実存として問題にしなければならない。

彼ら戦後の実存主義者に先駆けて、キルケゴールは主体性に立つ主体的真理を説いていた。同じ時代にマルクスが歴史の将来を担う主体としてプロレタリアートという社会的例外者を立てていたのに対し、彼は単独者という例外者を説いて、経済的社会的破産よりも精神の上でいっそう決定的な危機を見ぬいていた。というのは、マルクスの説く階級でさえも個性を無視し大衆化を促進していると彼には思われたからである。実存主義の思想家たちは、大衆がこの状況から目醒めて実存を取り戻すように説いている。

しかし、このような単独者の主張がもたらす主観主義的傾向に対し、決定的方向転換を促したのが、マルティン・ブーバー(一八七八〜一九六五)の対話的思考である。彼は『我と汝』において、「我-汝」と「我-それ」とを対比的にとらえ、かつ汝関係の二者性、他者との生ける交わりの領域、つまり他者とともにある間柄を「間」の領域として解明し、実存哲学の個我主義的側面を徹底的に超克しようと試みた。

②現象学

このような人間の存在を学問的に把握する方法として彼らに決定的影響を与えたのはフッサール（一八五九～一九三八）の現象学であった。この現象学こそ世界と人間とを伝統的見方から解放して現象をそれ自体としてありのままに把握させる認識論である。フッサールに始まる現象学はもろもろの世界観や立場から哲学を解放し、主観と客観の対立図式を解体し、意識に現象が現われてくるさまを明確に記述しようとした。彼は「事がらそのものに帰れ」という標語をかかげて、厳密な学としての哲学を創設しようとする方法を提起した。この現象学の方法を人間に適用したのが戦後の実存哲学の発展である。

フッサールによって創始された現象学は、人間の生を徹底的に解明していくうえで不可欠な方法を提供している。たとえばシェーラーは現象学を倫理学に適用し、プレスナー（一八九二～一九八五）は人間学や政治学に適用させ、現象学は人間に関する諸科学を積極的に受容しながら、哲学的人間学を確立していった。現象学は近代科学がもっている世界観としての問題性を超克し、人間の本来的な「生の世界」に立ち返り、今日多くの素材を提供している人間科学の成果を受容しながら発展し、メルロ＝ポンティ（一九〇八～一九六一）が実現したような現象学的人間学を生み出した。

現代ヨーロッパの社会思想

第一次世界大戦の終わる前半にロシア革命が起こり、二〇世紀のヨーロッパは社会革命の時代に入っていく。それと共にマルクス主義が時代を指導する重要な革命理論として優勢となったが、ヨーロッパではロシアや中国とは相違したマルクス主義の形態が説かれるようになった。ここにもヨーロッパ文化の特色がうかがえる。

①マルクスとロシア革命

マルクスはヘーゲルの弁証法理論を受容しながら自己の社会理論を作り上げていった。たとえば、労働の意義はヘーゲルの『精神の現象学』の有名な一節「主人と奴隷の弁証法」において古代奴隷社会を反映した意識の問題として取り上げられ、歴史を変革する革命的作用が力説されていた。ヘーゲルが意識の中に読み取った労働の疎外された形態を、マルクスは現実の社会に起っている労働の経済的に疎外された状況に当てはめていくのである。マルクスは、フォイエルバッハがヘーゲルの宗教思想を批判して感覚的唯物論へ解体していったことを継承し、いっそう発展させ、その宗教批判を現実の政治経済の批判に向け、すべてを史的唯物論へ解体していった。

ここではマルクスの社会思想がすでに本書第17章で、その疎外観、イデオロギー論、唯物史観にわたって述べられているので、そこを参照していただきたい。疎外論というのは労働における人間の自己疎外を指摘するものである。イデオロギー論では、このような疎外を克服するためには共産主義によってプロレタリアートが時代の観念形態を批判し、「意識が生活を規定するのではなく、生活が意識を規定する」と主張された。さらにこの社会・経済的下部構造が歴史の発展といかに関係するかを述べているのが、唯物史観であって、「こうして社会変革の時期がはじまる」と断定され、歴史はその物質的基底へ、社会的生産の下部構造へ、つまり物質的生産力と生産関係から展開する、歴史的に理解された「物質」へ還元された。こうして神の「摂理」がヘーゲルによって世俗化されて「理念」の自己展開となり、さらにこの理念が世俗化されて「物質」へ還元されて唯物史観が成立している。

②マックス・ヴェーバー

ヴェーバーは社会を科学的に分析し、その内容を客観的に記述していく際に、その認識の行為が、特殊な価値意識に導かれていることから、「理念型」に従って行なわれざるを得ないと考えた。複雑な社会現象を人間の限られた認識能力で捉えることは元来不可能であり、何らかの価値観点にしたがって社会の最も重要な因子を理念的に取り出し、これをモデルにして能うかぎり客観的に社会現象を解明せざるを得ない。こうして共同体の理解も合理的な科学技術に基づく「近代社会」と非合理的な呪術の支配する「伝統社会」といった類型論的考察がなされるようになった。

ヴェーバーの社会思想を理解するためには社会的行動の四類型を捉えることが重要である。彼によると社会や共同体は、その合法的な支配の在り方を含めて、社会集団の客体的側面からではなく、あくまでも個人の他者に対する主観的な意味ある行動から理解すべきである、と考えられた。そして彼は社会的行為を次のように四つの類型に分けている。「すべての行為と同じように、社会的行為も、次の四つの種類に区別することができる。①目的合理的行為。これは、外界の事物の行動および他の人間の行動について或る予想を持ち、この予想を、結果として合理的に追求され考慮される自分の目的のために条件や手段として利用するような行為である。②価値合理的行為。これらは、ある行動の独自の絶対的価値——倫理的、美的、宗教的、その他——そのものへの、結果を度外視した、意識的な信仰による行為である。③感情的特にエモーショナルな行為。これは直接の感情や気分による行為である。④伝統的行為。身についた習慣による行為である」(『社会学の根本概念』清水幾太郎訳、岩波文庫、一九七三年、三六頁)。

これらの行為の分類には合理性がすべての尺度の基礎に据えられており、行動の目的も合理的かそれとも非合理的かと分類され、非合理性の内容が信仰による価値・主観的感情や情念・習慣となった伝統とに分けられる。したがって「合理化」と「伝統」とが対極をなす理念的図式が見いだされる。

世界大戦の終結時にヴェーバーはミュンヘンで学生に有名な『職業としての学問』を講演し、個人的な世界観や主義・立場から自由になって客観的な学問を目指すように勧め、「日々の要求に従い、〔合理化と脱魔術化と世俗化などの〕時代の運命に耐えるように」と語った。ヴェーバーは資本主義がもたらした現実に対し、近代の初めにさかのぼって、「目的合理性」とは異なる「価値合理性」がプロテスタンティズムの職業倫理に見られる事実を明らかにし、現代においては「目的」と「価値」との二者が合致した「合理性」が必要なことを説いた。また彼は、市民社会の矛盾を原理的に止揚し得ると考えたマルクスとは違って、合理化の非合理的結果という矛盾の直中にあって、いかにして人間そのものが個人の自己責任の自由を保ち、かつ実践し得るかを問うている。彼は社会制度をも個人の社会的行動から分析的に考察しており、どこまでも個人主義者として思索し行動している。そこには実存主義者と同様なる態度、すなわち、近代社会を承認した上で、これを批判的に見直そうとする態度が明らかに示されている。

③ヨーロッパのマルクス主義、ルカーチとサルトル

さらに一九二〇年代にはプロレタリアートの主体的意識としての「階級意識」の問題が提起される。ルカーチは『歴史と階級意識』（一九二三年）を著わして、意識内容が意識されている事物や事態の実体にそぐわない「虚偽意識」を、階級意識の観点から解明した。それによってルカーチはヴェーバーの合理化の問題をもふくめて、資本主義社会の「物象化」という非人格化によって生じる疎外の事実を、経済・政治の領域のみならず、文化・哲学・芸術の中にも指摘し、人間関係を物的なものとして蔽っている現実の全体を、プロレタリアートの階級意識の確立によって克服しようと試みた。ルカーチにとり、単なる個人はこのような現実の中では意義をもたない。それゆえ歴史の弁証法的過程のなかにあるプロレタリアートが、この過程そのものの意識に進み、歴史の同一なる主体・客体として現われてこそ、現実は変革される。彼が「階級意識」を語るとき、「意識」はなお観念論的であると批判されるかもしれないが、単なる階級としての存在だけでは革命は起こり得ないがゆえに、そこに「意識化」が必然的に要請されている。こうして「物象化」に対抗して主体的な「意識化」が説かれ、それによって人間関係を回復させる社会変革が説かれた。ここにもヨーロッパのマルクス主義の特徴がよく示されており、歴史の唯物史観によ

っては解き尽くすことができないヒューマニスティックな個人が問題にされている。

この点ではサルトルも同様であり、一九六〇年の『方法の問題』で彼は、観念化し教条主義化したマルクス主義に対し、生ける人間の現実を回復すべく実存主義をそれに媒介しようと試みる。彼はまず「哲学とは興隆期にある階級が自己についての意識をもつ或る仕方である」と定義し、プロレタリアートの実践的叡知の総合としてのマルクス主義こそ当代の唯一の哲学であるが、スターリニズムに現われているような不幸な事情の下に、過去二〇年来それは停滞してしまったという。それゆえ、実存主義は欠乏症にかかったマルクス主義に人間の現実の生血を通わせる思想として存在理由をもっていると説いた。このようなマルクス主義と実存主義との結合の試みは、異質の世界観をランデブーさせるという遊びにすぎないにしても、ヨーロッパのマルクス主義の特質をよく示している。

④フランクフルト学派

次にこの時代と批判的に対決したフランクフルト学派についても述べておきたい。ホルクハイマーやポロック（一八九四～一九七〇）の呼びかけで、フランクフルトに科学研究所が設立されたのは一九二三年のことである。フランクフルト科学研究所は自由なマルクス主義の研究機関として発足し、ホルクハイマーが研究所を指導し始めてから力を発揮し、反ソ連教条主義の立場を鮮明にしていった。そこには前期ルカーチやコルシュ（一八八六～一九六一）のヨーロッパのマルクス主義と同列の傾向が示されている。

ところが一九三三年にナチス政権が樹立されると、この研究所はフランクフルトからジュネーヴへ、さらに翌年アメリカ合衆国のコロンビア大学に移転し、名称も「国際社会研究所」と改め、所員は次々とアメリカに亡命した。したがって一九三〇年代におけるこの学派の著作の大部分は、亡命地アメリカで、異文化と経済的逼迫の苦痛の中で書かれた。フランクフルト学派の思想は一般に「批判理論」と呼ばれる。これはヨーロッパ市民社会の哲学に対する批判であり、社会理論としては、近代市民社会における「権威」と「技術的合理性」の結合に対する批判と告発なのである。

ホルクハイマーの『伝統理論と批判理論』(一九三七年)によれば、「伝統理論」とはベイコン、デカルトに始まる近代「知」がドイツ観念論を経て、一九世紀の実証主義、現代のプラグマティズム、現象学に至る近代の伝統的思考のことである。近代に生じた自然科学のみならず社会科学も、現実の変化から遊離して、自分の立てた仮説によって世界を造りだしていく。そうすると知的な整合性は得られても、現実から離れた観念に転化してしまう。彼はこのような理性の自律性が虚偽を生み出している点を暴露し、人間が真の主体を取り戻して歴史を創造すべきであると主張する。それゆえ彼が「伝統理論」と呼んだのは、ヨーロッパの啓蒙主義の伝統であった。

さらにホルクハイマーはアドルノと協力して、一九四〇年代に亡命地アメリカで、ナチスの制覇とヨーロッパ文明の没落を目にしながら、なぜ人類の歴史は不断の上昇的発展でなく、このような野蛮なカタストローフを迎えねばならないのかを追究し、『啓蒙の弁証法』を書いた。そのモチーフは、「序文」で「人類はなぜ、真に人間的な状態にふみ入っていく代わりに、一種の新たな野蛮のうちへ落ち込んでいくのか」と簡潔に述べられている。彼らはナチスによる非合理的な大量殺害であるアウシュヴィッツや、亡命先アメリカにおける画一的大衆文化を「新たな野蛮」としてとらえ、その根源を「啓蒙」自身のうちに追及する。「啓蒙」(Aufklärung)とは一般に、中世的抑圧から市民階級が自己を解放した一八世紀以来の進歩思想を指しているが、彼らはさらに、人間が採ってきた自然への合理主義的な態度である「自然支配」や脱魔術化一般にまで啓蒙の概念を拡張している。こうして進歩という現代の神話を解体し、未知のものへの恐怖と不安から解放することを「啓蒙」の意味に盛り込んだ。だが、人類が野蛮から文明へと進歩してきたのに、なぜこの進歩は同時に文明から野蛮への没落の過程となったのか。それゆえ歴史における進歩というものは、直線的ではなく、対立するものを媒介とする「弁証法的な」過程と考えなければならない。

このように彼らは考えて、近代合理主義の基礎となっている啓蒙思想こそ、目下の野蛮な状態を生み出している点を指摘し、啓蒙の概念の内にすでに野蛮への退行の萌芽が見られると説いた。確かに単なる啓蒙には自己崩壊が包含されており、啓蒙の理性が科学技術と提携して経済的生産性を高め、物質的な富を増大させているのに反比例して、大衆は精神的に荒廃して暴徒にまで変質し、そこからヒトラーのような独裁者を生み出すに至っている。彼らは啓蒙が啓蒙自身に対して批判的になること、および芸術の中に野蛮からの救済を見出している。

現代文学の潮流

現代ヨーロッパが人類に約束した「進歩」の概念は鬼火でしかなかった。イギリスの文学者で評論家でもあるT・S・エリオット（一八八八〜一九六五）はprogressという概念をきびしく批判し、それは「偽範疇」（pseudo-category）であるという。また第一次世界大戦直後に経験したヨーロッパ世界の没落は画家によっても感づかれていた。ノルウェーの画家にして版画家のムンク（一八六三〜一九四四）は人類に迫りくる不安を有名な作品「叫び」（一八九三年）で早くもとらえていた。

①没落の意識

同じく文学作家もこの事態を予感し、ドイツの小説作家トーマス・マンは先にも触れたように、『ブッデンブローク家の人々』で北ドイツのハンザ都市リューベックの穀物問屋の四代記を通してそれが没落する様子を描写している。続いて『魔の山』（Der Zauberberg）ではブルジョワ出身の青年が、結核で七年間をスイスのサナトリウムで送った後、そこをようやく退院して第一次世界大戦に参加するまでの思想的な遍歴を辿っている。またカフカ（一八八三〜一九二四）も『変身』や『審判』また『城』その他の作品で文明化・官僚化した社会に生きる者の孤独と不安を極限にまで追いつめて、自己存在の完全な喪失状態を慄然たらしめる筆致をもって叙述した。さらにフランスの小説作家プルースト（一八七一〜一九二二）は『失われた時を求めて』において、社会が欺瞞に満ちており、人間は孤独であって、その内面的苦悩はついに救われることはないという現実を描き出した。同じくフランスの実存主義の作家サルトルはその小説『嘔吐』や『壁』

また戯曲『出口なし』などで、またカミュ（一九一三〜一九六〇）は『異邦人』や『ペスト』などで、それぞれ人間の閉ざされ疎外された孤独な姿と無神論的状況を描いている。この点では二〇世紀アメリカの「失われた世代の作家たち」も同様で、没落の意識をもって著作に携わっている。

②ジョイス、ベケット、オーウェル

現代のイギリスの小説家たちにも同様な傾向が現われている。たとえばジョイス（一八八二〜一九四一）は『若き芸術家の肖像』に中で現代の文明に個人が生きるためには、宗教と政治から自己を脱出させ、子どもに世間的な成功を期待している家庭の絆をも捨てなければならず、沈黙を守り亡命し、狡猾に振舞わざるを得ないという切迫した状況を捉えた。もちろん彼は赤裸々なエゴイズムを押し進めるのではなく、かえってそれを無の境地に導いていって芸術の世界を樹立しようとする。

さらに、これがいっそう深まるとアイルランド人ベケット（一九〇六〜一九八九）の文学となる。彼の小説『モロイ』では論理的にも心理的にもつじつまがあわず、筋らしい筋もなく、文章は句読点も改行もないままになっており、従来の小説の形式が破られた。また人間の尊厳などは非現実であると割りきって世界に生きる人間が登場し、人生の目標や辿るべき道などなくて、絶えざる「逡巡」しかないことが述べられる。彼の戯曲『ゴドーを待ちながら』は今日に至るまで大きな反響を呼んでいる。けれども、そこでも、やがて来るであろう神や救済を二人の浮浪者がひたすら待っているだけである。それだけの筋立てしかないのに、その姿に現代人は自分の姿が反映されているのを知り、共感する。総じてベケットの世界には反抗も革命もないまでに荒涼とした世界に生きている人間の姿しかなく、現代の産業化が生み出した非人間化の極致が情念のうごめくままに究明されているといえよう。

一九三〇年代にドイツとソヴィエトに全体主義の政権が生まれたことから、イギリス知識人の間にこの両陣営に対する批判と不安とが増大し、その危機意識から幾多の作品が生まれた。たとえばオーウェル（一九〇三〜一九五〇）は『動物農園』で動物寓話の形式によって高い理想を掲げた革命も少数の権力欲を満たそうとする陰謀にすぎないことを描いて、スターリン支配を批判した。また『一九八四年』という作品では全体主義的な権力国家の恐怖を描いた。とくに印象的なのは「偉大な兄弟があなたを見守っている」と書かれたポスターによる政治的統制によって言語や恋愛が次第に破壊され、遂には自由を奪い人間をロボット化する過程を見事に捉えている点である。彼は世界観としてのコミュニズム（共産主義）を非難するというよりも、むしろ自由を拘束する権力政治を批判する。この意味では、アメリカ民主主義が画一的になる傾向にも批判は向けられた。彼はパリやロンドンを放浪しながら世を送り、正統的なイギリス自由主義の伝統を民衆のうちに見て、民衆の代弁者として自由を主張した。

現代小説が物語る人間と世界は荒涼とした原野であって、一方においてはエゴイスティックな個人の無意味な不安が満ちており、他方では個人の自由を踏みにじる全体主義が人々を脅かす。どうしてこのような結果が生まれてきたのであろうか。ヨーロッパの近代化が目指してきた人間の自由は何故に挫折したのであろうか。

③精神的危機の原因

このような現代文化が孕んでいる危機的な状況は歴史的に吟味し検討されなければならない。そのためにはヨーロッパの「啓蒙」思想を再度問題にする必要があろう。啓蒙の思想はイギリス啓蒙思想を代表する哲学者ロックの『人間悟性論』（一六九〇年）で認識作用によって明瞭な形をとるようになった。近代哲学の父といわれるデカルトは真理を把握するために疑わしいすべてを切り捨て、「理性」を正しく導く方法を確立した。このデカルトでさえ宗教・道徳・法律を尊重し、人間が生まれながらにもっている「生得観念」（innate idea）を認めていた。ところがロックはこれをも拒否して、人間の意識を白紙に還元し、理性によってのみ認識を確立しようと試みる。それゆえ彼は伝統的な霊性から理性を徹底的に純化し、デカルトが認めた「神」の存在も理性によって認識できるとみなし、「信仰」から「理性」の次元へと認識論を転換した。こうして啓蒙によって「理性」は自律し、超越的な存在は排除され、キリスト教がこれまで説いてきた世界創造の信仰は認めるとしても、認識論では「自然」が人間の「理性」によって捉えられる対象として意識に現われると説いた。ここから自然は生命のない単なる「対象」（物）とみなされ、客観的で精密な近代科学の分析対象となった。そこには自然と人間とがともに神の「被造物」であるという生命的な結合の絆が失われ、有機体的な自然観に代わって、すでに自然科学者のデカルトでもって始まっていた、機械論的な自然観が時代を支配するようになった。

このような近代科学の分析的思考は、デカルトの「方法の四教則」の第二教則「私の研究しようとする問題の各々をできる限り多くの、そして、それらのものをよりよく解決するために求められる限り細かな、小部分に分割すること」に最もよく示される。従来の有機的な自然観では全体から部分を捉えていたのに、ここでは部分を総合することによって全体を構成しようとする。それゆえ「生ける全体」は細部に分割され、全体から切り離された部分が「理性」によって論理的に加工される。近代科学はこのような分析的な方法を採用しており、カントの認識論である「構成説」はこうした手続きを学問的に検討して作られた。このような分析的な方法は「社会」と「人間」との関係でもみられ、そこから「個人主義」(individualism)が生まれてきた。すなわち社会の全体は個人に分割され、個人の集まりが社会であるとみなされる。実際は個人といえども社会のなかでまず存在しはじめ、成長した後に個体としての完成に達するのに、個人主義は個人を出発点とし、個人の幸福を追求することによって社会全体もよくなると考える。そして「自然」が人間のために開発されたように、「社会」も個人に奉仕するものと考えられるようになった。ところが自然も社会も人間との生命的な有機的な繋がりが奪われると、両者とも人間の手によって必然的に「物化」されるようになる。この過程の最後に来るのは、人間の道具であった機械が逆に人間を支配するという大逆転である。たとえばハクスリー(一八九四~一九六三)が『すばらしい新世界』(一九三二年)で語っているように、人間は現代社会の生みだした重い不安な夢をみており、今日では人間がテレビを見ているのではなく、「テレビの飼料」(television-fodder)となっている。こうして「人間」が「機械」によって操作されるロボットとなり、生命のないサイボーク人間となってしまった。

　第一次世界大戦の後にヨーロッパ精神は、啓蒙の「理性」によって自由を実現すべく再出発したはずであった。それなのに自由を求めた歩みは、その目的を実現して進歩することに挫折し、没落の運命に直面する。こうした苦境に立って、実存主義は自己の内に最後の砦を求めた。しかし、そこでの個人は社会に対して開かれたものではなく、個人主義から脱出できなかった。個人はいかにして他の個人に対して開かれた存在となることができるのか。そこで、再度、人間の本質への問いが起こってきた。こうして人間が本来的に神と他者と世界に対して開かれた共同的な存在であることが新しく起こってきた人間学によって解明されるようになった。したがって啓蒙主義が説いた単なる「理性」としての人間ではなく、「霊性・理性・感性」からなる全体的な人間の回復が叫ばれるようになったのである。これこそキリスト教人間学のこれまで追究してきた人間像であった。

　ヨーロッパの思想文化においては、これまで繰り返し言及されてきたように、宗教改革の時代まで明瞭に自覚されていたことは、人が「霊性」によって初めて「理性」や「感性」を真に生かし、その結果、誤りに陥ることなく自己実現できるように定められているという信念であった。こういう生ける全体的な人間像が啓蒙時代このかたヨーロッパから消滅し、他者や世界から個人が切り離されて孤立したのであるが、それが生じた原因は超越的な永遠者である神との霊的な関係を見失い、人間が「信仰」をもっているといっても「自己に対する確信としての信仰」、あるいは「理性に対する信頼」しか求めなかったことに由来しているといえよう。

現代ヨーロッパの哲学から何を学ぶのか

先に指摘した「黄金の二〇世紀」に輩出した哲学者の中から、その当時のみならず、今日でもまだその思想に期待できる哲学思想を終わりに検討してみたい。ヤスパースやハイデガーの実存思想は、それより一時代前に流行した新カント派の哲学と同様にもはや今日ではあまり期待できない。ヨーロッパ思想はその個人主義に立脚するかぎり、後からどのように社会性を強調しても、何の力も発揮できないからである。彼らの思想が偉大であるように見えても、その後彼らの思想がその後継者たちによってどの程度発展したかを考慮しなければならないであろう。たとえばガダマー（一九〇〇〜二〇〇二）によってハイデガーの思想はどのように展開したというのか、リクール（一九一三〜二〇〇五）によってヤスパースの思想がどのように展開したのか、またその他に優れた後継者がいるのか。自分がそうだという人がいるなら、その実績を教えてもらいたい。

また実存主義とはまったく異なった立場は社会主義であったが、ヨーロッパのマルクス主義を見ればわかるように、ルカーチやサルトルも一時的に流行したがそれも長続きしなかった。思想には流行があってもそれは長く続くものは少ない。それに対し他者との間柄に立って思索を展開した、対話の哲学は今日でも発展することが可能であると言えよう。それは実存主義の単独者の思想を他者との関係のなかで最初から克服しようと意図したからである（金子晴男『対話的思考』創文社、一九七六年を参照）。

それゆえ今日では、何が現代思想として意義があるかは机上の空論であってはならない。哲学思想を求める人自身がそれらの可能性を追求し、自らの思索にもとづいて現代思想を学ぶことからはじめ、現代思想がどのような意味があったかを研究なり思索なりで示すべきである。自己の立場を確立していない単なる意見が流行しているのではなかろうか。

思想と基礎経験

思想史を研究する場合に思想が一定の体系を形成している基礎経験に注目する必要がある。わたしが青年時代に感じたことと現代の青年の意識との間には世代のずれがあり、基礎経験が変化していると言わざるをえない。基礎経験は多くの場合、わたしたちが営んでいる生活という基底の危機の自覚から起こっており、これまで育てられてきた世界が実に多くの問題を孕んでいることの認識である。一言でいうなら地盤の喪失の感得であり、ここから世界も自己も問わるべきものとして現われてくる。わたしが青年時代に経験した最大の体験は敗戦という未曾有の出来事であった。この経験には同時に文化の再建はいかにして可能であるのかという大問題が伴われていた。この問題をめぐってわたしに突きつけられたのはマルクス主義と実存主義との二大世界観の激突であった。わたし自身は最初、実存主義に最初影響を受けたが、他者との関係に悩み、単独者に立つ個人主義に疑問を懐くようになり、他者と積極的に関わる対話の哲学に転向した。

ところで思想史を研究していると、基礎経験は同じ様相を呈していても、これに対する態度の相違から全く異質な思想が生じている事実に直面する場合が多い。この思想の多様性は世界にどのように自覚的に関わるかということが決定的に重要な意義をもち、それによって思想の方向性が出てくると考えられる。したがって基礎経験で問題となるのは、世界よりも、世界に自覚的に関わる自己なのである。

だが、今日では多様な生き方が尊重されるようになり、各人各様な生き方と思想の氾濫は精神的公害ともいうべき現象を呈し、世界に真剣に関わるべき自己からの逃走を引き起こしている。聞きかじりの断片的な知識でも一時の利用度によって受容され、次から次へと思想が求められるが、思想の源泉となっている自己自身には目もくれず、やがて当然のことながら思想など意味がないとの結論に到達する。

第20章
ヨーロッパ思想の世俗化

今日ヨーロッパの国々を訪れる人は、町の中に歴史的建築物として教会の建物が立派に残っており、そこで宗教行事が営まれていても、若者たちの姿はほとんど見当たらず、老人のみが集まっている光景を目にするであろう。これまで考察してきたように、ヨーロッパの文化はそれを全体としてみるならば、キリスト教とギリシア文化との総合として生まれてきており、その試みは古代末期にはじまり、中世を通して次第に実現していった。それは近代に入っても初期の段階では、つまり宗教改革と対抗宗教改革の時代では、キリスト教信仰は世俗社会にいっそう深く浸透していった。この世俗に積極的に関わる態度は、本来はよい意味での世俗化の現象であって、実は信仰の所産なのであった。ところがこの信仰がもたらした世俗にかかわる積極的な行為であった「世俗化」がいつのまにか俗物根性に染まった「世俗主義」に転落し、世俗化自体の特質をまったく変質させてしまった。ここから、ヨーロッパ社会にみられるキリスト教に対する肯定と否定との反対感情が併存する事態が起こってきた。

近代以降のヨーロッパ思想史はこの世俗化の歩みから把握することができる。宗教改革以来、ヨーロッパの歴史では宗教の生命力が衰えている事実があきらかであって、これにどう対処するかはもはや回避できない問題となった。そこで再度、世俗化とは何かを改めて問題とせざるを得ない。

世俗化とは何か

世俗化（Secularization）という言葉は、語源的にはラテン語の「時代」（saeculum）に由来する。中世では在野の聖職者たちは「世俗に住む」と言われており、修道院に住んでいた聖職者と区別されていた。また、後に宗教改革時代になってから修道院などの教会の財産を国家が民間に譲渡したとき、世俗化という言葉が用いられた。したがって教会財の「払い下げ」、反対に教会から見るとその財産の「没収」といった意味で使われてきた。

元来、世俗化とは神聖なものが世俗のために用いられる現象であり、たとえば修道院の建物が以前と変わらず、僧房、食堂、礼拝堂の形を残しておりながら、美術館や学問研究所として使用され、時には何らかの政党の事務所として用いられるような場合をいう。それは宗教が外形的には宗教的・霊的な構造を保ちながらも非宗教的・世俗的な目的に用いられている現象である。またこうした世俗化のプロセスを辿って近代科学、政治革命、職業倫理なども発展してきていたのも事実である。

その際、わたしたちがあらかじめ知っておかなければならないのは、世俗化がルター自身の信仰によって積極的に推進されたという歴史的な事実である。彼によると人は救済のために超世俗的功徳《くどく》を積む必要はない。だから修道院に入って善行をなす必要はなく、「世俗‐内‐敬虔」によって生き、与えられた職業を神の召命つまり天職とみなし、これに励むことによって神に喜ばれるものとならなければならない。したがって世俗化は「キリスト教信仰の合法的結果」（ゴーガルテン）にほかならない（ゴーガルテン『近代の宿命と希望』熊沢義宣・雨貝行麿訳、『現代キリスト教思想叢書10』所収、白水社、一九七五年参照）。ところが世俗化には二つの局面があって、「世俗化」は歴史の過程で変質し、「世俗主義」に変化するに至った。ここでいう「変質」とは歴史的な風化作用であって、同様な事態を挙げれば「自由」が「恣意」（好き勝手）に、「個人主義」が「個我主義」（エゴイズム）に、「勤勉」が「搾取」（点取り虫）に、したがって労働を支えていた「宗教的な精神」がその亡骸である「亡霊」に変質している現実と同じである。

こうして「世俗化」は、当初、世俗の中で信仰が活動することによって起こっており、そこに世俗化の肯定的意味があったのであるが、世俗化が過度に進むと、人間が信仰を喪失して俗物化してゆき、拝金主義や仕事のファナティズムまた快楽主義に転落していって、「世俗主義」にまで変質したのである。このようにして世俗化はキリスト教信仰から生まれた子供であったのに、歴史のプロセスの中で今や産みの親とはまったく異質な鬼子にまで変質し、親であるキリスト教に公然と反抗するものとなった。

また、啓蒙時代になると世俗化は理性的な精神の働きによっていっそう促進され、合理化の運動が社会の隅々に浸透しはじめると、宗教的要素が次第に衰退しはじめ、やがては宗教の基本的な主張にも疑念が向けられ、制度的にも宗教が後退するのを強いられた。この点でもフランス大革命は、啓蒙の理性が革命を引き起こした典型的な出来事であった。

こうして今日において世俗化は、社会が宗教的信仰・行事・象徴を退けるか、無視するプロセスを意味する。そして宗教的な特質を完全に排除したとき、世俗化の状態は完成されると言うことができる。したがって世俗化の概念は、宗教的なるものがそうでないものから注意深く区別される社会においてのみ、適応可能な概念であることになる。それは文字文化以前の野蛮時代や未開社会には適応できず、反対にヒンドゥー教のような伝統的な宗教が揺るぎない支配力を行使している社会でも適用できない。それゆえ大雑把に言って、ある社会の世俗化の水準は、世俗化される対象である宗教の素質や水準と逆比例する。つまり宗教の資質が高ければ高いほど世俗化も逆比例して激しい形で起こることになる。その際、宗教がどのように定義されるかが問題であるが、宗教がいかなる社会でどのように機能しているかということも重要な契機となる。この観点から宗教を捉えようとするのが宗教社会学における宗教の理解の特質となっている。

自律的文化と宗教的象徴の消滅

では宗教の力が衰えはじめたヨーロッパではこの世俗化現象は、個人のキリスト教という宗教からの自律化するプロセスに求めることができる。そこでそういうプロセスの起こりのことを考えてみたい。

①自律的文化の形成

近代ヨーロッパで自律的な文化が形成されてくる根源は何処に求めることができるであろうか。

たとえばドイツにおいてそれは近代初頭に起こった宗教の混乱の解決策に求めることができるといえよう。宗教改革とその後の混乱を収拾したアウクスブルクの宗教和議（一五五五年）は、「支配者の宗教がその領内に行なわれる」との原則に基いて、領主が宗派を選ぶことをきめた。その結果「領邦教会」（Landeskirche）が制度的に定着し、数多くの小国に分裂していたドイツでは、宗教が地域によってカトリックとプロテスタントに分かれる結果となった。しかもその決定が領主にまかせられていたため、個人は必然的に真の信仰に対して無関心になり、信仰心を世俗的なものに注ぐようになった。たとえば哲学、文学や音楽にほとんど宗教に対するような熱烈な帰依の気持ちをもって関わっていった。

近代啓蒙主義が進むなかで信仰の代わりに世俗文化が繁栄した背景には、ルター派教会と国家とのこのような提携が潜んでおり、ともに宗教の空洞化を促進させたことになる。ここから西ヨーロッパの政治的に、かつ、宗教的に順調だった国々とはまったく相違した学問と哲学への集中がドイツでは起こったのであった。内的な信仰と外的な教会制度との分離に由来する緊張関係が、文化的、宗教的にドイツ人を学問など世俗の領域での活動に駆りたてたのである。この領域でのみ個人は職業をもち市民生活を持続しながら敬虔な信者であることが可能なのである。これがドイツにおけるプロテスタンティズムの世俗化の一般傾向であった。

そこから「文化」（Kultur）という言葉に込められた特別な感情が理解できよう。ドイツ的な文化は、哲学の実証科学への同化を不可能ならしめ、内面的で幻想的なロマン主義的な色彩を添えていた。ドイツ観念論がその成果である。ここには世俗信仰が歴史における最大の可能性を実現させており、信仰の衰えていく時代に、市民的な趣味や読書の文化を発展させ、私人としての教養文化を開花させるに至った。

宗教の世俗化はこうした仕方で進み、世俗文化が繁栄することになる。と同時に元来は宗教の精神が充実していた諸々の存在が単なる宗教的な象徴と化してゆき、やがてその意味が不明になってしまう。次にこの点を宗教的・神律的次元の喪失として考察してみたい。

②宗教的象徴とその消滅

宗教的象徴は特定の文化の中から採用され、その意義を担っていた。それは有限でありながらも永遠的なものを表現している。ところがこの有限なものも象徴であるかぎり永遠なるものに参与しているため、宗教的象徴は単に象徴しているだけでなく、象徴している当のものをも表現している。そこに象徴の優れた意義がある。文化はこの象徴によって表現されているが、近代に入るとその内実が変化し、世俗化していった。

それは「王権」「自然」「救済」「人格性」「教会」などによって解明できる。たとえば「王権」について言うと、シェイクスピアの『マクベス』には権力意志にとらわれ、その虜となった王と並んで、それとは正反対に癒やしの奇跡を行なう「イングランドの王」の話が出てくる。「救済」は salvus, σαός, whole, heil のような言葉に由来し、「健康」を意味する。それゆえ救済は究極的意味において治癒であって、医者の働きが究極的な回復を象徴的にあらわしていた。

ところが世俗化された文化状況では、宗教的救済と医学的治癒が分離している。また「教会」

という「人格共同体」が血縁的な「共同社会」や利潤を追求する「利益社会」となると、その象徴的な力を失ってしまった。

さらに「人格」はペルソナに由来し、神の三位一体における霊的な関係を言い表わすものであった。それは神の隠された神性が人間に救済を与えんとする動きを示し、人間に向かう側面だけを指しており、神自身は量り難い深みを湛えている。ところが近代人が個人的な意識を重視し、人間の生命的かつ神秘的な側面を無視する程度に応じて、神の量り難い神秘な存在が消滅し、神は他の人格と並ぶものとなった。それはカントの人格性の賛歌の中に端的に示されている事態である（「人間はなるほど非神聖ではあるが、しかし彼の人格に存する人間性は彼にとって神聖でなければならない」『実践理性批判』参照）。このように自律が自らを神聖視することによって、神はすべての人格的生を保ち、かつ超越する中心であることをやめ、人間と並ぶ単なる自律的人格となってしまった。実際、神が一つの人格とみなされるとき、人間の人格性も霊的な次元を喪失し、その自律性もやがて崩壊へと追いやられることになる。

③大衆化現象

次に世俗化現象は大衆化現象として現われる。大衆の特質は「群衆」に現われており、それは「平均人」もしくは「俗人」に他ならないからである。この世俗的な大衆の特質は実に不可解なことに、他者との人格的な関係を無視して自己主張するところによく示される。

大衆は元来民主主義を支える優れた意味をもっているが、同時に群衆としていつしか他人の言うことに耳を傾けない暴徒になる。ここに大衆概念の世俗化がある。そこでは大衆社会が社会の方向を決定するとはいえ、この大衆を指導し、扇動する者も登場する。これがカリスマ的指導者、時に独裁者であって、彼らエリートの操作と扇動によって大衆運動が社会の方向を決定するような社会が生まれてくる。エリートによる正常の指導がない場合には大衆はいわゆる「暴徒」となる。この大衆の登場を警告する声は、フランス革命の当時からも聞こえていた。しかし産業革命の機械化の時代がもたらした影響から、その声はますます大きくなり、「マス化された人間」が社会の諸階層に侵入し、社会組織を脅かすものであると憂えられていた。

スペインの哲学者オルテガ（一八八三〜一九五五）によると社会は少数者と大衆との動的統一体であるが、少数者が特別の資質をもつ集団であるのに、大衆はこの資質に欠ける人々の総体である。だから大衆とは「労働大衆」を主に指すのではなく、「平均人」であり、「世俗人」であって、非凡なもの、傑出し、個性的で選ばれた者、つまりエリートを席巻し、自分と同じでないものを締めだす。

キルケゴールはこの大衆の特徴を『現代の批判』のなかで「公衆はなにかある奇怪なもの、すべての人々であってなんぴとでもない抽象的な荒野であり真空帯なのだ」（前掲訳書、七八頁）と述べた。この大衆のことをヤスパースは「実存を欠いた現存在」と称し、これこそ世俗化した人間に他ならないと考える。またハイデガーは「俗人」の特徴を「おしゃべり・好奇心・曖昧さ」において捉えたが、良心を欠き、自己喪失とニヒリズムに陥った現代人の姿を的確に語っている。

④ニヒリズム

現代はニヒリズムの世紀と呼ばれる世俗化の最終段階に到達した。近代以降のヨーロッパ思想の流れは、聖なるものが俗化する世俗化の一途を辿ったといえよう。現代にいたると世俗化はいっそう深刻になり、宗教的地盤を離れ、形骸化し、宇宙論的、社会的、人格的な諸次元における崩壊現象によって聖なるものと聖価値とが完全に喪失するに至り、それに代わって、唯物論、暴徒としての大衆、物質文明が現代社会を支配するようになった。世俗主義のいきつくところは無神論とニヒリズムにほかならない。

古代において無神論はソクラテスの場合に典型的に示されているように、国家公認の宗教に服従さない言動に向けられた非難であった。だから皇帝礼拝を拒んだキリスト教徒も無神論者であった。しかし現代の無神論は本質的に能動的であり、ニーチェが「神は死んだ」というとき、背後にあるのは「超人」の思想であり、サルトルが無神論的実存主義を主張するとき、「人間はみずから造るところのもの以外の何者でもない」という自己創造者の姿がそこにある。

無神論は自己神化にまで高まった近代主体性の物神化以外の何であろうか。キルケゴールに典型的に示されていたように、近代人は世界から逃れ、孤独のままで交わりをもちうる神を求めてきた。しかし世俗主義化した人間は、もはや神に向かい得ない状態に到達した。つまり人間は自己自身にのみかかわらざるを得なくなり、自己の創造者なる神にまで登り詰めた。こうした人々はこぞって「従来の最高価値〔神〕の否定」という「ニヒリズム」に転落せざるを得ないのである。実際、レーヴィット（一八九七〜一九七三）が『ヨーロッパのニヒリズム』（柴田治三郎訳、筑摩書房、一九七四年）で明瞭に分析しているように、ヨーロッパの無神論とニヒリズムは最高価値に対する「能動的な否定」であるが、日本におけるそれは消極的で情緒的な虚無主義にすぎない。

ヨーロッパ文化では最高価値は神であり、聖価値であった。価値は一般的に言って精神価値・生命価値・快適価値・実用価値に区分されていた。この区分の最高価値は精神価値であって、それは真・善・美という価値として説かれている。しかし、この精神価値の中に入りながらもそれを超える価値が聖価値である。ヴィンデルバント（一八四八〜一九一五）によると、聖は、真・善・美という価値に向かう精神の働きの中にあって、それらを超えながらそれらに作用して充たす価値である。理性は、真・善・美のほかに、それとは別の「聖を受容する能力」をもっていない。しかし認識の領域でも理想と現実、当為と存在といった矛盾に出会い、それが自己の責任によって生じていることが自覚されると、こうした意識の事実はやましい良心の現象として起こってくる。この良心の苦悩を癒す力こそ「聖なるもの」であり、これによって宗教は成立していたのに、今やこの秩序は完全に崩壊してしまった。

ヴェーバーの世俗化論

では、世俗化された社会で個人はどのような運命を迎えたのであろうか。この世俗化現象を現代の宗教社会学は社会の側から考察する。それはとくに宗教社会学の課題となった。そこで現代の宗教社会学が世俗化の問題をどのように捉えているかを問題にしてみたい。

宗教社会学の伝統のなかでこの問題を積極的に取りあげているのはエミール・デュルケム（一八五八～一九一七）とマックス・ヴェーバーである。デュルケムは「社会的事実をモノとして考えよ」とみなす客観的考察を試み、ヴェーバーは「行為の主観的意味連関」を追究する主観的考察を試みる。このように両者の間には基本的な視点の相違はあるにしても、二人は現代社会における個人の運命に深い関心をもち、現代社会の性格が個人に対し重大な結果をもたらしたことを知っていた。分業・官僚制・自殺などに関する二人の研究がこのことを立証する。また両者とも社会における個人の位置づけが宗教の研究によって解明できると考えた。

ここではヴェーバーの『プロテンタンティズムの倫理と資本主義の精神』を手がかりとしてこの現象を説明してみよう。彼はこの著作の前半で職業倫理を問題にしていたが、後半になると、この倫理が資本主義によって世俗化されるプロセスを問題にしており、次に挙げる三つの観点から世俗化の現象を解明した。

①禁欲による合理化と富の蓄積

資本主義の生産様式ではこの世の楽しみを捨てて職業にいそしむ精神、つまり禁欲が重要な役割を演じた。禁欲は不正に対してばかりでなく、純粋に衝動的な物欲とも戦ったのであるが、それはこの衝動的な物欲こそ禁欲が「貪欲」（covetousness）や「拝金主義《マモニズム》」などとして排斥したものであった。それにもかかわらず、結果として禁欲は生活の合理化によって生産を向上させ、人々は富裕とならざるを得なかった。それゆえ禁欲は「つねに善を欲しつつ、つねに悪を作り出す」(『マクベス』の魔女の台詞)力であった。そこでは「富を目的として追求することを邪悪の極致としながらも、〔天職である〕職業労働の結果として富を獲得することは神の恩恵だと考えた」。これは大きな矛盾である。だがそれ以上に重要な点をヴェーバーは指摘して次のように言う。

たゆみない不断の組織的な世俗的職業労働を、およそ最高の禁欲的手段として、また同時に、再生者とその信仰の正しさに関するもっとも確実かつ明白な証明として、宗教的に尊重することは、われわれがいままで資本主義の「精神」と呼んできたあの人生観の蔓延にとってこの上もなく強力な梃子とならずにはいなかった。(ヴェーバー『プロテスタンティズムの倫理と資本主義の精神』大塚久雄訳、岩波文庫、一九八九年改訳、三四四〜三四五頁)

こうして禁欲による消費の圧殺と富の形成を救いの証とすることが結合すると、「禁欲的節約の強制による資本形成」が生まれてくる。そこからニューイングランドでもオランダでも、「真剣な信仰の持ち主たちが巨大な富をもちながら、一様にきわめて簡素な生活にあまんじていたことは、度はずれの資本蓄積熱をもたらした」(前掲訳書、三四五頁)。こうして世俗化の前提条件が揃った。つまり神と富とに兼ね仕えることは不可能であるから、神への信仰によって富が増すようになると、信仰の「腐食現象」と言われている世俗化も必然的に起こり得る前提条件が揃うことになる。

②ピューリタニズムの人生観と資本主義、中世の修道院と同じ現象

こうした信仰の世俗化が生じたのは、プロテスタントの中でも信仰の内面性を強調したルター派が支配的であった国々ではなく、行動的なカルヴァン派が浸透していった国々、とくにピューリタニズムの人生観が行き渡った国々のなかであった。そこでは市民的な、経済的に合理的な生活態度へ向かおうとする傾向が単なる資本形成の促進よりもはるかに重要な働きをもたらした。「ピューリタニズムの人生観は近代の〈経済人〉の揺籃をまもったのだった」。その生活理想は富の「誘惑」のあまりにも強大な試練に対してまったく無力であった。ピューリタニズムの精神の純粋な信奉者たちは、興隆しつつあった小市民層や借地農民層のあいだに見出され、その中の「恵まれた裕かな人々」(beati possidentes)は禁欲的な質素な生活という古い理想を否定する傾向にあった。

富が増すところに信仰の堕落が生じるのは歴史的にも絶えず見られる現象であって、世俗内的な禁欲の先駆者であった中世修道院の禁欲精神がくりかえし陥った陥穽とまったく同じ運命だった。中世に盛んに建立された修道院では厳格な生活の規制と消費の抑制がおこなわれて、合理的な経済の運営がなされるようになると、それによって獲得された財産は僧侶をして貴族化の方向に堕落させるか、富によって修道の精神が弛緩し、修道院の規律が崩潰する危機に直面させることになった。それゆえに繰り返し「修道院改革」が提案され、実行されなければならなかった。「修道会の会則の全歴史は、ある意味において、まさしく所有の世俗化作用という問題とのたえまない格闘にほかならなかった。ピューリタニズムの世俗内的な禁欲の場合にも、それと同じこ

とが壮大な規模で起こったのだ」（前掲訳書、三五一頁）。
たとえば一八世紀末葉に起こったメソジスト派の「信仰復興」運動はそのよい例である。この運動の指導者であったジョン・ウェスレー（一七〇三〜一七九一）はこの間の状況を次のように述べて、彼が禁欲的信仰の逆説的な関連をよく自覚していたことを伝えている。

わたしは懸念しているのだが、富の増加したところでは、それに比例して宗教の実質が減少してくるようだ。それゆえ、どうすればまことの宗教の信仰復興を、事物の本性にしたがって、永続させることができるか、それが私には分からないのだ。なぜかといえば、宗教はどうしても勤労（industry）と節約（frugality）を生み出すことになるし、また、この二つは富をもたらすほかはない。しかし、富が増すとともに、高ぶりや怒り、また、あらゆる形で現世への愛着も増してくる。だとすれば、心の宗教であるメソジストの信仰は、いまは青々とした樹のように栄えているが、どうしたらこの状態を久しく持ちつづけることができるだろうか。どこででも、メソジスト派の信徒は勤勉になり、質素になる。そのため彼らの財産は増加する。すると、それに応じて、彼らの高ぶりや怒り、また肉につける現世の欲望や生活の見栄も増加する。こうして宗教の形は残るけれども、精神はしだいに消えていく。純粋な宗教のこうした絶え間ない腐敗を防ぐ途はないのだろうか。人々が勤勉であり、質素であるのを妨げてはいけない。われわれはすべてのキリスト者に、できるかぎり利得するとともに、できるかぎり節約することを勧めねばならない。が、これは、結果において、富裕になるこ

とを意味する。(前掲訳書、三五二〜三五三頁)

これに続いて「できるかぎり利得するとともに、できるかぎり節約する」者は、また恩恵を増し加えられて天国に宝を積むために、「できるかぎり他に与え」ねばならないと勧告される(前掲訳書、三五一〜三五三頁)。

③宗教的生命の枯渇としての世俗化と世俗主義化した「末人」の運命

ウェスレーがここで語っているように、強力な宗教運動はその禁欲的な教育作用によって経済的発展に寄与する。ところでヴェーバーが注目しているのは宗教が生命を失って世俗化するプロセスである。彼によるとそれが経済への影響力を全面的に及ぼすのは、「通例は純粋に宗教的な熱狂がすでに頂上をとおりすぎ、神の国を求める激情がしだいに醒めた職業道徳へと解体しはじめ、宗教的根幹が徐々に生命を失って功利的現世主義がこれに代わるようになったとき」であり、それを比喩的に表現すれば、バニヤン(一六二八〜一六八八)の『天路歴程』に登場する「巡礼者」が「虚栄の市」を通って天国に急ぐ内面的に孤独な奮闘に代わって、「ロビンソン・クルーソー」つまり同時に伝道もする孤立的経済人が姿をあらわしたときなのである(前掲訳書、三五五頁)。

確かに強力な宗教的な生命がないなら、世俗化は生じない。これが起こる瞬間は宗教的な生命はその頂点に到達し、やがてそこから下降するときであり、そのときに宗教が生んだ子どもが親の地位を簒奪し、没収することによって権力の交替が実現する。それゆえ世俗化は権力の「簒奪」や「没収」に他ならないといえよう。

禁欲の精神は修道士の小部屋から職業生活のただ中に移されて、世俗内的道徳を支配しはじめるとき、生産の技術的・経済的条件に結びつくと、資本主義的な生産様式に基づく近代的経済秩序を形成するのに力を貸すことになった。そしてひとたびこの秩序ができあがると、それは圧倒的な力をもってすべての人と世界とを巻き込み、「鋼鉄のように堅い檻」となって支配するようになった。

イギリスのピューリタンの牧師バクスター（一六一五〜一六九一）によると、わたしたちは所有物を「いつでも脱ぐことのできる薄い外衣」のように肩にかけるべきであった。ところが運命は不幸にもこの外衣を「鋼鉄のように堅い檻」としてしまった。したがって「禁欲が世俗を改造し、世俗の内部で成果をあげようと試みているうちに、世俗の外物はかつて歴史にその比を見ないほど強力になって、ついには逃れえない力を人間の上に振るうようになってしまった」。これが世俗化であって、「世俗的職業を天職として遂行する」禁欲の精神はかつての宗教的信仰の「亡霊」としてわたしたちの生活の中を徘徊するようになった。

こうして職業活動には今日最高の精神的文化価値への関連が見失われ、その活動は単なる経済的強制としてしか感じられないし、営利活動は宗教的・倫理的な意味を喪失しており、今ではマネー・ゲームといったスポーツのように純粋な競争の感情に結びつく傾向を示すようになった。

こうした文化発展の最後に現われる「末人たち」（letzte Menschen）にとっては「精神のない専

門人、心情のない享楽人。この無のものは、人間性のかつて達したことのない段階にまですでに登りつめた、と自惚れるだろう」(前掲訳書、三六六頁)という言葉が真理となるのではなかろうか、とヴェーバーは最後に警告している。

世俗化された人間像

このような世俗化された人間の姿は、文学作品にも現われている。たとえばシャミッソー(一七八一〜一八三八)の『ペーター・シュレミールの不思議な物語』(一八一四年)は自分の影を売った男の話である。これは「影をゆずってはいただけませんか」と灰色の服を着た謎に満ちた男に乞われて、シュレミールがそれと引き替えに「幸運の金袋」を手に入れるのだが、大金持ちになったものの「影」がないばかりに、さまざまな苦しみを味わうという、メルヘン調の物語である。シャミッソーは影が体から離れる瞬間を次のように見事に描いている。

「どうぞこの袋を手にとって、おためしになってみてください」。男はポケットに手を入れると、手ごろな大きさで縫目のしっかりしたコルドバ革製の袋を丈夫な革紐ごとたぐり出して私の手にのせました。ためしに袋に手を入れて引き出すと十枚の金貨が出てきました。もう一度手を入れるとまた十枚、さらに十枚、もひとつ十枚というわけです。「よし、承知だ。こいつと影とを取り換えよう!」。私は男の手を握りました。すると男はこちらの手を握り返し、ついで私の足もとにひざまずくと、いとも鮮やかな手つきで私の影を頭のてっぺんから足の先まできれいに草の上からもち上げてクルクルと巻きとり、ポケットに収めました。つづいて立ち上がってもう一度お辞儀をすると薔薇の茂みの方《かた》へと引き返していったのですが、歩きながらクスクス笑いを洩らしていたようでした。私はといえば、後生大事に袋の紐を握りしめていたのです。陽がさんさんと射しこめるなかで、すっかり正気を失っていたようです。（『影をなくした男』池内紀訳、岩波文庫、一九八五年、一九〜二〇頁）

ここでの奇跡は神のそれではなく、悪魔の奇跡である。この場面はファウストが悪魔と契約を交わす伝承を彷彿とさせる。ファウストも現世の快楽と引き替えに魂を悪魔に売ったのであった。世俗化が侵攻してくると、単なる快楽から「金貨」に的が絞られてくる。この引用の少し前には「私は目の前に金貨がキラキラきらめいているような気がしました」とある。この金貨に目がくらんで引用の最後には「すっかり正気を失っていたようです」とある。これは世俗化による自己喪失を描いている。そしてこの文の直前には「陽がさんさんと射しこめるなかで」とある。つまり太陽の光を受けて生きるのが人間の本来の姿であって、それは「影」によって知られる事柄自体なのである。ここでの取引は「魂」ではなく、「影」であるところに悪魔の誘惑の本領が発揮される。悪魔は悪しき霊である。元来は「光の天使」であった悪魔は「堕天使」となって、神の光が射さない暗黒の世界に青年を引きずり込んでいる。だからこの物語は、主人公がそれとは知らずに悪の誘惑に陥っていく有様を描いており、金袋と影との交換条件が示される。影というのは魂ではないし、取るに足りない影に意味があろう筈がない。影なんかは中身もなければ値打ちもない馬鹿げたもののように思われる。ここに悪魔の欺きがある。

レヴィ＝ブリュール（一八五七〜一九三九）の『未開社会の思惟』を読んでみると、未開社会の人たちは人の「影」を踏むと、その人は死ぬと信じており、森の開けたところを通過するときには影を踏まれないように警戒している姿が記されている。彼によると「原始的心性は集団表象においては、器物・生物・現象は、我々に理解しがたい仕方により、それ自身であると同時にそれ以外のものでもあり得る」（『未開社会の思惟』上、山田吉彦訳、岩波文庫、一九五三年、九五頁）。そうすると影が人間の目には見えない生命現象と融合して表象され得ることになる。

わたしたちが考察している「霊」や「霊性」も目には見えない現象である。生命現象でも実験科学の対象になる部分と対象とならない部分とがある。魂も心理学の対象となる部分とそうでない部分とがある。科学を導いているのは理性であり、これは昔から「自然本性の光」（**lumen naturale**）と呼ばれていた。人間の霊にはこの光が射さない。だからルターは神秘主義の用法を借りて、この領域を「暗闇」（**tenebrae, caligo**）と言ったが、「影」（**umbra**）と言う場合もある。霊は見えないが、光が射すところに「影」として反映する。影はそれゆえ霊の反映といえよう。これが欠けている者は霊性を完全に喪失した人間であり、世俗化の極地ではなかろうか。

したがってシュレミールは、影がないばかりに世間の冷たい仕打ちに苦しまねばならないという辛い経験をすることになる。物語の終わりに彼はやがてあの不思議な袋が悪魔がよこしたものであると悟り、魔法の袋を投げ捨て、残ったわずかなお金で古い靴を一足買う。それがはからずも魔法の七里靴であった。七里靴はシュレミールを楽々と他所《よそ》の大陸へ運んでいく。こうしてシユレミールは魔法の袋という悪魔の奇跡を断念したその瞬間に、あらゆる大陸で大自然の奇跡を探り、研究する可能性が開かれた。シャミッソーは主人公を世俗的夢からひき離して、太陽が燦々と輝く世界、実に奇跡に満たされた現実の世界へ導いていく。ここにはレッシングの奇跡観と等しい思想が窺えるが、違いは太陽がきらめく自然に導くのは理性的な洞察ではなくて、昔話の靴なのである。それゆえ、この物語は昔話による昔話の克服、奇跡による奇跡の克服なのである。

世俗化社会における人間性の回復

これまで考察してきたことから明らかなように世俗化の現象は近代のヨーロッパに起こった歴史的・文化的・精神史的・宗教的な出来事であって、近代社会の成立およびその進展と深く関わっている。歴史的に見てきわめて大きなこの出来事は現代のヨーロッパのみならず、近代化した我が国にもその影響が及んでおり、すでに同様な大きな変化が起こっている。しかし、この出来事は同時に人間の生活に甚大な影響を及ぼしており、単に社会学的に関心を引き起こしている問題であるばかりか、人間性に危機をもたらしている。それゆえに、今日では人間そのものの在り方が問われており、世俗化された人間についての人間学的考察がなされなければならない、といえよう。

①宗教に対する無関心

宗教社会学者たちの研究によると世俗化は、近代技術社会の成立と共に生じてきた現象であって、伝統社会がもっていた非合理的な「呪術からの解放」（ヴェーバー）がなされ、宗教選択の自由・伝統に対する相対主義・宗教の多元主義・超自然的世界の消失（バーガー）などが現代社会を風靡するに至った。また世俗化された人間の実体も暴露され、世俗化した末人の姿が「精神のない専門人、心情のない享楽人」（ヴェーバー）や「故郷喪失者」（バーガー）として示され、そこにわたしたちは人間性喪失の危機を感じざるを得ない。こうした世俗化の進行は、今日、観察できるように社会を物質的に安定させるようになると、宗教に対する無関心を蔓延させることになる。ドーソンは「世俗化の過程は信仰の衰退からではなく、信仰世界への社会的関心が薄れることから起こる」（ドーソン『キリスト教文化の歴史的現実』八六頁）と語っている。ドストエフスキーの『悪霊』ではスタヴローギンが僧侶のチホンに「完全な無神論でさえ、世俗的な無関心よりましです」、また「無関心な人は愚かな恐怖心以外に何ももっておらない、いや、それとても、感じやすい人が、時たま感じる程度で」と語っている（『悪霊』参照）。

既述のように信仰世界への積極的な宗教的な関心が元来の「世俗化」の肯定的な意味であった。それなのに今日は世俗化が宗教に敵対することからさらに進んで、その最悪の現象といえる宗教と宗教世界への無関心をはびこらせているようになった。

近代社会が今日の欧米社会のような経済的に一応安定した社会を形成してくると、人々は伝統社会で維持されてきた宗教を衰退させてきたが、それでも宗教をまったく排除することはできなかった。というのは近代社会において人間の個人化が進み、社会における宗教の力を衰退させて、世俗化を促進したとしても、宗教社会学者ルックマン（一九二七〜二〇一六）などによって指摘されているように、宗教は他ならないこの個人の領域において生き続けているからである。それゆえ、問題となるのは宗教を排除した世俗化社会が人間に対していかなる影響をもっているか、ということである。世俗化が啓蒙思想によって加速された頃、シュライアマッハーは「宗教の蔑視者」と対決して宗教的な経験そのものに立ち返るように勧告した。また二〇世紀に入ってニヒリズムが「神の死」を宣言したとき、ヨーロッパの神学者たちはキルケゴールに倣って心の深みに語りかける神の声を聞いてそれに従ったのであった。それなのに今日の世俗化は、それよりもいっそう手強い状況をわたしたちに突きつける。これこそ世俗にどっぷりと浸かって安住している宗教的「無関心」という最悪の事態にほかならない。

世俗社会に生きる人間をハイデガーはかつて「俗人」（das Man）と規定し、その特質を「おしゃべり」「好奇心」「曖昧さ」によって捉えた（『存在と時間』三五〜三九節参照）。確かに宗教に無関心な人はこうした傾向をもっているが、少なくとも「好奇心」をもっている人は、それでもやはり無関心ではない。したがって世俗化は今日では彼の時代よりもいっそう進んでおり、その世俗性は物質的な生活で十分だと満足するところにある。物質的な満足は「満腹」のように極めて皮相にして一時的なものに過ぎない。そこには心の中心で感じられる真の「充実」といった感じはない。宗教はこの心の深みにかかわっている。この心の深部をわたしたちはこれまで「霊性」と呼んできた。

宗教的な関心は実はここから発現しており、さまざまな経験を契機としてこれに目覚めるように導かれる。したがってここから生じる関心は、「好奇心」のような一般的な関心から懸け離れているが、それでもこれと繋がっている。総じて何かに関心をもつというのは、シェーラーも説いているように、根源的には何かに対する愛の現われである（金子晴勇『マックス・シェーラーの人間学』創文社、一九九五年、一二一〜一二三頁参照）。人間であるかぎり、愛しない者はいないように、何ものにも関心をもたない者も存在しない。したがって漠然とした関心であっても、それが次第に高まって行くならば、「究極的な関心」（ティリッヒ）をもつに至り、それによって宗教的な関心も起こってくるといえよう。

②世俗化の度合い

これまで繰り返し指摘されてきたように世俗化は社会から宗教の勢力が減退していく現象であって、その進行の程度は、マリオン・レヴィ（一九一八〜二〇〇二）が近代化の尺度を簡潔に規定して「動力の生物的資源に対する無生物的資源の割合」としている、この割合と根源を等しくしている（ピーター・L・バーガー『異端の時代――現代における宗教の可能性』薗田稔・金井新二訳、新曜社、一九八七年、六頁参照）。近代の技術社会がどんなに勢力を強めようとも伝統社会を完全に駆逐することはできない。昔から「共同社会なしには利益社会なし」といわれているように、利益社会である近代社会の土台は共同社会である伝統社会なのである。このように考えてみると、ハーバーマスが与えた近代社会と伝統社会の区別も、この割合によっていることが明らかになる。

ハーバーマス（一九二九〜）は『イデオロギーとしての技術と学問』でヴェーバーが近代社会と伝統社会とを「合理化」によって根本的に区別したのに対し、それとは「別の範疇的な枠組み」を提起し、「労働と相互行為」の根本的区別から出発する。彼は「労働」によって「目的合理的行動」を、「言語」によって「記号により媒介された意思疎通行為」をそれぞれ捉え、この二つの行動要因によってどのように社会がその特徴を形成しているかを捉えた。そうすると近代社会と伝統社会との区別も合理化という単一な基準ではなく、二つの行動要因のいずれがより重要であるか、あるいは優位を保っているかによって識別され、目的合理的行動は経済体系や国家機構といった組織によって制度化され、相互行為のほうは家族や姻戚関係の中で制度化されていく（『イデオロギーとしての技術と学問』長谷川宏・北原章子訳、紀伊国屋書店、一九七〇年、六〇〜六二頁）。

この二つの行動の類型のうち、相互行為が目的合理的行動を支配しコントロールしている社会が伝統的社会であるのに対し、その反対の支配形態が近代技術社会である。このように人間の意思疎通の相互的行為の優位性に基づいて伝統社会が形成されるか、それとも労働の目的合理性の優位性によって科学技術社会が形成されているか、そのいずれかであることになる。ヴェーバーが合理化の視点から伝統社会の非合理的な営みを批判したのに対し、ハーバーマスは価値中立的で実証的な科学技術社会といえども、伝統社会と等しく、その中で人間が特定の立場の便益や利便に奉仕するイデオロギーを確立し、生の無意味化と人間疎外を引き起こしている点を批判する。

こうして世俗化の現象は伝統社会と近代社会との割合によってその度合いが決定されることに

なる。確かに近代化は宗教の力を衰退させることによって人間性の危機を引き起こしているにしても、それは現実には国々によって相当な開きをもって現象しているというべきである。

③霊性の草の根

しかし世俗化社会に生きる人間にも、人間であるかぎり、生まれながらにして宗教心が備わっており、歴史的で伝統的な宗教はこれを育んできた。だが、この宗教心が世俗化の影響によって正しく育成されない場合にはさまざまな問題が起こってくる。宗教心は人間の心の最も深いところに宿る「霊性」とも言われているが、これが働かないと理性や感性に対する抑制やコントロールを失い、理性のみに頼る極端な合理主義者や道徳主義者とか、感性にのみ従う皮相な芸術家や恐ろしい快楽主義者などを輩出させる。

その一方では、宗教改革時代の「熱狂主義者」（Schwärmer）のような、霊性のみを強調して理性や感性を無視した過激な宗教集団が、たとえばアメリカや日本で盛んになっているカルト集団が蜂起し、社会秩序を破壊し、暴力的破壊活動に走ることが起こる。これらの宗教運動は社会にとってきわめて危険な要因となった。それゆえ、これまで行なわれてきた宗教社会学的な世俗化についての研究と並んで、人間の本質自体を問題とする人間学的な研究が要請されているといえよう。

世俗化がどのように進んだとしても意思疎通行為を通して伝統社会を支えてきた宗教がまったく消失することはなく、たとえ少数派であっても、個人の意識と意志において宗教がその力を発揮することは期待できる。この意味で人間を危機に陥れた世俗化の時代においても、思いもがけぬ力を個人の内部で目覚めさせることは起こっていた。もしそうなら、世俗化社会で見失われていた新しい宗教的な価値が個人の内で創造されることによって、人間の危機が克服されるかもしれない。

その際、わたしたちは宗教が生きていた伝統的な社会に生まれたさまざまな人生物語に注目してみよう。これまで社会に浸透しており、人々の意識の深層に定着している物語を想起する必要があると思われる。たとえば神話・伝説・聖者伝・民話・昔話によって伝えられている意味深い世界を想起してみたい。これらの物語は人々の日常生活よりもいっそう深い世界を知らせる物語であって、たとえば神話によってわたしたちは民族の歴史のみならず世界創造の始源にまで遡って新たに神の力を与えられることができるし、伝説や聖者伝によって奇跡の力に触れることもできる。また、口承によって民間に広く浸透している民話によって新たに生きる力を授けられ、「わたしたちは昔話を通して霊の国に入る」(ヘルダー)こともできる。これによってわたしたちは現実世界からの圧迫や支配から解放され、過酷な運命からも自由になることを期待できよう。

これらすべては目に見えない超自然的な世界、つまり異次元の世界に過ぎないにしても、人が真に生きる生活世界をわたしたちに垣間見させてくれる。ここにわたしたちは、宗教の生命を喪失している世俗化社会でも人間の深層に隠されている霊性を掘り起こすことができよう。このような試みは、外見的には宗教世界が消滅したと思われる世俗化社会において、内面的な宗教心である霊性の「草の根」を探求することを意味する。

④神を感得する霊性の作用

現代の世俗化社会において超自然的な経験を回復させる道をこれまでさまざまな方法で探求してきたが、わたしたちは最後に神を感得する霊性そのものの作用について考察してみたい。今日の世俗化された社会でもっとも手強い敵は先に指摘した宗教的な無関心であった。ドストエフスキーの『悪霊』に出てくるチホン僧正は無神論よりも無関心のほうが手に負えないと嘆いていた。無関心な人は世俗にどっぷり浸かっていて現世に満足しきっている。しかし、それは錯覚に過ぎない。少しでも反省してみれば、そこでの「満足」は物質的な満足（たとえば満腹）のように極めて表相的にして一時的であり、優れた価値感得に伴われる「満足の深さ」がなく、したがって「充実」という高い価値基準が欠けている。優れた価値はわたしたちの「心情」を深い充実感をもって満たすものでなければならない。

ヨーロッパの思想史の歩みの中でも多くの宗教的な思想家が霊性について語っていたが、シュライアマッハーが説く「心情の宗教」こそ、心に深い満足を与える宗教経験をわたしたちに伝えている。彼は敬虔主義によって培われた信仰をもって一六世紀のプロテスタント的な信仰をよみがえらせながら、当時支配的であった二つの形態、すなわち厳格なルター派正統主義と啓蒙主義的合理主義に対決した。敬虔主義は個人の宗教経験を強調したが、彼は経験の別名である「感情」（Gefühl）を強調するロマン主義の運動に参加し、さらにカントの宗教哲学が強調した理性の限界に基づいて「宗教の批判」を書き、カントを修正した形でその宗教哲学を完成させた。

このように彼は自己の経験に基づきながらも当時の世界観と対決し、それを批判的に総合していった偉大な修正主義者であった。ここに彼の思想の人間学的特質がある。このような彼の神学は経験的であり、だれにも近づきうる事実から出発するがゆえに、人間学的であるが、具体的な経験から出発するがゆえに、神の啓示に立って人間学を否定する立場、たとえばカール・バルト（一八八六～一九六八）の神学とは正反対の性格をもっている。したがってアメリカの宗教社会学者ピーター・L・バーガー（一九二九～二〇一七）も「もし新正統主義（カール・バルトの神学）が宗教的思惟の出発点を人間的経験よりは神の啓示に求めるとすれば、シュライアマッハーの帰納論的アプローチはたしかにこの対角線上に対立するものである。両者が並び立つことはない」（バーガー『異端の時代』一七六頁）と述べている。ここで宗教的な経験から出発する立場は、啓示神学が演繹的であるのに対し、経験的事実に立つ「帰納論的」と言われている。この帰納というのは、スコラ神学の演繹主義に対抗してルターが信仰経験からの帰納主義の哲学に向かったのと同じ現象である。したがってルターでは、こういう仕方でもって霊性によって理性が生かされている。

このようなシュライアマッハーの宗教的な「心情」はドイツ神秘主義の伝統においては「魂の根底」と同義であり、「根底」はルターによって「霊」もしくは「霊性」に置き換えられていた（金子晴勇『ルターとドイツ神秘主義』創文社、四八〇～四八二頁参照）。さらにこの「霊」はルターにおいては「信仰」と同一視されており、彼の信仰義認の教説と矛盾しないだけでなく、義認を支える経験として積極的に語られていた（前掲書、一八〇～一九六頁を参照）。シュライアマッハーは当時盛んに説かれていた人類共通の普遍的「自然宗教」という啓蒙主義の主張を、単なる抽象物に過ぎず、経験的にみて妥当性を欠いていると批判した。したがって彼によると、歴史において具体的に成立した実定的宗教は、それぞれの宗教経験に即して「経験という源泉」から考察すべきである。ここから彼は『宗教論』の最終講において諸々の「実定的宗教」に対立して何故キリスト教を選ぶべきかという問題をも探求した。それは同時に諸宗教にわたって霊性の比較考察も可能にするのであって、神や聖なるもの、永遠者や絶対者また超自然的なものが霊性によって豊かに表現されていることの現象学的考察となるであろう。

⑤愛のわざ

これまで語ってきた「霊性」の作用は超越的な存在や永遠者を捉える働きをもっているだけでなく、さらに優れた「愛のわざ」を生み出すものである。パウロがコリントの信徒への第一の手紙で「霊的な賜物」について論じたところで、「知恵・知識・信仰・癒し・奇跡・預言・異言」について述べてから「もっと大きな賜物」また「最高の道」として「愛のわざ」について詳しく語っている（第一二〜一三章参照）。これについて紹介することはここでは割愛するが、「愛は自分の利益を求めない」（第一三章五節）点についてだけ注目したい。というのはキリスト教の霊性の特質は実にこの「自分の利益を求めない」愛のわざに求めることができるからである。

このことをいっそう明らかにするためにすでにルターの『キリスト者の自由』をとおして提示した結論を想起してもらいたい。そこでの結論は、キリスト者が「キリストにおいては信仰を通して、隣人においては愛を通して生きる」ということであった。その結果キリスト教的な自由とは結局「自己自身において生きない」(lebt nit ymn yhm selb)ような「自己からの自由」と考えられ、これなしには「信仰」も「愛」もなく、現代社会に蔓延した生き方「自己主張」のみがすべてを支配することになる。それゆえ他者への奉仕にこそ霊的な信仰の本質がよく示される。しかも世俗の唯中にあって直接他者に奉仕するわざは霊性による積極的なわざである。

　他者に奉仕するわざは力の満ちあふれた愛となって働く。この愛は信仰と霊性による自由の高みから愛の低さに降りてゆくものであって、そこに生じる落差こそ信仰の燃えるエネルギーであり、ここに新しい倫理的な形成力が与えられる。この霊的な新しい倫理は現代の世俗化社会ではどのように展開できるのであろうか。

　このようにしてわたしたちは宗教改革時代に起こった世俗化の肯定的な意義をここに確認し、キリスト教の霊性に目覚め、喜びをもって愛のわざに励むならば、現代の世俗化社会が陥っている危機といえども必ず克服できる希望をもつことができる。大切なのは社会に対しいっそう積極的に関与する愛の精神なのである。

終　章

文化変容と文化史

内外の影響を受けて文化内部における諸要素の統合性が弱まると、一般に新しい他の文化との統合を求めて変化が生じてくる。これが文化変容であり、国民文化も民族文化も変化する。その歴史的軌跡が文化史である。

文化には顕在的な表層文化と基層部に潜んでいる基層文化とが分けられ、前者よりも後者のほうが変化しにくいので、その間にずれが生じやすく、この現象は「文化のずれ」（cultural lag）と呼ばれる。たとえば明治以後の日本文化は外面的に欧米化したが、日常生活では古い伝統が残り、そこに「ずれ」が見られる。

文化変容の原因

このような文化変容に関しては依然として定説はないが、主な説をあげると、①文化人類学者ルース・ベネディクトのライト・モチーフ説、②クラックホーン（一九〇五〜一九六〇）のエートスといわれる価値体系ないし精神活動の変化、③マルクス主義の唯物史観の解釈、④文化の相対的な自律性を説くハルトマン（一八四二〜一九〇六）やシェーラーの学説などがこれまで有力であった。実証的な文化人類学ではその他の説として、⑤文化は世界中で一様な過程をとって変化するという「単系的進化論」、⑥人間の精神的素質の同一性によってどこでも類似した文化が起こるという「独立起源説」、⑦一カ所で文化が起こって各地に伝播したという「伝播説」、⑧各地の条件に応じて個々の文化が起こるという「多線的進化論」などが唱えられた。しかし今日では総じて余り顧みられなくなっている。

その後文化相対主義が力説されるようになり、それぞれの文化圏は独立した独自の文化をもっており、他の文化を尺度に価値を測定したりすることは許されない傾向が優勢となった。この傾向は今日でも続いており、文化比較論もかつての人気がなくなり、ヨーロッパ文化と日本文化との比較もあまり論じられなくなった。

それゆえ、わたしも本書を叙述するに当たって、こうした比較はこれまで試みなかった。ギリシア文化の「理性」とキリスト教文化の「霊性」が総合されるところにヨーロッパの思想文化の特徴を求めてきたが、こういう文化総合も、キリスト教古代のアウグスティヌスとか中世盛期のトマス・アクィナスではある程度の実現を見たが、宗教改革はこの総合を破壊し、その後隆盛となった近代思想でも多くの試みがなされたが、すべて失敗に帰した。ヘーゲル哲学こそ哲学によるキリスト教の霊性と理性を総合する試みであったが、続く解体の時代を迎えることによって、文化総合の試みはことごとく失敗に帰した。そこには信仰の世俗化によってキリスト教の衰退が何よりも問題であって、ヨーロッパ史を通してキリスト教が実践してきた貧困者や病人に対する重要な福祉のわざも、やがて近代国家に譲り渡されたことによって、キリスト教は個人の領域に押し込められるという世俗化の一途を辿ることになった。

もちろんヨーロッパ思想史はその内部における文化変容の過程を含んでおり、それは歴史において把握できる。これが文化史の課題である。それは風俗や習慣のような生活様式から、政治・経済・学問・芸術・宗教などをも含むものとなっている。このように対象が広いだけ、方法が明確に規定されていないが、文化史の主たる試みをあげてみよう。

一八世紀啓蒙思想家ヴォルテールの『諸国民の風俗と精神論』が文化史の最初の試みで、彼は伝統的なキリスト教的ヨーロッパ中心の歴史観を破り、非ヨーロッパ諸国民を同列に扱い、イスラム教と仏教を加え、生活様式から学問に至る広範な歴史を書いた。次いで一九世紀末の自然科学の方法による法則的歴史科学の提唱者ランプレヒト（一八五六〜一九一五）の文化史が登場し、文化を個別的に記述するのではなく、文化事象の一般的な型や発展段階を取り出した。さらにこの種の試みで最も有名なのが、シュペングラーの『西洋の没落』であって、彼は文化形態をマクロ的にとらえ、生物学的アナロジーで有機体とみなし、その個体の発生・成長・死滅の循環を文化史のパターンとした。文化の有機体としての寿命は、一〇〇〇年であるとされる。文化が老年期にはいると動植物が衰えるように衰微し、文化はその理念が完成されると同時に凝固し、「文明」となる。これが西洋の直面している「没落」である。

この文明の生態史観はアカデミズムからまったく無視されたが、その後の世界史の歩みは皮肉にも彼の予言した通りとなった。また注目すべき現代の文化史としてはブルクハルト『イタリア・ルネサンスの文化』、ホイジンガ『中世の秋』、ドーソン『ヨーロッパの形成』、ピレンヌ

『ヨーロッパ世界の誕生』、ブロック（一八八六～一九四四）『封建社会』とブローデル（一九〇二～一九八五）『日常性の構造』などがある。

ところで一般的に言えることは、人間には他国の文化に触れると、それを感得する作用と受容する作用が本性的に備わっていることが自覚される。その際、感得作用とは単なる外的な感覚を指すのではなく、心の奥深く感じとることを言う。それはパスカルが心情の直観について次のように語っているときに明瞭である。「われわれが真理を知るのは、理性によるだけでなく、また心情によってである。……それだから神から心情の直感によって宗教を与えられた者は、非常に幸福である」（パスカル『パンセ』断章二八二、前田陽一・由木康訳、『世界の名著24』所収、中央公論社、一九六六年、一八二頁）。

この心情の直観は宗教の真理を認識する際に重要な働きをする。「神を直感するのは心であって、理性ではない。信仰とはそういうものなのだ。理性ではなく、心に感じられる神（**Dieu sencible au coeur**）」（パスカル、断章二七八、前掲訳書、一八一頁）と言われているように、心情の直観は思惟（**pensée**）でありながら、神を愛する傾倒なのである。したがって心情の直観は「信仰の目」とも呼ばれる。このような心情はドイツの神秘主義者タウラー（一三〇〇頃～一三六一）では既述のように受容性を意味する「魂の根底」つまり「霊性」と同義であった。それゆえ信仰と同義の霊は神に対し謙《へりくだ》って恩恵を受容する働きを発揮するといえよう。

信仰によって神の愛を受容した者は自分の生活を変容させる。洗礼を受けた人は古い生き方を捨てて、新しい生き方に転じる。そうした生活上の全面的な変化を伴うのが回心と言われる出来事である。神の愛によって罪人が義人と認められて無罪放免となるときでも、同時にこの改造が始まっている。それゆえ信仰義認を説いたルターでも、同時に聖化の開始を認めていた。こうして彼は信仰が「生の転換」(mutare vitam)をもたらし(WA. 8, 109, 21-25)、新生に至らせるが、信仰は恩恵への絶対信頼という純粋受動であり、同時に罪なる自己に死して罪を駆逐する活動であると考えた。このような信仰の二重の運動のゆえにキリスト者の存在は絶えざる生成のうちにある。彼は内的人間の形成過程をこのような信仰の内的構造もしくはダイナミックス(動態)から考察し、信仰とは受容しながら変容する「転換的主体化」という運動であると見なした(金子晴勇『ルターの人間学』創文社、一九七五年、八二〜八五頁参照)。だから内的人間は信仰によってキリストの中に神の恩恵を捉え、自己のものではないまったく他なる義を受容し、自己変革を起こしながら自己を確立する。この信仰は御霊の働きの下で「神の御言とキリストを内的に形成する」と言われる。この意味で彼は「悔い改め」の真義が「転換」(メタノイア)であり、自己改造であることを主張してやまなかった。この信仰は彼の考えでは霊と同義である。それゆえキリストを「受容」することが人間が内的に自己変革を起こす「変容」となることを彼は説いた。

このような変容は文化の間でも起こることは可能である。日本でも太平洋戦争の敗戦後、そのようなチャンスが訪れた。しかし、これは一時的現象であって、キリスト教信者数は今日では人口の一パーセントに過ぎない。これではかつて最澄や空海の時代に日本が仏教を取り入れたときの文化政策とは比較にならない。ヨーロッパ文化からは明治政府の富国強兵策によって自己に必要なものだけが受容されたに過ぎなかった。そこには異文化を正しく理解するすることがまったく欠けていた。しかも、頑迷にもヨーロッパ文化の歴史に無関心であり続けた。そこには文化の受容はあっても皮層的なものにすぎなかった。

そこでこれまで考察してきたヨーロッパ思想史の中で文化変容を起こした事実からこの点を再考してみよう。

文化変容の諸形態

文化とは共通の生活様式である。それが変容を起こすのは異文化との接触においてである。文明間の衝突は歴史において常に起こっているが、アーノルド・J・トインビー(一八八九～一九七五)が説いたようにそこには「挑戦と応答」が広く見いだされる。このような接触はやがて双方における文化変容を起こすといえよう。その変容形態は多様であって、図式化することは困難であるが、文化変容を通して文化はいっそう発展することが期待される。

ここではヨーロッパ思想文化の長い歴史によって異質な文化との接触がどのように起こったかを考察する。その際、ヨーロッパ文化そのものが「ギリシア・ローマの古典文化」と「キリスト教」との接触によって成立したことをまず銘記すべきである。

①ヨーロッパ文化における「統合」はどのように実行されたか

この文化統合によって古代社会の生活様式が一大変化を起こした。その際、「古典文化」と「キリスト教」が接触し、キリスト教の観点から古典文化が受容されることによって文化変容が起こり、「ゲルマン諸民族」を通して歴史的にヨーロッパ思想文化として実現した。この統合過程には、歴史家コックレン(一八八九〜一九四五)の『キリスト教と古典文化』(金子晴勇訳、知泉書館、二〇一八年)によると次のような三つのプロセスがあり、新しい文化が誕生した。

(1)文化の「復興」

ローマはキリスト教に依らず、自己の文化的土台であるギリシア文化の基礎原理に立ち返って文化の復興(reconstruction)を試みた。これはアウグストゥス皇帝の治世を通して実現された試みであった。

(2)文化の「修築」

ローマは他の優秀な原理を借りてきて文化の修築(renovation)を行なった。これはコンスタンティヌス大帝のようなキリスト教皇帝の時代に起こったことである。しかし、これは単に首をすげ替えた試みにすぎなかった。

(3)文化の「改造」

これはローマが根底からキリスト教によって生まれ変わる文化改造(regeneration)の出来事である。これはアウグスティヌスの宗教と哲学によって生じた。この改造は中世に入ってトマス・アクィナスによるキリスト教と文化との大規模な文化的統一として完成するにいたった。しかし、近世に入るとこの統一文化は解体していく運命にあった。

では、アウグスティヌスはどのように文化変容を経験したのか。それは彼の回心に至る思想遍歴のなかに、プラトン主義の受容と改造の仕方に端的に現われている。その回心はキリスト教的古代に生じた典型的なものであり、「世紀の回心」と言われる。彼は古代の哲学的思想体系をもって自己形成を行ない、古代の古典的な教養を身につけていた。彼の回心は、古典文化によって教育された人間がキリスト教によって初めて救済の経験に至ったため、その時代を代表する典型となり、さらに中世を通しても模範となった。彼は最初、プラトン主義によって神と世界とを認識しようとしたが挫折し、キリスト教によって救済に至った。そこで彼は、キリスト教思想の観点から自己の思想を確立するに際してプラトン主義から多くのことを学んだが、キリスト教に反する思想はやがて退けられた。

そこで読者のみなさんに考えてもらいたいが、日本の思想家の中にはヨーロッパ文化と日本文化を総合する試みはどのようになされただろうか。またこのように文化統合がなされた際に、文化変容が現実にはどのように起こったのか。日本では植村正久（一八五八〜一九二五）や内村鑑三（一八六一〜一九三〇）がそれに当たると思われるが、アウグスティヌスと比べるとどのように評価すべきか。

②「ヨーロッパ的な愛」によって日本文化はどのように変容したか

「愛は十二世紀の発明である」と歴史家セニョボス（一八五四〜一九四二）が述べていたような「ヨーロッパ的な愛」が中世において登場してきた。その時代には結婚が政略のために使われたので、宮廷に仕える騎士たちは、新しい愛の形態を求めるようになった。彼らは男女の自由な相互的な愛において、女性を高貴な存在として崇め、憧れの女性に対して熱烈で謙虚な愛を捧げようとした。それは宮廷を中心に騎士の間に生じてきた「女性への献身」という愛の新しい形態に結実し、ルージュモンはこれを「ヨーロッパ的な愛」と呼んだ。この「騎士道的愛」とも「宮廷的な愛」とも呼ばれている愛は「きらびやかさ」とか「雅び」を重んじ、トゥルバドゥールの恋愛詩の中に歌われ、貴婦人に対する「至純の愛」を捧げるものとして、謙譲・礼節・献身・服従が美徳として賛美された。「トゥルバドゥールの大発見とは、愛が火の流れ、燃え上がる肉欲以外のもの、或いはそれ以上のものになりうるということである」とマルーは強調する。この新しい愛の影響は今日の欧米社会に広くかつ深く浸透し、婦人を常に大切に扱う礼儀作法となり、文化の基礎に定着している。

では、このようなヨーロッパ的な愛は日本に受け入れられ文化変容を起こしたのであろうか。これに関しては伊藤整（一九〇五～一九六九）の「近代日本における『愛』の虚偽」（『世界』一九五八年七月号、岩波書店）という論文を参照していただきたい。大学の教授にして文化人でもある彼によると、明治以来西洋文化の影響により男女や夫婦の恋愛が「愛」というキリスト教的な意味をもった言葉で表現されたところに虚偽がある。確かに日本にはキリスト教的な愛の観念はなかったし、愛という言葉で男女の恋愛関係を主として表現してきたのも事実である。しかし、この恋愛としての愛を仏教の慈悲からも、儒教の仁愛からも切り離して、「肉体の強力な結びつき」や「相互利用の関係」、さらに「主我的人間の攻守同盟的結びつき」に限定してしまうことは、日本人の心を表現しているよりも、Ｄ・Ｈ・ロレンス（一八八五～一九三〇）の翻訳者伊藤整の人生観の表明ではないだろうか。彼は愛を身体的欲望や衝動に還元する自然主義的愛の理論に基づいて愛の現象の一面のみを強調しているにすぎないと言えよう。

③ヨーロッパで誕生した「人権とデモクラシー」を日本文化はどのように変容したか

ヨーロッパ近代の政治思想でとくに顕著な特質はデモクラシーの理解に求めることができる。それは近代ヨーロッパが経験した民主革命とその理論的発展から考察することができる。それはイギリスのデモクラシー思想、とりわけジョン・ロックの政治思想が決定的な重要性をもっていた。このデモクラシーとその根底に厳存している人権の思想こそヨーロッパ思想の最も優れたものであると想われる。これは今日全世界的な広がりをもつようになり、日本でもいち早く受容されたが、それによって文化変容は実現したであろうか。その際、わたしたちはそれがいかなる人間の理解から生まれてきたのかを、考えてみたい。

ドイツのハイデルベルク大学の教授ゲオルク・イェリネックの『人権宣言論』（**Georg Jelinek, Die Erkläurung der Menschen-und Bürgerrechte**）の初版は一八九五年に出版されており、その中で彼は人権の淵源を宗教改革に求めている。彼の主張は次の文章に明らかである。

個人の持つ、譲り渡すことのできない、生来の神聖な諸権利を法律によって確定せんとする観念は、その淵源からして、政治的なものではなく、宗教的なものである。従来、革命の成せるわざであると考えられていたものは、実は、宗教改革とその闘いの結果なのである。宗教改革の最初の使徒はラ・ファイエットではなくロジャー・ウィリアムズである。彼は力強く、また深い宗教的熱情に駆られて、信仰の自由に基づく国家を建設せんと荒野に移り住むのであり、今日もなおアメリカ人は深甚なる畏敬の念をもってその名を呼んでいるのである。（『人権宣言論争』初宿正典編訳、みすず書房、一九八一年、九九頁）

またイギリスの優れた哲学者コリングウッド（一八八九〜一九四三）は次のように主張する。

「リベラルな」または「デモクラティックな」自由への献身の真の根拠は、各々の人間存在に絶対的な価値をおいた神への周到な愛にあった。政治的および科学的問題に関する自由な言論と自由な探求、経済活動よって生じた問題における自由な同意、人が自分の労働で得た産物を自由に享受すること、すなわち、あらゆる独裁、弾圧、搾取、略奪と相反する事柄であるが――これらは、個々の人間の無限の尊厳と価値に基づく理想（の具体化）であった。そしてこのことは、神が個人としての人間を愛し、キリストがその個人のために死んだという事実に基づいていた。リベラルなあるいはデモクラティックな実践が根拠としている人間の本性についての教義は、人類学的ないし心理学的データの研究から経験的に導きだされたものではない。それらは信仰に属する事柄なのである。そして、それらが導きだされた源泉は、キリスト教の教義であった。（リンゼイ『わたしはデモクラシーを信じる』永岡薫・山本俊樹・佐野正子訳、聖学院大学出版会、二〇〇一年、八六〜八七頁）

さらにリンゼイ（一八七九〜一九五二）によると、デモクラシーにおける宗教的な傾向はピューリタニズムの影響から生まれ、反宗教的な傾向は自然科学の影響から生まれており、両者ともに中世における統合を崩壊させるにあたって影響を及ぼし、個人主義の発展に貢献した。とはいえ、それぞれから生じた個人主義はまったく性質を異にするとリンゼイは主張した。なかでも急進的ピューリタンがデモクラシー理論の形成に大きな貢献をしており、宗教的個人主義がイングランドとアメリカにおいて大きな影響を及ぼしている点が指摘されている。つまりピューリタンたちは「自由となるべく」呼び出され、キリスト教徒の交わりからなる霊的な世界を、自由と恩寵の世界として捉えており、そこでは個人的な相違を超えた、宗教的な価値を共有し、国家によって管理されている強制的な世界とは明確に区別されるべきであると説いた（リンゼイ、前掲訳書、八六〜九一頁）。

わたしたち日本人はこのような「人権とデモクラシー」を受容して文化変容を起こしたであろうか。そうとも言えるだろうが、そこにキリスト教の影響を見ることはできなかった。

このように戦前までのヨーロッパ文化の受容には偏りがあったとはいえ、戦後日本人によってヨーロッパの思想を学んだ過程は、その出版物をみてもわかるように、どこの国にも優るものであった。現在のヨーロッパがどんなに疲弊していても、その思想は日本に流入し、翻訳から始まり、徹底的に研究し尽くされてきた。こうした研究によってこれまでのヨーロッパ理解が少しでも改善され、文化受容の試みが継続されるならば、日本文化の新しい創造過程が始まることも期待されるであろう。

あとがき

わたしは多くの人たちと同じく、「ヨーロッパ思想史」という厖大な規模の資料の山から何を取り出して学んだらよいのか、と若いときには悩んだものでした。高等学校二年生のとき、学校の図書室に入っていったら、ヘーゲル『精神現象学』の新訳ⅠとⅡが一緒に陳列してあったので、最初の一冊を借り出して読んだことがあります。当時キルケゴールに心酔していたので、当然のことながらヘーゲルのことは知っていました。しかし「序論」から読み出したが、ほとんど理解できませんでした。「〈序論〉は止めて、〈緒論〉から読みなさい」と誰かが注意してくれたなら、少しは理解できたかもしれません。そこには読み方の順序があるし、総じてどんな思想家から学びはじめたらよいのかさえ、当時は見当が付かなかったのです。そんなある日、書棚から西田幾多郎の『「続思索と体験」以後』(岩波書店、一九四八年)を取り出して、次の文章に出会いました。

私はしばしば若い人々にいうのであるが、偉大な思想家の書を読むには、その人の骨《こつ》というようなものを摑まねばならない。そして多少とも自分がそれを使用し得るようにならなければならない。偉大な思想家には必ず骨というようなものがある。大なる彫刻家に鑿《のみ》の骨、大なる画家には筆の骨があると同様である。骨のないような思想家の書は読むに足らない。

……何人もいうことであり、いうまでもないことと思うが、私は一時代を劃したような偉大な思想家、大きな思想の流の淵源となったような人の書いたものを読むべきだと思う。……また思想の淵源をなした人の書いたものを読むべきだといい得る。多くの可能の中から或一つの方向を定めた人の書物から、他にこういう行方もあったということが示唆せられることがあるのでもあろう。（西田幾多郎『続思索と体験』岩波文庫、一九八〇年、二四四〜二四七頁）

それでも何から研究をはじめたらよいのか見当が付かないので、大学三年生のとき、当時『キルケゴール』をお書きになった、高橋亘先生に、キルケゴールで卒論を書きたいのですが、と尋ねると、「キルケゴールは三流の思想家であるから止めなさい」と言われ驚いたことがあります。そこで一流の思想家とは誰なのですかと聞き返すと、「それはプラトンとアリストテレス、アウグスティヌスとルター、カントとヘーゲルだよ」と応えてくださいました。さらに「アウグスティヌスを今わたしは学んでいるから一緒に勉強しよう」と誘ってくださいました。その誘いに従ってアウグスティヌスの『告白録』を最初はピュゼイの英訳で学びはじめ、ラテン語の学習をしてから最終学年にはペラギウス論争で名高い『霊と文字』を原典で読むことができました。

わたしはアウグスティヌスとルターをその後、専門に研究するようになったのですが、それとは別に、当時の大学でも大学院でもテキストとしていつも使われたのは、カントの『純粋理性批判』とヘーゲルの『精神現象学』でした。カントの書物には天野貞祐の名訳がありましたから、読んである程度は理解できましたが、ヘーゲルの書物には金子武蔵訳も前半しかなかったので、ドイツ語で読むしかなく、博士課程を修了した年の夏休みには信州の戸隠山に籠もって文字通り終わりまで完読することができました。この二つの書物にはヨーロッパ思想史の最大の成果が盛り込まれていますから、それによって思索すること、つまり「哲学すること」の意義と喜びを経験し、かつ、享受することができました。

ところが驚いたことに、日本には西洋哲学史はたくさん出版されているのに、今だ『ヨーロッパ思想史』という名称の書物がないことに気づきました。もちろん入門書や編集したものがそれぞれ一冊ずつはありますが、本格的なものがありません。さらに思想史には少なくとも哲学・宗教・文学・社会思想が内容として含まれていなければならないでしょう。哲学史やキリスト教史はあっても、それは理性と信仰についてそれぞれ一方だけの立場から研究したもので、その両者を含む総合的な思想史ではないのです。その点で本書は思想史にふさわしい観点から叙述されていると思います。

今から二二年前にわたしは大学の三、四次生向けの「西洋思想史」の授業を担当したことがあります。そのときの講義の一部を『ヨーロッパ思想の源流——西洋古代中世思想史入門』(一九九八年)としてまとめ、私家版として自費出版しました。その当時すでに近代と現代についてもほぼ出来上がっていたのですが、今回はそれらを全面的に書き改め、本書といたしました(なお本書にあげた参考文献は私家版『ヨーロッパ思想の源流』に付録として加えたものをもとにしています。現代までの文献をあげると膨大なものとなりますので断念しました)。

本書の第Ⅲ部は原稿段階で北海学園大学の佐藤貴史さんに閲読してもらい、多くのことを教えられました。また筑摩書房編集部の松田健氏に助けられ、「理性と霊性の総合と解体」という視点から書き改めるように示唆をいただきました。これはわたし自身の視点でわたしの研究にふさわしいものです。有り難いと感謝しております。

二〇二一年三月一〇日

金子晴勇

参考文献（本書で参照した主な研究書のみ）

総論

ドルーシュ、フレデリック編『ヨーロッパの歴史――欧州共通教科書』木村尚三郎監修、花上克己訳、東京書籍、一九九四年
マダリアーガ、サルヴァドール『薔薇と十字架――ヨーロッパとは何か』上原和夫訳、みすず書房、一九五六年
バルジーニ、ルイジ『ヨーロッパ人』浅井泰範訳、みすず書房、一九八六年
ブローデル、フェルナン『日常性の構造　物質文明・経済・資本主義――15―18世紀』村上光彦訳、全二巻、みすず書房、一九八五年
増田四郎『ヨーロッパとは何か』岩波新書、一九六七年

歴史

ランケ、レーオポルト・フォン『世界史の流れ――ヨーロッパの近・現代を考える』村岡哲訳、ちくま学芸文庫、一九九八年
ブルクハルト、ヤーコプ『イタリア・ルネサンスの文化』世界の名著45、柴田治三郎訳、中央公論社、一九六六年
ヴェーバー、マックス、大塚久雄訳『プロテスタンティズムの倫理と資本主義の精神』岩波文庫、一九八九年
ホイジンガ、ヨハン、堀越孝一訳『中世の秋』中央公論社、一九六七年／
ギゾー、フランソワ『ヨーロッパ文明史――ローマ帝国の崩壊よりフランス革命にいたる』安士正夫訳、みすず書房、一九八七年
ピレンヌ、アンリ『ヨーロッパ世界の誕生』増田四郎監修、中村宏・佐々木克巳訳、創文社、一九六〇年（講談社学術文庫、二〇二〇年）
ドーソン、クリストファー『ヨーロッパの形成――ヨーロッパ統一史叙説』野口啓祐・熊倉庸介・草深武訳、創文社、一九八八年
ドーソン、クリストファー『中世ヨーロッパ文化史』野口洋二・諏訪幸男訳、創文社、一九九三年

ハスキンズ、チャールズ・ホーマー『十二世紀ルネサンス』別宮貞徳・朝倉文市訳、みすず書房、一九八九年
ファン・ステーンベルヘン、フェルナンド『十三世紀革命』青木靖三訳、みすず書房、一九六八年
増田四郎『西洋中世世界の成立』岩波全書、一九五〇年
堀米庸三『西洋中世世界の崩壊』岩波全書、一九五八年
堀米庸三『中世の光と影』全二巻、講談社学術文庫、一九七八年
兼岩正夫『封建制社会』講談社現代新書、一九七三年
ヘーア、フリードリッヒ『ヨーロッパ精神史』小川宙丸・小西邦雄訳、二玄社、一九八二年
梅津尚志・出崎澄男・渡部治雄編『ヨーロッパ文化史——中世への招待』南窓社、一九八八年

個別的主題の歴史研究

マール、エミール『ヨーロッパのキリスト教美術——12世紀から18世紀まで』柳宗玄・荒木成子訳、上・下、岩波文庫、一九九五年
朝倉文市『修道院——禁欲と観想の中世』講談社現代新書、一九九五年
中村勝己『近代文化の構造——キリスト教と近代』講談社学術文庫、一九九五年
バターフィールド、ハーバート、渡辺正雄訳『近代科学の誕生』上・下、講談社学術文庫、一九七八年
馬杉宗夫『大聖堂のコスモロジー——中世の聖なる空間を読む』講談社現代新書、一九九二年
ミシュレ、ジュール『ジャンヌ・ダルク』森井真・田代保訳、中央公論社、一九八三年
ロック、ジョン『市民政府論』鵜飼信成訳、岩波文庫、一九六八年
コズマン、マドレーヌ・ペルナー『ヨーロッパの祝祭典——中世の宴とグルメたち』加藤恭子・山田敏子訳、原書房、一九八六年
クルツィウス、エルンスト・ローベルト『フランス文化論』大野俊一訳、みすず書房、一九七七年
クルツィウス、エルンスト・ローベルト『ヨーロッパ文学とラテン中世』南大路振一・岸本通夫・中村善也訳、みすず書房、一九七一年
スターク、ヴェアナ『宗教社会学』杉山忠平・杉田泰一訳、未来社、一九七九年

文化論

ジンメル、ゲオルク『文化の哲学』阿閉吉男訳、三笠書房、一九四三年
カッシーラー、エルンスト『人間』宮城音弥訳、岩波文庫、一九九七年
カッシーラー、エルンスト『人文学の論理——五つの試論』齊藤伸訳、知泉書館、二〇一八年
トインビー、アーノルド・ジョーゼフ『試練に立つ文明』深瀬基寛訳、上・下、現代教養文庫、一九六〇年
ティリッヒ、パウル『プロテスタント時代』古屋安雄訳、『現代キリスト教思想叢書8』所収、白水社、一九七四年

関連拙著

『キリスト教思想史入門』日本基督教団出版局、一九八三年
『近代自由思想の源流——16世紀自由意志学説の研究』創文社、一九八七年
『人間の内なる社会——社会哲学的考察』創文社、一九九二年
『ヨーロッパ思想の源流——西洋古代・中世思想史入門』私家版、一九九八年
『ヨーロッパの思想文化』教文館、一九九九年
『ルターとドイツ神秘主義』創文社、二〇〇〇年
『近代人の宿命とキリスト教』聖学院大学出版部、二〇〇一年
『ヨーロッパ人間学の歴史』知泉書館、二〇〇八年
『現代ヨーロッパの人間学』知泉書館、二〇一〇年
『キリスト教霊性思想史』教文館二〇一二年

人名索引

【か行】

【さ行】

【た行】

【な行】

【は行】

【ま行】

【や行】

【ら行】

金子晴勇 かねこ・はるお

一九三二年生まれ。静岡県出身。岡山大学名誉教授。聖学院大学名誉教授。専門は倫理学、キリスト教思想史。京都大学大学院文学研究科博士課程修了。文学博士（京都大学）。著書『宗教改革の精神』（講談社学術文庫）、『ルターの人間学』『倫理学講義』『マックス・シェーラーの人間学』（以上、創文社）、『ヨーロッパの思想文化』（教文館）、『キリスト教思想史入門』（日本基督教団出版局）、『キリスト教人間学』『ヨーロッパの人間像』（知泉書館）など多数。『ルターの人間学』で日本学士院賞受賞。

筑摩選書 0211

ヨーロッパ思想史《しそうし》 理性《りせい》と信仰《しんこう》のダイナミズム

二〇二一年四月一五日 初版第一刷発行

著者 金子《かねこ》晴勇《はるお》

発行者 喜入冬子

発行 株式会社筑摩書房
東京都台東区蔵前二-五-三 郵便番号 一一一-八七五五
電話番号 〇三-五六八七-二六〇一（代表）

装幀者 神田昇和

印刷 製本 中央精版印刷株式会社

 ISBN978-4-480-01728-4 C0310

筑摩選書
0014

瞬間を生きる哲学
〈今ここ〉に佇む技法

古東哲明

私たちは、いつも先のことばかり考えて生きている。だが、本当に大切なのは、今この瞬間の充溢なのではないだろうか。刹那に存在のかがやきを見出す哲学。

筑摩選書
0027

「窓」の思想史
日本とヨーロッパの建築表象論

浜本隆志

建築物に欠かせない「窓」。それはまた、歴史・文化的にきわめて興味深い表象でもある。そこに込められた意味を日本とヨーロッパの比較から探るひとつの思想史。

筑摩選書
0030

公共哲学からの応答
3・11の衝撃の後で

山脇直司

3・11の出来事は、善き公正な社会を追求する公共哲学という学問にも様々な問いを突きつけることとなった。その問題群に応えながら、今後の議論への途を開く。

筑摩選書
0046

寅さんとイエス

米田彰男

イエスの風貌とユーモアは寅さんに類似している。聖書学の成果に「男はつらいよ」の精緻な読みこみを重ね合わせ、現代に求められている聖なる無用性の根源に迫る。

筑摩選書
0059

放射能問題に立ち向かう哲学

一ノ瀬正樹

放射能問題は人間本性を照らし出す。本書では、理性を脅かし信念対立に陥りがちな問題を哲学的思考法で問い詰め、混沌とした事態を収拾するための糸口を模索する。

筑摩選書
0067

ヨーロッパ文明の正体
何が資本主義を駆動させたか

下田 淳

なぜヨーロッパが資本主義システムを駆動させ、暴走させるに至ったのか。その歴史的必然と条件とは何か。近代を方向づけたヨーロッパ文明なるものの根幹に迫る。

筑摩選書 0068

「魂」の思想史
近代の異端者とともに

酒井 健

合理主義や功利主義に彩られた近代。時代の趨勢に反し、魂の声に魅き込まれた人々がいる。彼らの思索の跡は我々に何を語るのか。生の息吹に溢れる異色の思想史。

筑摩選書 0070

社会心理学講義
〈閉ざされた社会〉と〈開かれた社会〉

小坂井敏晶

社会心理学とはどのような学問なのか。本書では、社会を支える「同一性と変化」の原理を軸にこの学の発想と意義を伝える。人間理解への示唆に満ちた渾身の講義。

筑摩選書 0071

一神教の起源
旧約聖書の「神」はどこから来たのか

山我哲雄

ヤハウェのみを神とし、他の神を否定する唯一神観。この観念が、古代イスラエルにおいていかにして生じたのかを、信仰上の「革命」として鮮やかに描き出す。

筑摩選書 0108

希望の思想 プラグマティズム入門

大賀祐樹

暫定的で可謬的な「正しさ」を肯定し、誰もが共生できる社会構想を切り拓くプラグマティズム。デューイ、ローティらの軌跡を辿り直し、現代的意義を明らかにする。

筑摩選書 0109

法哲学講義

森村 進

法哲学とは、法と法学の諸問題を根本的・原理的レベルから考察する学問である。多領域と交錯するこの学を、第一人者が法概念論を中心に解説。全法学徒必読の書。

筑摩選書 0138

ローティ
連帯と自己超克の思想

冨田恭彦

プラグマティズムの最重要な哲学者リチャード・ローティ。彼の思想を哲学史の中で明快に一から読み解き、後半生の政治的発言にまで繋げて見せる決定版。